本书为"2016年度贵州财经大学引进人才科研项目"阶段性成果

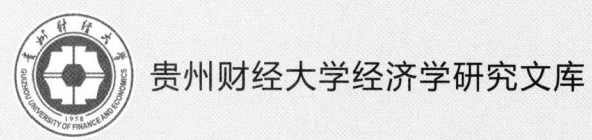
贵州财经大学经济学研究文库

货币、价格与税收关系及效应研究
——基于以商品税为主体税种的视角

张丽微 / 著

中国社会科学出版社

图书在版编目（CIP）数据

货币、价格与税收关系及效应研究：基于以商品税为主体税种的视角 / 张丽微著. —北京：中国社会科学出版社，2018.12
ISBN 978 - 7 - 5203 - 1828 - 0

Ⅰ.①货… Ⅱ.①张… Ⅲ.①税收管理—研究 Ⅳ.①F810.423

中国版本图书馆 CIP 数据核字（2017）第 320825 号

出 版 人	赵剑英
责任编辑	卢小生
责任校对	周晓东
责任印制	王　超

出　　版	中国社会科学出版社
社　　址	北京鼓楼西大街甲 158 号
邮　　编	100720
网　　址	http://www.csspw.cn
发 行 部	010 - 84083685
门 市 部	010 - 84029450
经　　销	新华书店及其他书店

印刷装订	北京明恒达印务有限公司
版　　次	2018 年 12 月第 1 版
印　　次	2018 年 12 月第 1 次印刷
开　　本	710×1000　1/16
印　　张	12.75
插　　页	2
字　　数	216 千字
定　　价	68.00 元

凡购买中国社会科学出版社图书，如有质量问题请与本社营销中心联系调换
电话：010 - 84083683
版权所有　侵权必究

前　言

　　税负结构是税收领域重要的研究对象之一，从税收学理论建立开始，学术界就开始关注有关税负结构问题。虽然各个国家实行的税收制度千差万别，税种也不尽相同，但税负结构是否合理却是各国普遍需要考虑的一个重要问题。因此，国内外的税收学者也一直致力于对这一重大问题的研究，而且随着税收学理论的不断发展和创新，学者对于税负结构的理解和研究视角也不断变化。

　　早期的税负结构研究相对简单，主要是对于税制结构的研究，即对不同模式税制结构的优缺点进行探讨。经过多番研究和检验，学术界对税制结构的模式选择最终达成了一致观点：任何一种税制结构模式都不可能始终是最优的选择，税制结构往往与经济发展水平密切相关，不同经济发展水平与不同的税制结构模式相适应。也就是说，当一国处于经济发展初期、国内人均收入水平相对较低时，往往会选择以商品劳务税为主体的税制结构模式，这样的税收收入将主要依靠商品的生产和销售以及劳务的提供等，这与不太成熟的市场经济体制、有限的税收征管条件大致相符；当一国经济社会发展相对稳定、国内人均收入处于中等以上水平时（多数发达国家和少数发展中国家属于这一情况），借助于健全的市场经济体制和较好的税收征管体系，这些国家或地区则会选择以所得税为主体的税制结构模式，其税收收入多来源于企业和个人的各项所得以及拥有的各类财产，以降低税收对商品生产和销售以及劳务提供的依赖。

　　我国经济发展历程中的税收结构情况也基本符合上述情况。中华人民共和国成立初期，我国经济管理体制基本上照搬了苏联高度集中的计划经济体制，在新建立的统一税收制度中，税收的种类不少，但这些税种极不规范，且修改、变动频繁（1953年、1958年）。1973年简并税制之后，税收种类减少了近一半，基本上已成为单一税制。这一时期，税收的经济调节作用逐渐减弱，与其他经济变量的关系也不太明显。因此，学术界对税收关注的广度和深度都远远不够。1978年改革开放之后，我国的税收制度也有了很大的发展与进步。1983年和1984年两次利改税和对工商税的不断完善，使我国的具体税种到1993年已共计达到37个。1994年税制改革以后，更是确立了现行的包括增值税、消费税、营业税、企业所得税和个人所得税等25个税种的税收制度，至此，我国相对规范的税收制度基本建立。虽然这一税收制度中包含商品劳务税类、所得税类和财产税类的绝大多数税种，但各大税类在税收收入中所占比重存在明显偏差，我国仍属于以商品劳务税为主体税种的税制结构，税收收入主要依赖于商品劳务税收入。1994年税制改革以后，我国的税收制度又经历了多次调整，但都始终未改变以商品劳务税为主的税收收入结构。

这一时期，随着税收学理论的不断更新，学术界对于税收问题的研究在深度和广度上得到了极大的拓展，即开始从早期对税收制度本身一些问题的研究，发展到对税收与其他经济变量之间的关系研究。与此同时，学术界对税负结构的研究也早已不是单纯地停留在对不同模式的优缺点进行探讨，而是更多地关注于税负结构与宏观经济增长、物价稳定以及社会公平等多个经济变量的关系研究，以求找到更为合适的税收负担结构。

当然，这样一种研究方法和研究视角的转化与进步同样体现在国内税收学者对于税负结构的研究上。可以说，从改革开放以来的40年看，我国的税收制度经历了多次调整，使税收在组织财政收入、加强宏观调控等方面起到了重要的作用。但是，我国基本上维持了以商品劳务税为主体的税制结构模式，商品劳务税在税收总收入中始终占据着主导地位。现阶段，随着我国经济的快速增长和国民收入的不断提高，这种税收收入结构的弊端越来越明显，甚至已经对其他变量产生了一些不利影响，导致部分经济变量之间的关系发生了一些扭曲，变得不再合理，这充分说明当前的这种税负结构已经不再适应我国经济社会的发展，国内的税收学者建议调整税收收入结构的呼声也越来越高。

随着税收研究方法的进步，研究视角的转化，税收学者对税负结构的研究开始与其他经济变量相结合，也从经济增长、价格稳定和社会公平等方面入手考虑。在诸多与税收相关的经济变量中，价格无疑是与税收关系最为密切的变量之一，两者相互作用、相互影响。国内外的专家学者早期对于价格与税收关系的研究主要是从税收经济学角度出发进行讨论的。近些年来，随着数理模型在经济学中的运用和发展，部分学者也用实证方法检验两者之间的相互影响程度。随着研究方法的不断拓展，价格对税收的影响和税收对价格的影响也逐渐明确，即税收与价格之间存在同向变动关系，税收对价格存在一种"添加"效应，但不同种类的税收与价格的关联程度却不同。这说明在不同的税制模式下，税收与价格之间的关系也会表现出不一致。一般而言，增值税、消费税和营业税等商品劳务税的计税依据与价格直接相关，受价格变动的影响也相对较大，而企业所得税和个人所得税等所得税的税额计算多与价格无直接关系，它们受价格变动的影响也相对较小。因此，在以商品劳务税为主的税收收入结构下，税收与价格的同向变动更为显著。可见，税制结构必然是影响税收与价格的关联程度最为重要的因素之一。

虽然价格与税收的关系早已引起学者的研究兴趣，研究结论也达成了一定的共识，但这些研究多属于税收经济学范畴，研究范围也仅限于两者之间，研究视角相对单一。实际上，在研究税收与价格的关系时，应该将两者之间的关系与其他影响两者关系的经济变量相结合，即将研究放在现阶段的经济实践中，在探讨财政学、税收学有关问题时，与货币政策结合起来考虑，才能更综合、更全面地研究税收与价格之间的具体关系表现及这一关系产生的影响。

鉴于此，本书在对学术界已有的研究成果进行梳理和提炼的基础上，通过进一步的悉心研究和认真分析，以货币供应量为出发点，以现行的商品劳务税为主体税种的税制结构模式为视角，创新性地将货币供应量与价格、税收结合起来考虑，提出了在现行以商品劳务税为主体税种的税制结构下，货币供应量的不断"超发"，即超经济增长的速度和规模，将引发价格水平的不断上涨，而价格水平的上涨又将对税收产生"添加"效应，因此，货币量、价格与税收三者之间存在着一种同向联动关系。这在无形中也形成了一种传导机制，并最终导致了企业和居民的税收负担过重的结果，说明现阶段货币供应量、价格水平与税收之间的联动关系已经造成了一定的负面经济影响，而且这一关系发生了一些内在变化，渐渐地转向了不尽合理的状态。通过这一分析，也间接地找到了导致货币量、价格和税收三者关系发生扭曲的根本原因，即现行的以商品劳务税为主的税收负担结构,导致与价格关联度较高的商品劳务税占比过高,从而强化了价格与税收之间的同向变动关系。

同时,笔者还利用我国的货币供应量、价格水平、税收收入等有关数据,通过构建计量经济模型证实了货币量、价格与税收之间的同向变动关系,也对我国税收负担,尤其是商品劳务税的负担对宏观经济增长、物价稳定、产业结构以及社会公平等方面的影响也进行了检验,检验结果显示,在以商品劳务税为主体税种的税制结构模式下,商品劳务税负担偏重确实不利于经济的长期稳定增长,社会公平也不容易实现。在此分析之上,笔者提出了以转换政府收入结构和有效控制货币规模为主的协调货币、价格与税收关系合理化的具体思路。

鉴于专业水准与视域所限,本书中难免出现一些错误和不足,恳请批评指正!此外,书中引用了不少已有的研究成果,虽然尽力做到一一列出,但仍有可能出现纰漏,敬请谅解!

摘 要

货币作为任何国家或地区经济发展中最重要的媒介或指标,其供应量增速过快,规模过大,都会对经济社会产生较大的影响,而最直接的表现就是其对价格水平产生的推动效应,这最终会影响到与价格水平密切相关的税收收入。而税收作为政府引导企业和居民部门市场行为的重要政策工具,其变动(增加或减少)不仅会直接影响到企业和居民等微观经济主体的决策和行为,还会通过间接作用对宏观经济增长、社会公平产生至关重要的影响。鉴于此,本书选择以商品劳务税为主体税种的税制结构为出发点,旨在考察货币、价格与税收的基本关系,以及三者之间基本关系引致的微观、宏观经济效应和社会公平效应,以最终提出有助于实现货币、价格与税收关系合理化的政策建议。

本书的理论部分包括第二章和第三章。第二章是关于货币、价格与税收基本关系的理论阐述,主要对早期货币数量论、古典货币数量论和现代货币数量论中货币量与价格水平的一般关系,即两者之间的同向变动关系进行了汇总与阐述。同时,对价格水平与不同税类税收的具体关系(关联度的高低)也进行了分析。在汇总两个方面的基础上,阐述了不同税制结构模式下,货币、价格与税收的传导机制,得出了在以商品劳务税为主体税种的税制模式下,货币供应量、价格水平与税收之间在理论上存在明显的可传递的同向变动传导机制,而在以所得税为主体税种的税制模式下三者之间的传导机制不太明显的结论。第三章就货币、价格与税收对企业投资、居民消费等微观经济行为的作用原理,以及对经济增长、社会公平的作用原理进行了阐述。其中,商品劳务税的征收会通过占压现金流来影响企业投资,而通过改变居民收入和商品或劳务价格来影响居民消费;其征收也会通过改变经济增长驱动要素(资本、劳动、科技进步和有效需求)的交易成本和使用效率,对经济增长产生影响;其征收还会通过消费环节改变不同收入阶层的税收负担，从而改变居民收入差距状况。得出以下理论预期：其一，这一结果不仅会对投资行为和消费行为产生抑制作用，而且最终对经济增长产生不利影响。其二，在商品劳务税占比较高的情况下，税负重对价格的"添加"效应十分明显，容易形成"价格上涨→税收负担增加→价格上涨"的恶性循环，导致通货膨胀风险增加。其三，税收负担重也意味着政府在收入分配格局占据主要地位，会抑制私人投资和消费需求，改变两者的需求结构，进而制约产业的竞争能力和增长能力；而产业税负结构的不合理也会通过改变不同行业的相对收益率，对生产要素产生不正确的导向作用，不利于产业结构的调整和优化。其四，商品劳务税的主要征税对象是商品或服务，容易转嫁，进而导致消费者，尤其是低收入者的负担加重，这与税收的社会公平原则相悖，会进一步扩大居民收入差距。

本书的实证部分包括第四章至第七章。第四章是在对货币、价格与税收关系理论分析的基础上，对1978年改革开放，尤其是1994年税制改革以来我国的货币供应量、价格水平以及税收收入情况进行了分析、对比。并通过构建协整模型分析了我国货币供应量、价格水平以及税收收入的具体关系。得出两点结论：一是我国的货币供应量增速过快，规模过大，价格水平也呈现了逐年大幅上涨的趋势，税收收入的增速远远快于经济增长速度，三者之间呈现出了明显的同步增长变动关系。二是广义货币量、价格水平与税收收入之间确存在正向的、可传递的联动关系。广义货币量对价格水平的影响系数，以及价格水平对税收收入的影响系数均为正，且货币量对价格水平的影响具有一定的滞后性，而价格水平对税收收入的影响却是立竿见影的。

第五章至第七章在第四章关于三者关系实证检验的基础上，利用各相关数据，通过建立相应的计量模型，对商品税负与企业投资、居民消费、宏观经济增长、物价水平和产业结构的相关性进行了检验。并通过测算商品劳务税在居民部门内的分布情况，考察了我国现行税制结构对收入分配的调节效果。得出两点微观效应实证结论：一是我国商品税负确实对企业投资和居民消费产生了抑制作用，其中，各地区的固定资产总投资和民营企业投资，均与税收负担率表现为负相关关系，且占比最高的增值税对企业投资的负效应也十分明显。二是无论是各地区的居民总消费，还是其城镇或农村居民消费，都与税收负担率呈负相关关系，营业税的负效应也得到了一定的体现。另外，商品劳务税可以转嫁，并隐含在价格之中，实证结果显示，价格水平对三大居民消费指标的影响也显著为负，且影响强度较大，从而也间接地说明了商品劳务税对居民消费会产生较大的负向影响。这些微观实证结果都与理论分析相一致。得到的宏观效应实证结论有三点：一是税收负担率对 GDP 增长率会产生显著的负向影响，说明税收对经济增长的负效应较为明显。另外，个人所得税和资源税对经济增长的负效应最小，商品劳务税次之，而企业所得税、财产税的经济增长负效应最大。二是物价水平与税收收入之间呈同向变动关系，即税收收入的变动，尤其是商品劳务税的变动必然会影响到物价水平的变化。三是产业税负对各地区第二、第三产业占比的影响方向也均为负，即产业税收负担过高阻碍了第二、第三产业的发展，且产业税负对第二产业的负面影响要大于第三产业。这些实证结果也与本书的理论预期基本相一致，表明我国税收负担确实不利于经济的长期稳定增长。得出的社会公平效应实证结论是：相对而言，高收入阶层承担了相对低的税收负担，而低收入阶层却相对承担了更多的税收负担，商品劳务税在居民部门内存在显著的累退性。各项商品劳务税的税前和税后库兹涅茨比率的结果也证实了可转嫁的商品劳务税主要由低收入阶层承担，商品劳务税的征收扩大了居民收入差距，加剧了居民内部的收入分配不公状况。这与理论预期相一致，表明在我国现行的税制结构下，税收的增加只会对收入分配产生"逆向"调节作用，无法实现理论上税收的收入分配调节功能。

  本书的政策建议部分仅包括第八章。本章围绕实现货币、价格与税收关系合理化的目标，提出降低商品劳务税占比，提高所得税占比，以优化我国税制结构，从根本上相对弱化税收与价格的联动关系的税收政策建议。同时，提出合理控制货币发行量和商业银行流动性创造规模，引导货币资金合理分流，以避免由大量货币资金突发性流入实体经济而造成的通货膨胀，即稳定物价的政策。最后建议应及时调整和修正 CPI 统计权数，以提高 CPI 指数的代表性或准确度。

目　录

第一章　导论 …………………………………………………………… 1

 第一节　研究背景及意义 ………………………………………… 1
  一　研究背景 …………………………………………………… 1
  二　理论及现实意义 …………………………………………… 3
 第二节　国内外相关文献综述 …………………………………… 5
  一　关于货币与价格基本关系的研究 ………………………… 5
  二　关于价格与税收基本关系的研究 ………………………… 8
  三　关于税收与宏观经济增长关系的研究 …………………… 14
  四　关于税收对微观经济的影响研究 ………………………… 17
  五　关于税收与社会公平关系的研究 ………………………… 23
  六　文献述评 …………………………………………………… 25
 第三节　研究思路和主要内容 …………………………………… 27
  一　研究方法 …………………………………………………… 27
  二　主要内容 …………………………………………………… 28
 第四节　研究创新与不足 ………………………………………… 31
  一　研究创新 …………………………………………………… 31
  二　研究中存在的不足 ………………………………………… 32

第二章　货币、价格与税收基本关系分析 …………………………… 33

 第一节　货币量与价格水平的一般理论分析 …………………… 33
  一　早期货币数量论中货币与价格的基本关系 ……………… 34
  二　古典货币数量论中货币与价格的基本关系 ……………… 35
  三　现代货币数量论中货币与价的格基本关系 ……………… 38
 第二节　价格水平与税收的具体关系 …………………………… 41

　　　　一　价格对税收的影响……………………………………………… 41
　　　　二　各税种与价格的关联度分析……………………………………… 44
　　第三节　货币、价格与税收的传导机制……………………………… 49
　　　　一　所得税为主体税制结构模式下的传导机制……………………… 49
　　　　二　商品劳务税为主体税制结构模式下的传导机制………………… 50

第三章　货币、价格与税收联动关系引致的理论效应分析………… 52
　　第一节　微观经济效应分析…………………………………………… 53
　　　　一　货币、价格与税收联动关系对企业投资的影响………………… 53
　　　　二　货币、价格与税收联动关系对居民消费的影响………………… 57
　　　　三　货币、价格与税收联动关系对社会储蓄的影响………………… 62
　　第二节　宏观经济效应分析…………………………………………… 64
　　　　一　货币、价格与税收联动关系对经济增长的影响………………… 64
　　　　二　货币、价格与税收联动关系对物价水平的影响………………… 69
　　　　三　货币、价格与税收联动关系对进出口贸易的影响……………… 70
　　　　四　货币、价格与税收联动关系对产业结构的影响………………… 72
　　第三节　社会公平效应分析…………………………………………… 75
　　　　一　商品劳务税负重对低收入者负效应偏大………………………… 76
　　　　二　商品劳务税负重对高收入者负效应偏小………………………… 76
　　　　三　社会公平难以实现，居民收入差距拉大………………………… 77

第四章　我国货币量、价格水平与税收关系实证分析……………… 79
　　第一节　货币量超经济增长的基本表现……………………………… 79
　　　　一　货币总量规模过大………………………………………………… 80
　　　　二　货币量增长速度过快……………………………………………… 81
　　第二节　价格水平变动的基本表现…………………………………… 83
　　　　一　CPI 和 PPI 变动趋势分析………………………………………… 83
　　　　二　房屋价格变动趋势分析…………………………………………… 83
　　　　三　资产价格变动趋势分析…………………………………………… 86
　　第三节　商品劳务税总体规模及主体地位表现……………………… 87
　　　　一　商品劳务税收入总规模大、增速快……………………………… 88
　　　　二　商品劳务税在税收总收入中占比高……………………………… 89

第四节　货币量、价格水平与税收联动关系模型构建和
分析 …………………………………………………… 91
　　一　变量选择和模型构建 …………………………………… 91
　　二　数据处理和模型检验 …………………………………… 93
　　三　货币量、价格水平与税收联动关系实证分析 ………… 94
　　四　结论说明 ………………………………………………… 98

第五章　货币、价格与税收联动关系的微观效应实证分析 ………… 99
第一节　我国商品税负对投资影响实证分析 ………………………… 99
　　一　我国税收负担和企业投资的基本表现 ……………… 100
　　二　我国税收负担和企业投资计量模型构建 …………… 100
　　三　我国税收负担和企业投资计量结果分析 …………… 102
第二节　我国商品税负对消费影响实证分析 ……………………… 106
　　一　我国居民消费的税收负担表现 ……………………… 106
　　二　我国税收负担和居民消费计量模型构建 …………… 109
　　三　我国税收负担和居民消费计量结果分析 …………… 112

第六章　货币、价格与税收联动关系的宏观效应实证分析 ………… 119
第一节　我国商品税负对经济增长影响实证分析 ………………… 120
　　一　我国经济增长与税收负担的基本表现 ……………… 120
　　二　我国税收负担和经济增长模型构建 ………………… 121
　　三　我国税收负担和经济增长计量结果分析 …………… 126
第二节　我国商品税负对物价水平影响实证分析 ………………… 129
　　一　我国物价水平与税收负担比较 ……………………… 129
　　二　我国税收收入和物价水平模型构建 ………………… 130
　　三　我国税收收入与物价水平计量结果分析 …………… 131
第三节　我国商品税负对产业结构影响实证分析 ………………… 134
　　一　我国产业结构与税负的基本情况 …………………… 134
　　二　我国税收负担与产业结构模型构建 ………………… 136
　　三　我国税收负担与产业结构计量结果分析 …………… 138

第七章 货币、价格与税收联动关系的社会公平效应实证分析 …… 141

第一节 我国居民收入差距基本情况 …… 141
一 收入视角下的居民收入差距情况 …… 142
二 消费视角下的居民收入差距情况 …… 143

第二节 社会公平效应实证模型选择 …… 145
一 实证方法选择 …… 145
二 微观模拟法的税收转嫁模型 …… 145

第三节 社会公平效应实证分析 …… 147
一 数据选择和参数估计 …… 147
二 居民部门内的商品劳务税负分布结果 …… 150
三 商品劳务税的收入分配效应 …… 151

第八章 协调货币、价格与税收关系合理化思路 …… 154

第一节 优化税制结构,相对弱化税收与价格联动关系 …… 156
一 确立商品税与所得税并重的"双主体"税制结构模式 …… 158
二 推进商品劳务税改革,有效降低商品税占比 …… 158
三 提高所得税和财产税占比,为降低商品税提供保障 …… 161
四 建立涉税信息掌控平台,为优化收入结构提供可行性 …… 164

第二节 有效控制货币规模,保持物价稳定 …… 165
一 有效控制货币规模,使其与经济增长相适应 …… 167
二 合理引导资金流向实体经济,防止通货膨胀 …… 169

第三节 调整和完善价格指标体系 …… 170
一 商品权数的合理分配和及时修正 …… 171
二 分层细化 CPI 指数,提高准确性 …… 171

附 录 …… 172

参考文献 …… 175

后 记 …… 189

第一章 导论

第一节 研究背景及意义

一 研究背景

1978年改革以来，随着社会主义市场经济体制的逐步确立和国家经济发展总体水平的迅速提高，中国的经济运行和经济结构发生了极大变化，许多经济变量之间原有的简单对应关系变得复杂多变。由于市场经济体制的不完善，各经济变量的变动以及某些变量之间的关系可能会与理论上发生一定的偏离，从而导致经济变量之间的传导路径和传导机制不尽合理，甚至产生一定的扭曲。货币供应量、物价水平与税收三个主要经济变量的变动，以及三者之间的基本关系就是在众多发生急剧变化的经济变量或关系中比较突出的一个方面。40年来，我国的货币供应量变动与市场经济运行需求不相匹配，且两者不相适应的表现也越来越明显，而货币供应量自身存在的问题也对其他变量产生了一系列连锁反应。

根据货币数量论的相关理论，货币供应量规模对价格水平和通货膨胀率有着至关重要的影响，货币供应量与物价水平呈正相关关系，即货币供应量的增加必然会引起价格上涨。这不仅体现在早期货币数量论对货币供应量和价格水平关系的简单表述中，更体现在古典货币数量论和现代货币数量论的方程式及函数表达式中。一些西方经济学家和学者也从各国的实践中证实了两者的同向变动关系。从我国货币供应量与物价水平变动的实际情况来看，两者之间的正相关关系也基本上遵循了这一规律。自1978年以来，无论是货币当局的货币发行量，还是商业银行的流动性创造，都以令人惊叹的速度增长，最终都直接表现为货币供应量的增加。根据国家统计局公布的数据，中国的货币供应量一路飙升，截至2012年年末，广义货币量M_2总量已高达97.4万亿元，占全球货币供应总量的近25%。[①] M_2与GDP的比值也从1978年的0.28上升到2013年的最高值1.95，是所有G20国家中"货币化"水平最高的。[②] 不经意间，中国已成为世界上最"有钱"的国家。同一时期，我国物价水平也表现为持续增长的态势，这不仅仅体现在反映一般物价水平的居民消费价格指数（CPI）上，更体现在房屋价格或资产价格方面。1990年，我国的CPI指数为1978年的2.16倍，截至2014年年末，这一指数已经增加到1978年的6.07倍。除1998年、1999年、2002年和2009年外，我国居民消费价格水平一直处于上涨趋势。同时，商品房价格也从2000年的2112元/平方米增加到了2013年的6237元/平方米，仅十多年就增长约3倍，住宅商品房价格的上升程度与商品房相当。虽然资产价格的波动相对较大，但也由90年代的1000多点逐步上升到了现阶段的2000多点，上升幅度为1倍。可见，关于中国经济"钱太多"但"钱越来越不值钱"的抱怨是难以否认的。

在一般的税收理论中，物价水平的变化会引起名义国民收入变化，这必然会影响到以此为征收基础的税收收入。具体而言，一般商品和服务价格水平的不断上涨，会直接引起增值税、消费税、营业税等与价格直接挂钩的商品劳务税收入的增加，从而引起税收总收入的增加。在以商品劳务税为主体的税制结构模式下，最终表现为税收总收入受到价格水平的"叠加"效应而大幅增加。1978—1993年，我国的税收总收入增长了7.2倍。1994年税制改革后，税收总收入增速更快，绝对额增长了22.24倍，增长率的平均水平为17.32%，占GDP比值已上升到19.42%。这与货币供应量的快速增加进而引发的物价上涨直接相关。即在以商品劳务税为主体的税制结构模式下，货币量、价格水平与税收之间可能存在"货币供应量不断增加→价格上涨→税收收入增加"的传导机制，其直接结果就是税收负担的加重。产生的这一结果必然会对企业投资、居民消费等微观经济因素产生影响，长期内也将会影响到国

---

① 数据来源于21世纪网数据部的统计。
② 根据《中国统计年鉴（2013）》、2013年国民经济和社会发展统计公报中数据计算得出。

内的经济增长水平、物价稳定和产业结构调整，同时也会对居民收入差距或社会公平产生一定的影响。

因此，如何看待我国30多年来的市场化制度变迁过程中货币供应量的不断增加以及增加过快、总量过多的现象？我国货币供应量与价格水平的正相关关系表现如何？如何理解我国货币供应量过多，但一般商品和服务价格水平相对偏低的特殊情况？价格水平与税收的具体关系是什么？不同的税制结构会对货币量、价格水平与税收的关系产生什么样的影响？在我国以商品劳务税为主的税制结构模式下，价格变动对税收体系以及各税种产生了什么样的具体影响？我国现阶段的货币供应量、价格水平与税收收入三者之间的具体传导机制是什么？这种传导机制下，税收收入的变动对企业投资、居民消费的规模和结构产生了何种影响？对我国的宏观经济增长与社会公平形成了什么样的效应？我国的货币供应量、价格与税收的基本关系中出现了哪些不合理的现象或是否产生了一定的扭曲？造成货币量、价格与税收关系不合理的因素有哪些？我国以商品劳务税为主体税种的税制结构模式在货币、价格与税收关系中充当了什么样的角色？对这些问题的系统研究和全面梳理，可以帮助我们全面了解货币供应量、价格水平与税收收入的基本关系，认清我国由货币供应量的持续超发而带来的其他经济变量的不合理变动情况，厘清以商品劳务税为主的税制结构模式下货币供应量增加→价格上涨→税收收入增加的传导机制，从而有助于找出导致我国货币量、价格与税收关系不合理或扭曲的决定性影响因素。同时，也有助于我们找出在当前处于经济转型的特殊时期，经济结构调整困难的根本原因，以找到改变2014年下半年开始实体经济一再下行的有效出路，使我们认清2014年上半年之后我国一般物价水平（CPI指数）涨幅不大，而股市出现短期内异常"火爆"的根本原因和这一现象下存在的一些潜在风险。在此基础上，通过不断完善我国的税收制度，使税制结构或者说税负结构更加合理化，进而通过市场机制实现对资金的合理分流，以激活实体经济，改变其不断下行的现状，也可以防止虚拟经济的过度膨胀。同时，通过合理有效地控制货币供应量规模，以保持物价相对稳定，并减少产生短期通货膨胀的潜在风险，最终实现稳定的经济增长，并促进社会公平。

二 理论及现实意义

"十二五"规划纲要明确提出，按照"优化税制结构"的原则来进行税制建设，并分别提出了增值税、营业税和消费税的改革方向，实际上是要逐步改变我国以商品劳务税为主体税种的税制结构模式。因此，系统研究在我国以商品劳务税为主体的税制结构模式下，货币、价格与税收之间的基本关系，以及货币供应量、价格水平与税收收入三者之间的内在传导机制，深入剖析我国现行的以商品劳务税为主体的税制结构模式对这一传导机制的影响，进而对我国宏观经济增长和社会公平产生的影响。同时，探索有助于实现我国税制结构模式转换、税收体系完善，以及货币政策制定合理性的激励性机制，以调节货币供应、价格水平与税收收入三者之间的关系趋向于合理化。这对于有效发挥税收在稳定物价、促进经济增长和收入分配等方面的整体功能，实现我国经济社会可持续发展，无疑具有重大的理论意义和现实意义。

第一，从理论上厘清货币、价格与税收的基本关系，有助于明确在实行以商品劳务税为主体的税制结构模式下货币供应量、价格水平与税收收入三者之间的传导机制。在此理论分析思路基础上，重点分析了费雪交易方程、剑桥交易方程式和弗里德曼的货币数量论中货币供应量和价格水平的正相关关系，以及价格水平与不同税类税收的具体关系，尤其是增值税、营业税和消费税等商品劳务税与价格水平的高度相关关系。由此明确了在以商品劳务税为主体的税制结构模式下货币供应量不断增加→价格上涨→税收收入增加的传导机制。

第二，系统地分析在以商品劳务税为主体的税制结构模式下货币量、价格与税收三者之间的联动关系可能产生的各种效应，即其直接结果——税收负担重对经济各方面的影响，这有助于明确我国现行税制结构的改革方向。本书通过相关投资理论中税收与投资的关系以及税收影响投资的传导路径分析了税收对企业投资的影响，并通过经典的税收与消费相关理论以及税收对消费的作用机制分析了税收对居民消费的影响。在此基础上，又进一步阐述了税收对宏观经济增长、产业结构调整以及社会公平的效应。

第三，在对我国货币供应量、价格水平与税收收入进行现状分析的基础上，对三者关系的实证检验更有助于证实三者之间的内在联系。通过对我国货币供应量、价格水平与税收收入变动趋势进行的统计性描述，发现三个指标在同一时期内呈现出与理论相一致的、同向的、逐步增加的变动趋势。在此基础上，进一步对货币供应量、价格水平与税收收入三者之间的关系进行实证分析，厘清了三个变量之间确实存在的同向的、可传递的联动关系。

第四，通过对这些经济变量间的具体关系，即税收负担与企业投资、居民消费，以及宏观经济增长、产业结构和社会公平的关系分别进行实证检验，明确了我国在以商品劳务税为主体的税制结构模式下，货币、价格与税收基本关系给各微观、宏观经济和社会公平带来的负效应。

第五，分析发达经济体中货币供应量、价格水平与税收的一般规律及其经济环境的特殊性，可以为我国转换税制结构、完善税收体系以促使货币、价格与税收关系合理化提供经验借鉴与启示。发达国家和部分发展中国家的金融体制发展相对完善，货币供应量的增加与经济增长相匹配，货币供应量与价格之间的同向变动关系相对稳定。同时，这些国家多实行所得税与商品劳务税并重的"双主体"税制结构模式，或者以所得税为主体的税制结构模式，税收受价格变动的影响大大减弱。因此，货币供应量不断增加→价格上涨→税收收入增加的传导机制也相对弱化。这有助于明晰我国以弱化价格与税收关系为目标的税收制度改革思路，从根本上减少价格上涨对税收收入的"添加"效应。税收体系完善的长期目标无非是促进经济增长和社会公平以及稳定物价水平，"双主体"税制模式在现代复杂的经济条件下能够保持价格与税收的相对稳定性，进而优化货币供应量、价格水平与税收收入三者之间的传导机制，以减少其对宏观经济增长的负面影响。发达经济体的货币、价格与税收关系的基本规律说明了这一点，我国政府也早已提出了商品劳务税与所得税并重的"双主体"税制建设目标。现阶段，在明确现行以商品劳务税为主体的税制结构会导致货币、价格与税收基本关系不合理的基础上，积极消除由此带来的负面影响，对于实现"十二五"规划纲要所规划的税制建设目标，有效地发挥税收的调节职能，无疑具有重大的现实意义和深远的社会意义。

第二节 国内外相关文献综述

一 关于货币与价格基本关系的研究

对于货币与价格的关系，西方经济学家已有较多的理论研究。这些理论研究具体包括以下主要成果。

法国重商主义者让·博丁（Jean Bodin）第一次明确地将价格与货币数量联系起来，后来的经济学家休谟（David Hume）、李嘉图（David Ricard）和穆勒（J. S. Mill）都在早期货币数量论中提出了货币量与价格呈同向变动关系。

随后，美国经济学家费雪（Fisher）提出了著名的"费雪交易方程式"，并对货币量与价格的正相关关系进行了数理表述。

庇古（Pigou）提出的"剑桥方程式"与"费雪交易方程式"的研究结论基本相同，即物价水平取决于货币量，与货币量的多少呈同方向、同比例变动。

供给学派弗里德曼（Friedman）在现代货币数量论中也对货币与价格基本关系做出了论断，认为货币数量增加，物价将随之正比上涨。

在这些理论研究的基础上，国内外的一些经济学者根据货币供给量与价格水平自身发展特点对货币供应量及其与物价水平之间的具体关系，以及两者之间的传导机制进行了诸多研究，基本上可以认为，货币供给的变动会影响产出与物价，但对其作用的大小、时滞及作用方式存在分歧。

麦坎德利斯和韦伯（McCandless and Weber，1995）研究了110个国家近30年的产出增长率、平均通货膨胀率和货币供给量增长率之间的关系，认为长期内货币增长率和通货膨胀率之间高度相关。[1]

米什金（Mishkin，2001）通过对加拿大1971—1999年的数据进行实证分析，认为货币供应量变动在短期内能有效地解释物价水平波动，即货币供应量与物价水平存在一定的同向变动关系。

邹至庄（1987）利用货币数量论公式，对我国1952—1983年的货币供给与价格水平数据进行了计量检验。结果显示，虽然1978年前后经济体制不同，但是，货币供给与价格之间的效应并没有显示出明显的结构变化，结果支持货币数量论。[2]

---

[1] McCandless, G. T. and Weber, W. E., "Some Monetary Facts", *Federal Reserve Bank of Minneapolis Quarterly Review*, Vol. 19, No. 3, 1995, pp. 2 – 11.

[2] Chow, Gregory C., "Money and Price Level Determination in China", *Journal of Comparative Economics*, 1987, 11 (2), pp. 319 – 333.

易纲（1996）①、谢平（1996）、张杰（1997）将传统交易方程式修正为：MV = λyP，其中，λ 为货币化经济的比例，成功地解释了我国 20 世纪 90 年代以前出现的超额货币供给现象，按其分析逻辑，随着货币化速度的减缓，超额货币供给应随之消失。因此，这种理论无法解释 1993 年后我国超额货币供给不断增加的趋势。

苗文龙（2007、2012）在理论模型分析的基础上，利用中国改革以来（1979—2010 年）的数据，构造了 GARCH 模型并进行实证分析，实证结果表明：现代货币数量论中货币、产出、物价之间一阶长期平稳关系在中国仍然有效。同时，他将货币缺口和收入差距纳入菲利普斯曲线理论模型，检验结果显示：货币化通过扩大货币缺口直接推动当期物价上升和导致高通货膨胀预期两种途径作用于物价水平。②

齐红倩、李民强（2013）对物价水平与流动性过剩的结构性关系建立了数理模型，以分析不同指标对我国流动性过剩的影响，得出结论：流动性过剩本质上会影响经济部门收益率，最终导致物价水平的改变，或者说造成通货膨胀的巨大压力。

刘伟、李绍荣等（2002）对中国经济的相关数据进行实证分析发现，从长时间段的角度看，货币量仍是物价变动的主要影响因素，即我国的物价指数和货币供给量之间存在稳定的长期均衡关系。短期内，货币增长率对物价指数的影响分为两个部分：一是新增基础货币会引起物价 3 倍以上的上涨幅度；二是由新增基础货币所导致的新增广义货币对物价上涨的拉动程度更是高达 25 倍以上。③

马敬桂、李静（2011）基于严格的模型设定和检验，分析了货币供给和食品价格水平的协整关系，同时利用 VAR 模型研究了货币供给冲击对食品价格水平变动的影响，并把产出变量引入系统中作为参考。研究表明，我国货币供给和产出与食品价格存在长期的稳定关系；但货币供给和产出冲击对食品价格的影响具有不同的变动趋势，货币供给冲击对食品价格具有正向传导机制，而产出冲击则正好相反，且前者对食

---

① 易纲：《中国的货币、银行和金融市场：1984—1993》，上海三联书店、上海人民出版社 1996 年版。
② 苗文龙：《高货币化、通货膨胀预期与通货膨胀》，《投资研究》2012 年第 3 期。
③ 刘伟、李绍荣等：《货币扩张、经济增长与资本市场制度创新》，《经济研究》2002 年第 1 期。

品价格变动的贡献明显高于后者。

赵留彦、王一鸣（2005）对中国1952—2001年数据进行了考察，验证结果显示，在这一时期内，货币量与价格之间关系遵循了货币数量论的表述，而价格偏离均衡部分的大约1/3也会在短期之内得到调整。但是，由货币供给变动引起的价格上涨并未得到完全体现，这是因为我国的货币需求增长的速度超过了货币流通下降的速度。①

刘斌（2002）通过对我国货币供应量、物价和产出的研究发现，由货币供应量的变化而带来的物价变动，在短期和长期内同时存在，且随着时间的推移，货币供应量的增加将全部体现在商品的价格水平上。②

刘金全、张文刚、刘兆波（2004）运用货币供给增长率与通货膨胀率建立了协整模型和ECM模型，检验结果表明，两者存在长期的正相关协整关系，说明以货币量为基础的货币政策在价格水平调整上仍会起到较强的导向作用。③

朱慧明、张钰（2005）考察了1994—2004年的季度数据，通过运用以货币供给量增长与通货膨胀率所构建误差修正模型，分析了两者之间的短期动态关系和长期均衡关系，认为广义货币量对通货膨胀率的解释作用最强。④

二　关于价格与税收基本关系的研究

从国内外关于税收与价格基本关系的研究来看，税收与价格是相互影响的，即两者的关系包括两个方面：一是价格对税收影响的研究；二是税收对价格影响的研究。多数学者关于两者关系的研究则大多是从税收经济学角度出发进行讨论的。

S.詹姆斯和C.诺布斯（1988）认为，物价变化会引起名义国民收入变化，国民收入变化必然导致税收变化，而税收变化大小受边际税收

---

① 赵留彦、王一鸣：《货币存量与价格水平：中国的经验证据》，《经济科学》2005年第2期。
② 刘斌：《我国货币供应量与产出、物价间相互关系的实证研究》，《金融研究》2002年第7期。
③ 刘金全、张文刚、刘兆波：《货币供给增长率与通货膨胀率之间的短期波动影响和长期均衡关系分析》，《中国软科学》2004年第7期。
④ 朱慧明、张钰：《基于ECM模型的货币供给量与通货膨胀关系研究》，《管理科学》2005年第10期。

倾向影响，边际税收倾向大的累进税制变化幅度大，而边际税收倾向小的累退税制变化幅度小，比例税制居中。

张伦俊（2001）对 1986—1997 年税收收入与价格之间的关系进行了定量分析，认为虽然经济增长仍是影响税收收入的首要因素，但税收收入中价格水平的影响也不可低估。通过对具体数据的分析，发现这一时期内，物价水平和税收总额总体上保持增长态势，但 1994 年税制改革以后，税收收入与物价的变动关系和理论上所阐述的税收收入与物价变动关系不太一致，即物价上升和税收收入增长在时间上出现了一些偏差。① 这可能与税制改革处于起步阶段以及这一时期物价变动的其他影响因素相关。

胡怡建（2011）认为，我国独特的税制结构导致税收与价格之间形成了特殊的依存关系。而价格上涨，不但使从价征收的流转税与价格保持同步增长，还可能使企业利润增长也有所增加，进而所得税也会出现增长；更为重要的是，通货膨胀引发的房地产和资本品价格上涨，房地产、金融业等通货膨胀受益行业税收增长幅度更是远高于价格上涨幅度。因此，价格上涨必然会引发税收超常增长，而超常增长的税收也要通过价格消化。同时，他认为，我国商品价格畸高主要是因为隐含在商品和劳务价格中的间接税占比过高。②

张培森、付广军（2003）研究表明，税收增长受经济增长和价格的影响最为直接、显著，相对于 GDP 的增长，物价水平对税收收入增长的影响更强。③ 综合来看，学者普遍认为，货币供应量与物价水平之间存在高度相关性，对价格水平与税收关系的研究也证实了价格水平变动必然会对税收产生影响。

李江红（2011）提出，由于我国税收是以现价计算，税收体系是以计税依据为货物和劳务价格的营业税、消费税、增值税和关税等流转税为主，这些间接税可以将纳税人的税负转嫁由他人负担。因此，价格加速上涨成为进一步推动税收"超高速"增长的重要因素之一。而税

---

① 张伦俊：《试析税收与价格的影响关系》，《审计与经济研究》2001 年第 7 期。
② 胡怡建：《如何看待我国价格持续上涨背后的价税关系》，《中国税务》2011 年第 11 期。
③ 张培森、付广军：《我国经济税源的产业与行业税负结构分析》，《数量经济技术研究》2003 年第 5 期。

收与物价的相关性在营业税、消费税和增值税上表现得尤为直观。这是因为这三种税收与价格有着直接的关系，其真正的税负承担者都是最终的消费者。而由价格因素推动的税收负担加重将不利于经济健康发展和国民收入分配格局的优化，还可能进一步提高物价。①

靳连峰（2006）指出，价格变动对总体税收收入增减的影响具体是通过对单个税种的影响来实现的。商品在流通环节中涉及的税种不同，价格变动幅度也不尽相同，最终对税收的影响程度也不同。除价格对部分税收的直接影响外，由于价格对税收的影响是与经济因素交织在一起的，因此，还会通过经济发展间接作用于税收。②

孙玉栋（2006）运用统计学中的因素分析方法对1994—2005年税收收入增量因素进行分析，得出1994年以来物价对税收增长的平均贡献为7.52%，总体对税收增长影响不大。③

顾惠祥等（2008）认为，由于税收收入是按现价计算的收入，因此，税收收入必然会受到当年的物价水平的影响。2001年以来，虽然GDP增量对平均税收增量的贡献程度接近于0.9，但价格变动对税收收入增加额的影响程度也在逐渐增加。④

商凯、张志辉（2008）通过实证分析发现，税收增长率的变动主要取决于经济波动，两者之间存在长期均衡变动关系。另外，价格对税收增长率的影响也非常明显。从价格与税收变动趋势看出，1997—2004年价格指数与税收收入增长率呈现同步变动趋势。除1996年和1999年两年之外，其他年度税收增长率变化和价格的变化趋势呈现高度的正相关关系。

熊鹭（2011）通过建立SVAR和VEC模型进行回归分析后发现：从价格水平对税收的影响程度看，物价上涨对企业所得税的推动效应最大，其次是增值税和营业税，说明物价上升会带动名义税收的增加；从这一影响的持续时间看，物价当期的一次上升，对增值税和营业税收入

---

① 李江红：《物价上涨对我国税收收入的影响——由本轮物价上涨来看》，《新疆财经》2011年第6期。
② 靳连峰：《价格与税收关系的理论分析》，《扬州大学学报》2006年第9期。
③ 孙玉栋：《中国税收负担问题研究》，中国人民大学出版社2006年版。
④ 顾惠祥、袁莹：《价格变动对税收影响的实证分析》，《扬州大学学报》2008年第6期。

增加的影响可持续 5 个月左右,对企业所得税收入增加的影响比前两者长约两个月。另外,物价上升对这三个税种收入的增加都存在短期滞后效应。①

部分学者认为,价格与税收的关系不仅体现在前者对后者的一种"添加"效应,而且税收反过来对价格也会产生一定的影响,两者之间应该是一种类似"双螺旋"的相互影响关系。因此,有关税收收入以及税制结构对物价水平的影响也不容忽视。对于价格水平对税收的影响则多是从理论上阐述说明,而对于税收对价格的影响则更多地倾向于实证分析。

约翰·穆勒(John Stuart Mill,1848)在《政治经济学原理》一书中总结出:如果政府对某一个生产部门的利润征税,将会导致其生产成本增加,随之出现的是商品的价值和价格同时上升,为保证生产利润不受影响,这些税收将最后由商品的消费者承担,而这适用于任何一个生产部门。

埃克斯坦(O. Eckstein,1967)认为,税收作用于经济运行的诸多方面,而税收的变动也是为了追求充分就业和价格水平稳定等短期目标,因此,税收必然会对价格产生影响。②

坦齐(V. Tanzi,1983)认为,相比较其他政策而言,税收政策在反通货膨胀上应是更积极、更有效的政策工具,直接或间接增税都可以抑制通货膨胀。可见,税收政策可以使物价水平下降。③

美国供给学派经济学家 V. P. 甘地(1993)认为,不仅需求会对国民产出和价格水平产生影响,供给同样对两者具有决定作用。他主张政府实行减税政策来刺激供给增加,以使供求平衡,从而减轻通货膨胀压力。

阿林等(K. Peren Arin et al.,2005)对美国税收政策的价格效应进行实证分析,发现直接税与间接税对 CPI 的影响不同,甚至 CPI 对直接税中的个人所得税和企业所得税的冲击响应持续时间也不相同。因此,如果把税收作为一个总体分析其对物价的影响,就会忽视税制结构

---

① 熊鹭:《对我国税收与价格动态影响关系的实证分析》,《税务研究》2011 年第 5 期。
② Eckstein, O., *Public Finance*, 2nd ed., 1967, Prentice–Hall.
③ Tanzi, V., Taxation and Price Stabilization, in S. Conssen, ed., *Comparative Tax Studies*, North–Holland Publishing Company, 1983.

对物价的不同影响。①

弗朗西斯科（Francisco，2006）通过对西班牙的税收与物价水平数据进行计量分析，也认为，不同税种对物价的影响并不相同，其研究结果为直接税对物价的影响不显著，间接税对物价的影响较为显著，如果增加总税收，则物价会上升。

吴旭东等（2003）指出，税收与价格都是政府实行经济调节的有力工具，且两者之间存在着一定的内在联系，两者相互影响、相互配合，共同发挥对国民经济的调节作用。他们认为，无论税金是包含在价格之内，还是价格之外的附加，都与价格有密切的联系。一般而言，价格与税收的关系表现为同方向的变化趋势，但这还要取决于商品的价格弹性。也就是说，对于价格弹性小或完全没有价格弹性的商品（如某些生活必需品）来说，两者的同方向变化关系必然是成立的。但是，对于价格弹性较大的商品来说，价格与税收收入的同方向变动关系就不明显了。②

龚六堂和邹恒甫（2002）通过构建两种不同的模型，即包含货币的价格决定模型和不带货币的价格决定模型，进而进行比对分析，发现税收的增加可以导致物价水平的下降。他认为，财政政策在价格决定上有着重要的作用，在一定程度上也可以有效地控制通货膨胀。③

杨志勇（2011）认为，货币是造成通货膨胀的根源，但是，除这一因素之外，税收因素也是引起物价变动的一个非常重要的原因，两者之间存在密切的联系。通过对中国2010年的税收收入各项数据进行分析，发现仅增值税、消费税、营业税和关税四种间接税占税收总收入的比重就超过70%，而这些税收在很大程度上最终都会通过税负转嫁的形式转移给消费者，而这一转嫁过程多是通过价格调整来实现，这也就意味着，税收必然会对物价产生影响。在当前中国的税制结构仍然以间接税（流转税，或称货物劳务税、商品税）为主体的情况下，商品价格中税收所占的比重更高。因此，中国物价虚高的根本原因是间接税在

---

① Arin, K. P. and Koray, F., Fiscal Policy and Economic Activity, *CAMA Working Paper* 9, 2005.
② 吴旭东等：《税收与价格关系》，东北财经大学出版社2003年版。
③ 龚六堂、邹恒甫：《财政政策与价格水平的决定》，《经济研究》2002年第2期。

作怪，政府有必要降低间接税税负以促进国内消费。①

高培勇（2012）在接受记者采访时表示，税收是内嵌于商品价格的重要因素，尤其是按照商品价格的一定比例征税，直接构成了价格的一部分。因此，当物价水平不断上升时，这些税收也会相应增加。反过来，由于我国当前的税收收入中流转税占比较高，而所得税、财产税等占比较低，流转税可转嫁的特点将可能会导致国内 70% 的税收进入物价，因此，税收的增长也会相应推高物价。有观点认为，当前我国物价水平仍处于高位，即是税收增长的原因。② 由此可见，我国的税收对价格形成的影响无疑更大。在此之上，他提出减少流转课税，同时相应增加所得税和财产课税，以优化税制结构，构建一个相对均衡的税制体系。

许建国（1999）在对流转税的分析中认为，流转税对于价格的干预容易导致价格失真、供求矛盾等一系列问题，弊多利少。③

张海星（2012）运用我国的税收实际数据，构建了向量自回归模型来进行实证分析，并得出结论：货物与劳务税对于物价上升（CPI）的贡献率接近 20%。因此，他认为，间接税对于物价水平具有极大的影响。④

王春雷（2011）利用计量分析方法，对国内增值税、营业税、消费税、海关代征增值税和消费税等税收与物价水平（CPI）之间的动态关系进行了实证研究，他发现，海关代征增值税和消费税对 CPI 影响不显著，几乎可以忽略不计；而国内增值税、营业税、消费税对 CPI 影响弹性分别为 0.25、0.15、0.10，实际影响也远小于理论预期。⑤ 因此，得出了间接税并不是物价水平（CPI）的主要决定因素。

杨君茹、戴沐溪（2012）使用全国 30 个省份 11 年的面板数据，基于面板协整理论，通过完全修正最小二乘法（FMOLS），测算了我国增

---

① 杨志勇：《中国物价虚高内幕：间接税在作怪》，《人民论坛》（政论）2011 年第 9 期上。
② 高培勇：《税收增长会相应推高物价》，《宏观经济》2012 年第 2 期。
③ 许建国：《经济发展中的税收理论》，中国财政经济出版社 1999 年版。
④ 张海星：《税收与政府投资对 CPI 的影响：基于向量误差模型的实证分析》，《税务研究》2012 年第 6 期。
⑤ 王春雷：《间接税对 CPI 的影响——基于 VAR 模型的实证分析》，《税务研究》2011 年第 11 期。

值税、消费税和营业税三项流转税对 CPI 的弹性，以反映三项税收对物价的影响。结果显示，增值税、消费税和营业税对 CPI 的弹性分别是 0.272、0.210 和 0.446，而且随着税收增长幅度的扩大，其对于 CPI 的影响有扩大的趋势。因此，建议通过深化增值税扩围改革，进而构建以直接税为主体的税制体系，并同时配合结构性减税，以降低整体税收负担，以达到保持 CPI 指数稳定的目标。①

三 关于税收与宏观经济增长关系的研究

价格与税收相互影响，价格变动也必然会引起税收变动，而税收作为经济体系中重要的一个部分，其变动必然会对企业投资、居民消费等产生一定的影响，从而影响到宏观经济增长。西方学者基于税收对经济增长的影响已有很多贡献与成果，国内学者也在西方税收理论基础上针对我国的税收与经济增长做了很多的研究。

基思·马斯登（Keith Marsden, 1983）利用 21 个国家的数据进行实证分析，结果显示：税收负担与经济增长率呈现出明显的负相关关系，且在收入不同的国家，两者的负相关程度也不同。在高收入国家，税收负担每提高 1 个百分点，其经济增长率将下降 0.34 个百分点；而在低收入国家，经济增长率的下降幅度还要高出 0.24 个百分点。②

斯卡利（Sculley, 1991）运用 103 个国家 1960—1980 年的面板数据，对宏观税负对经济增长率的影响进行计量分析，得出结论：当宏观税负不超过 19.3% 时，经济增长率保持一直上升并达到最大化；当宏观税负超过 45% 时，经济增长率将趋向于零增长，甚至下降为负增长。③

恩根（E. M. Engen, 2001）通过对边际税率和平均税率对经济增长率的影响进行实证检验，发现边际税率和平均税率都对经济增长产生负影响。其中：边际税率每提高 5 个百分点，经济增长率则下降

---

① 杨君茹、戴沐溪：《流转税对于 CPI 的影响——基于省级面板数据的协整分析》，《财政研究》2012 年第 11 期。

② Marsden, K., "Links between Taxes and Economic Growth: Some Empirical Evidence", *World Bank Staff Working Papers*, No. 605, 1983.

③ Sculley, G. W., "Tax Rate, Tax Revenues and Economic Growth", *Policy Report*, No. 98, National Center for Policy Analysis, Dallas, 1991.

0.2%；而平均税率每提高 2 个百分点，经济增长率则下降 0.3%。① 因此，他认为，高税率将最终导致经济增长率下降，主张通过减税来实现经济的长期稳定增长。

卡拉斯（Karras，2004）通过比较 11 个 OECD 国家宏观税负对人均 GDP 增长率的影响，认为宏观税负的提高对人均 GDP 增长率的影响在短期内较大，而长期来看，这一影响将不断减弱。即长期提高宏观税负 1 个百分点，则短期内（最初的 1—2 年）人均真实 GDP 增长率将下降 0.6%—0.7%，但长期内（之后的 3—4 年）将低于趋势值。②

岳树民、安体富（2005）分别计算了 1994—2000 年我国大、中、小三种口径的宏观税负，并将其与 GDP 增长率的关系进行了实证考察，结果显示，我国的宏观税负与 GDP 增长率呈反向变动关系，即宏观税负对经济增长产生负效应，且影响程度较大。③

聂新正（2002）利用我国 1990—1996 年的税收收入与经济增长数据，一方面，将政府支出作为衡量税收水平的重要因子，从需求角度分析各因素对经济增长的影响，核算得到我国宏观税负水平为 19.38%；另一方面，从供给角度分析税率对经济增长率的影响，计算得到我国的合理税率约为 18%。④

马拴友（2001）根据 1979—1999 年我国税收增长与经济增长的数据，对两者进行了回归分析，结果发现，从绝对值来看，税收收入每增收 1000 元，GDP 减少约 2300 元，说明税收与经济增长呈负相关关系，税收负担越重，越不利于经济增长。同时，他又利用 1994—1998 年的相关数据，通过对区域经济进行截面回归，分析了边际税负对经济增长的影响，结果显示，两者之间呈负相关关系。⑤

刘军（2006）在索洛模型的基础上将税收变量引入模型中，研究了宏观税收负担与经济增长的关系，发现税收负担每减少 1 个百分点，

---

① Engen, E. M., "Taxation and Economic Growth," *Working Paper*, Cambridge, MA: National Bureau of Economic Research, 2001.
② Karras, G., "The search for Growth in Federal Reserve of Kansas City Symposium Series", *Policies for Long - Run Economic Growth*, Vol. 4, 2004, pp. 57 - 86.
③ 岳树民、安体富：《促进可持续发展的税收政策研究》，中国税务出版社 2005 年版。
④ 聂新正：《中国宏观税负水平及税制优化问题研究》，《经济评论》2002 年第 2 期。
⑤ 马拴友：《宏观税负、投资与经济增长：中国最优税率的估计》，《世界经济》2001 年第 9 期。

经济增长率将提高3.87%，得出了税收负担与经济增长负相关的结论，但他认为，税收结构对经济增长的影响较小。①

刘普照（2004）在对宏观税负问题的一般研究基础上，重点分析其对经济增长的影响效应。同时，利用我国1985—2001年的有关数据进行了实证分析，认为20%—22%的宏观税负区间有利于我国的经济增长。②

郭庆旺（2004）从边际宏观税率角度出发，运用我国1995—2002年各省份税收收入和经济增长的面板数据，通过构建计量模型，分析前者对后者产生的影响。研究发现，超过经济增长速度的税收收入增速将对经济增长产生抑制效应，且税收收入对经济增长的负效应在经济不发达地区表现得更为明显，强度明显高于经济发达地区。具体来看，边际宏观税率每增加1%，经济增长率将下降0.027%。

朱博文等（2008）运用回归数量分析方法，根据我国除4个直辖市和西藏之外的26个省份1994—2004年的数据，对平均税收负担与经济增长率进行了相关性分析，实证结果表明，1994年以来，我国税收负担对经济增长具有明显的负效应，税收负担每增加1%，GDP增长率下降约0.028%。③

李永友（2004）在考察税收负担对经济增长的影响时，将政府支出纳入税收负担的考虑范围，发现考虑和不考虑政府支出两种情况下的税收负担存在着很大差异。并且这两种情况下的税收负担对经济增长均产生负效应，但影响程度不同。未考虑政府支出时，税收负担每增加1个百分点，经济增长率下降约0.71个百分点；将政府支出考虑在内后，税收对经济增长的抑制程度下降了近0.4个百分点。④

何茵、沈明高（2009）认为，在剔除经济发展水平对税收的拉动效应之后，1999—2007年，我国的实际宏观税负水平仍然处于较高水

---

① 刘军：《我国税制结构、税收负担与经济增长的实证分析》，《财政研究》2006年第2期。
② 刘普照：《宏观税负与经济增长相关性研究》，经济科学出版社2004年版。
③ 朱博文、倪晓静：《我国省级税收负担与经济增长相关关系研究》，《经济论坛》2008年第10期。
④ 李永友：《我国税收负担对经济增长影响的经验分析》，《财经研究》2004年第12期。

平，而宏观税负的快速增加对经济总量产生了显著的负向影响。①

四 关于税收对微观经济的影响研究

（一）税收对企业投资决策行为的影响

在现代经济学理论中，关于税收对于企业投资影响的研究一般是在乔根森（Jorgenson，1963）提出的新古典投资理论、托宾（1969）提出的Q投资理论及金和富勒顿（King and Fullerton，1984）提出的边际有效税率模型的框架下展开的。虽然国内外对由货币量为"导火线"而引发税收增加，进而影响投资的研究虽涉及较少，但对税收与投资两者关系的研究已相当丰富。

乔根森和霍尔（Jorgenson and Hall，1967）在其新古典投资理论中提出资本使用者成本模型后，对美国1929—1963年的时间序列数据进行了实证分析，考察了这一期间美国三次税收改革对投资的影响，结论表明，加速折旧、投资抵免等税收政策对增加净投资效果显著。②

奥尔巴克和哈西特（Auerbach and Hassett，1991）为了考察美国税制改革对投资的影响，利用1986年美国30多个行业的面板数据进行了实证研究，发现资本使用者成本对投资的弹性接近 -1，表明如果税收政策的变动使资本使用者成本下降1个百分点，将带来近1个百分点的投资的增加。③

格雷韦勒（Gravelle，1994）测算了美国不同企业类型在1986年税制改革前后的有效税率，比较发现，这一时期税制改革中的降低税率等税收政策均有利于非公司企业和公司企业设备投资的大幅提高，两类企业的固定资产投资也有所增加。④

刘磊（1997）认为，税收在很大程度上影响着企业的投资计划和投资能力。企业的投资能力、投资收益以及投资风险的大小受到税负高低的制约，与投资相关的税收折旧政策等的定位不同，对投资的影响也

---

① 何茵、沈明高：《政府收入、税收结构与中国经济增长》，《金融研究》2009年第9期。

② Jorgenson, D. W. and Hall, R. E., "Tax Policy and Investment Behavior", *American Economic Review*, Vol. 57, 1967, pp. 391 – 414.

③ Auerbach, A. J. and Hassett, K., "Tax Policy and Business Fixed Investment in the United States", *NBER Working Paper*, 1991, No. 3619.

④ Gravelle, J. G., *The Economic Effects of Taxing Capital Income*, Cambridge: MIT Press, 1994.

不同，既能抑制投资，也能刺激投资，进而对国民经济的发展产生较大的作用。①

马拴友（2001）以滞后一期的税收收入/企业利润这一比值作为衡量企业平均有效税率的指标，对1981—1999年我国的税收和企业投资相关数据进行回归分析，检验了税收对于企业固定资产投资的影响，结果表明，由于税收优惠引致的有效税率降低可以促进非国有经济的投资，但是，对国有企业投资的效果不明显。②

秦朵、宋海岩（2003）在研究我国投资效率问题的同时，检验了企业投资与投资成本的关系，实证结果表明，投资成本对企业投资几乎无影响，但他们的研究中并未过多地考虑税收制度的因素。③

杨欣、夏杰长（2004）利用我国1994—2001年的税收收入、GDP、滞后一期投资额对当期投资进行了回归分析，结果说明，税收收入的增长确实对投资具有显著的抑制作用。④

陈亚雯（2005）在新古典投资理论的框架下，间接通过资本品租赁价格研究了税收政策对投资行为的影响，发现税收在理论上会间接地抑制投资的增加，而投资抵免、加速折旧等税收优惠政策对投资有较强的激励作用。⑤

江金彦、王晓玲（2006）利用1980—2005年我国宏观税负与投资率的样本数据进行了协整分析，发现由于政府主导、投资本身的惯性以及税收征管不完善等作用的影响，这一时期，税收的增加并未对投资活动产生抑制效应，说明税收对投资的收入正效应超过了负的替代效应。⑥

李成、王哲林（2010）在构建我国资本使用者成本模型的基础上，

---

① 刘磊：《税收对投资的影响因素分析》，《厦门大学学报》（哲学社会科学版）1997年第1期。

② 马拴友：《税收优惠与投资的实证分析——兼论促进我国投资的税收政策选择》，《税务研究》2001年第10期。

③ 秦朵、宋海岩：《改革中的过度投资需求和效率损失——中国分省固定资产投资案例分析》，《经济学》（季刊）2003年第7期。

④ 杨欣、夏杰长：《税收与投资关系实证分析》，《投资研究》2004年第1期。

⑤ 陈亚雯：《新古典投资理论与模型——税收与投资分析》，《经济问题探索》2005年第12期。

⑥ 江金彦、王晓玲：《我国税收对投资影响的实证分析》，《工业技术经济》2006年第11期。

对 1997—2005 年省级面板数据进行实证检验，研究发现，税收政策的变动通过资本使用者成本间接影响到对国有企业的投资行为，且为显著的负效应，并估算出增值税对投资的影响系数为 -0.7，企业所得税为 -0.8。[①]

廖永祥（2010）认为，在存在通货膨胀情况下，针对名义收益而不是实际收入征收的税收会减少投资的实际收益，加上通货膨胀导致的成本上升，税收对投资的负面影响更加明显。[②]

吴旭东等（2010）利用向量自回归模型和脉冲响应函数，实证检验了我国 1985—2008 年企业所得税、商品劳务税与民间投资三个变量之间的动态关系，结果表明，这两种税收的变化是民间投资变化的格兰杰原因，同时，商品劳务税、企业所得税都与民间投资之间具有唯一的协整关系，其中企业所得税对民间投资的影响为负，而货物与劳务税对民间投资则具有正效应。[③]

（二）税收与居民消费决策行为的影响

从国内外对税收影响居民消费的研究来看，多数学者关于两者的研究是建立在凯恩斯（Keynes，1936）、弗里德曼（Friedman，1957）、马斯格雷夫（Musgrave，1959）和大卫·海马尔（David N. Hymarl）等著名经济学者提出的税收与消费理论基础上的。西方学者对于税收与消费关系的研究，不仅仅是简单地讨论税收对居民消费的效应，而且还通过实证研究来论证税收到底在多大程度上影响消费。当然，不同的理论学派对于税收和居民消费的关系持不同的观点，而相关的实证文献也并未达成共识。

奥孔（Okun，1971）通过比较附加税有无情况下的"全效应"和"零效应"消费，认为消费量受税收政策的影响比生命周期理论描述的要大。[④] 贾斯特、莫迪格利安尼和斯坦德尔（Juster, Modigliani and Steindel）的研究结果也支持了这一观点。

詹姆斯和威尔科克斯（James and Wilcox，1988）利用欧拉方程的

---

① 李成、王哲林：《税收政策变动影响我国国有企业固定资产投资的实证研究》，《税务研究》2010 年第 6 期。
② 廖永祥：《通货膨胀下税收对消费和投资的影响》，《经济研究》（导刊）2010 年第 15 期。
③ 吴旭东、刘宝如：《税收与民间投资的计量分析》，《税务研究》2010 年第 6 期。
④ Okun, Arthur M., "The Personal Tax Surcharge and Consumer Demand, 1968 - 70", *Brookings Papers Ecow. Activity*, Vol. 1, 1971.

框架分析税收和消费的关系，发现某一时间内的税收减免约高达 25% 时，消费者会大量增加对耐用品的消费，而且消费者对于 7.5% 的税收返还率表现出持续的消费反映，他们认为，税收减免是刺激消费的有效途径。[1]

Alfredo Marvão Pereira 和 Oriol Roca - Sagalés（2011）利用葡萄牙的税收和消费数据建立了 VAR 模型，通过实证分析发现，税收对消费产生抑制，前者对后者的长期弹性为 -0.63。[2]

费尔德斯坦（Feldstein, 1982）指出，税收对消费可能存在非线性效应，即当处于持久的财政扩张或紧缩时，降低税收并不会带来消费的增加，然而，当财政态势并非稳定时，人们认为，提高税收反而会降低财政违约风险和相关成本，从而因为预期财政状况会好转而增加即期消费。[3]

布兰查（Blanchard, 1990）认为，扭曲性税收会导致其对居民消费产生较大影响，而且税率越高，税收负担越重，这种扭曲效应越大。

赫明等（Hemming et al., 2002）运用21个发展中国家和19个发达国家30年的数据进行实证研究发现，税收对私人消费的影响是不确定的。[4]

在国内，居民消费长期不足，影响到经济良好发展的可持续性，也引起了很多学者对税收与居民消费关系的关注。这些研究已从一般性的对策研究转变到定量分析。

张斌（2012）认为，我国当前以间接税为主的税制结构不利于消费的增加，税收政策应通过降低间接税负，尤其是生活必需品的间接税负以扩大居民消费需求，并减轻边际消费倾向较高的中低收入阶层税收

---

[1] James Tobin and Wilcox Dolde, Wealth, Lidity and Consumption, in Consumer Spending and Monetary Policy, The Linkages, Proceedings of a Monetary Conference (Federal Reserve Bank of Boston, 1988).

[2] Alfredo Marvão Pereira, Oriol Roca - Sagalés, "Long - term Effects of Fiscal Policies in Portugal", *Journal of Economic Studies*, Vol. 38, No. 1, 2011.

[3] Feldstein, M., "Government Deficits and Aggregate Demand", *Journal of Monetary Economics*, Vol. 9, No. 1, 1982, pp. 1 - 20.

[4] Hemming, R. and Mahfouz, S., Fiscal Policy and Economic Activity during Recessions in Advanced Economics, IMF, WP/02/87, 2002.

负担，增加其可支配收入，使其储蓄动机转化为消费需求。①

赵蓓、战岐林（2010）基于霍尔消费理论，利用1992—2008年的省级面板数据对消费决策模型进行实证检验发现，减税或增加政府支出都会使居民增加消费，尤其是当经济不景气时，减税是提高消费水平、扩大内需的有效手段。②

李树培和白战伟（2009）运用改革开放30多年的数据建立了SVAR模型，考察政府支出与税收对居民消费需求的影响，结果表明，无论是促进经济增长还是刺激居民消费，政府支出都表现出较强的影响力，而税收的促进作用则相对不够显著。

廖永祥（2010）对照分析了有无通货膨胀下税收对消费的影响机理，认为通货膨胀会对相对稳定的税收政策效果产生一定的扭曲效应，因此，在通货膨胀状态下，税收对消费的负向影响会更加明显。③

席卫群（2011，2013）根据调查问卷所取得的数据，对税收与消费的关系进行了微观层面的研究。通过分析调查问卷中的数据发现，受访人群消费欲望较弱，边际消费倾向也不高，而税收作为价格组成的一个部分，通过影响价格进而对居民的消费量和消费结构产生影响。④⑤

李文（2011）通过建立回归方程模型，利用1985—2008年的统计数据，检验了我国宏观税收负担对城镇居民消费的影响，模型结果表明：税收负担并非影响城镇居民消费最主要的因素，且两者呈现出正相关关系，但这一正效应非常有限，降低总体税负并不意味着可以促进消费，应考虑将税收政策与社会保障政策相结合。⑥

樊轶侠（2011）指出，税收制度无疑会对居民的消费行为产生影响，这是进行宏观经济分析、制定决策不得不考虑的一个重要方面。理论上说，税收对收入分配的调节效应，对消费的挤出效应，以及对消费

---

① 张斌：《扩大消费需求的税收政策》，《财贸经济》2012年第9期。
② 赵蓓、战岐林：《税收、政府支出与消费变动的关系——基于省级面板数据的实证分析》，《当代财经》2010年第11期。
③ 廖永祥：《通货膨胀下税收对消费和投资的影响》，《经济研究》（导刊）2010年第15期。
④ 席卫群：《税收对居民消费影响的调查与分析》，《税务研究》2013年第5期。
⑤ 席卫群：《论扩大居民消费的税收效应——税收对居民消费作用的研究评述》，《消费经济》2011年第12期。
⑥ 李文：《税收负担对城镇居民消费的影响》，《税务研究》2011年第2期。

者预期的影响效应都是其影响居民消费的具体体现。而且在宏观税负水平一定时，不同的税制结构对消费水平的影响程度也不同。他认为，我国现行的以货物与劳务税为主的税制结构抑制了居民消费的扩大，应实行结构性减税。①

杨文芳、方齐云（2010）基于全国和省级面板数据，检验了财政收入和支出对我国居民消费率的影响，结果表明，过高的宏观税负水平对消费率产生了负面影响。②

李俊霖（2007）认为，税收对居民消费的影响是双向的而非单向的，一方面，税收或者税负水平的增加将会减少居民可支配收入，对消费需求产生抑制；另一方面，税收的增加意味着公共品供给的增加，可能会对消费需求产生刺激作用。③

武彦民等（2011）实证检验了我国 1994—2009 年财政收入对居民消费的影响，研究结果显示，短期内，财政收入比重的上升与下降对居民消费的影响不明显；但长期内，财政收入比重每增加 1%，居民消费率下降 0.53%，这间接地说明了税收对居民消费的影响。④

储德银、闫伟（2012）采用省级面板数据进行实证研究发现，我国的商品税和所得税都对人均居民消费产生了挤出效应。⑤

周克清（2012）从部分商品价格"中贵美贱"这一现象出发，分析了我国以流转税为主体的税制结构对商品价格及消费的影响。他指出，高税负并非部分商品价格"中贵美贱"、居民消费大量外流的成因，中美两国税制结构的差异才是导致"中贵美贱"的真正原因，即我国商品价格中蕴含的流转税成分过高，建议直接降低流转税的比重，相应地提高所得税的比重，优化税制结构。⑥

---

① 樊轶侠：《税收制度影响居民消费需求的效应》，《税务研究》2011 年第 2 期。
② 杨文芳、方齐云：《财政收入、财政支出与居民消费率》，《当代财经》2010 年第 2 期。
③ 李俊霖：《宏观税负、财政支出与经济增长》，《经济科学》2007 年第 4 期。
④ 武彦民、张远：《我国财税政策与居民消费的实证分析》，《税务研究》2011 年第 2 期。
⑤ 储德银、闫伟：《税收政策与居民消费需求——基于结构效应视角的新思考》，《经济理论与经济管理》2012 年第 3 期。
⑥ 周克清：《"中贵美贱"的税收成因探析》，《税务与经济》2012 年第 2 期。

五 关于税收与社会公平关系的研究

税收收入的规模和结构不仅会对经济增长产生影响，还会影响到社会公平的程度。一般来讲，所得税的征收会直接减少可支配收入，进而改变不同收入组之间的收入差距，而商品劳务税则会通过税负转嫁将税收最终转移给居民部门承担，不同收入家庭的消费情况不同，承担的税收负担也不相同，这是税收对收入分配的间接影响。国内外对于税收对收入分配影响的研究已有很多，且基本达成共识，多数研究者都认为，所得税有利于缩小居民收入差距，而商品劳务税则正好相反。在这里，与本书的研究思路相一致，重点分析税收收入增加，尤其是商品劳务税收入增加对居民收入分配的影响。国内外对这一领域的研究也有很多。

比斯利和罗森（Besley and Rosen, 1999）考察了美国地方消费税变化的税负转嫁问题，研究发现，100%甚至超过100%的消费税税负都会进入商品价格之中，最终由消费者承担。也就是说，消费税负的变化全部（甚至过度）转移到了消费者或居民部门。[1]

Scutella（1999）以澳大利亚国家统计局对间接税影响家庭收入的研究为基础，运用投入产出表测算了澳大利亚间接税的税收负担情况。[2]

Rajemison 和 Younger（2000）通过建立投入产出模型分析了马达加斯加居民的间接税负问题，认为间接税的征收进一步恶化了马达加斯加的社会公平状况。[3]

Vermaeten（1994）根据 Scutella 所构建的税负归宿模型，研究了加拿大消费税归宿在不同收入阶层之间的分布情况。[4]

O'Donoghue 和 Baldini（2004）利用 EUROMOD 模型分别研究了欧盟12个国家中间接税的收入分配效应。得出结论：如果以承担税收占

---

[1] Besley, T. and Harvey Rosen, "Sale Tax and Price: An Empirical Analysis", *National Tax Journal*, Vol. 52, No. 2, 1999, pp. 157 - 178.

[2] Scutella, R., "The Final Incidence of Australian Indirect Taxes", *Australian Economic Review*, Vol. 32, No. 4, 1999, pp. 349 - 368.

[3] Rajemison, H. and Younger, S., "Indirect Tax Incidence in Madagascar: Estimations Using the Input - Output Table", *Cornell Food and Nutrition Policy Program Working Paper*, No. 106, 2000, Available at SSRN: http://ssrn.comabstract=434180.

[4] Vermaeten, F., Gillespie, W. and Vermaeten, A., "Tax Incidence in Canada", *Candian Tax Journal*, Vol. 42, No. 2, 1994, pp. 348 - 416.

收入的比例作为衡量指标，则增值税、消费税、营业税等主要间接税税负都存在累退性，即低收入阶层所承担的负担比例高于高收入阶层的负担比例。①

Warren（2008）通过对 OECD 国家近些年在间接税负的收入分配效应方面进行的研究、评价相关文献的全面汇总及综述，指出针对不同商品设定不同的税率会使间接税负呈现累退性。② 另外，他特别强调投入产出模型在研究间接税的转嫁和归宿及其对社会收入公平的影响方面有着不可替代的作用。

刘怡、聂海峰（2004）最早利用广东省城市住户调查得到的微观数据，对广东省间接税在不同收入群体的分布情况进行了考察。估算结果表明，从收入的角度看，低收入群体承担着相对高的流转税负担，并通过进一步计算和观察间接税征收前后基尼系数的变化，得出结论认为，间接税的征收整体上恶化了收入分配状况。③

聂海峰、刘怡（2010）在前期研究的基础上，又进一步分析了 1994 年税制改革之后，我国税收收入高速增长对城镇不同收入家庭间接税负担的影响，并分别考察了增值税、营业税等主要间接税种的收入分配效应。通过比较具体税种历年的 Suits 指数，发现增值税和营业税的税收负担均是累退的，其增加拉大了居民收入差距。④⑤

薛钢（2012）通过对 1994—2008 年的区间数据进行实证研究，认为我国现行的以增值税、消费税为代表的间接税具有明显的累退性，整体税制对收入分配的调节功能失效。⑥ 随着我国税收收入规模的增长，居民部门实际承担了更多的税收负担增量，导致居民收入分配日益扩大。

---

① O'Donoghue, C. and Baldini, M., "Modelling the Redistributive Impact of Indirect Taxes in Europe: An Application of Euromod", *Working Paper* 0077, National University of Ireland Galway, Department of Economics, 2004.

② Warren, N., "A Review of Studies on Distributional Impact of Consumption Taxes in OECD Countries, OECD Social", *Employment and Migration Working Papers*, No. 64, Directorate for Employment, Labour and Social Affairs, OECD, Paris, 2008.

③ 刘怡、聂海峰：《间接税负担对收入分配的影响分析》，《经济研究》2004 年第 5 期。

④ 聂海峰、刘怡：《城镇居民的间接税负担：基于投入产出表的估算》，《经济研究》2010 年第 7 期。

⑤ 聂海峰、刘怡：《城镇居民间接税负担的演变》，《经济学》（季刊）2010 年第 7 期。

⑥ 薛钢：《优化我国间接税收入分配功能的政策探析》，《税务研究》2012 年第 2 期。

王乔、汪柱旺（2008）通过对我国1994—2005年的税制结构指标对基尼系数影响的考察，得出结论：增值税和消费税比重与基尼系数显著负相关，两种税的征收扩大了居民的收入差距，而个人所得税与基尼系数显著正相关，其征收有助于缩小居民收入差距。要充分发挥税收的收入分配调节功能，需要相应降低流转税比重，以调整税制结构。①

王剑峰（2004）使用2002年我国城镇居民不同收入家庭的消费支出各组数据，考察了不同税率假设下，由不同收入家庭的消费差异而导致的税收负担不同的情况。②

张阳（2008）在模型中将城镇居民和农村居民按照收入水平划分为7组，合并为5组，然后根据一般均衡原理，计算了各组居民分别承担的流转税负分布，在将不同收入组居民承担的税负与他们的可支配收入进行对比之后，发现最高收入组承担的流转税负是最低收入组的3倍多，说明我国流转税具有较强累退性，其对收入分配产生了"逆调节"作用。③

六 文献述评

在综合分析国内外文献的基础上，可以看出，现阶段，国内外关于货币供应量与价格水平关系的研究、价格水平与税收关系的研究，以及税收与经济增长的研究仍处于不断发展之中。其中，货币供应量与价格水平关系的研究主要以费雪交易方程式、剑桥方程式和弗里德曼的货币数量论为主，后续研究也是建立在此基础上，并侧重于实证研究；关于价格水平与税收关系的研究以价格变动对税收的影响、税收政策引起价格变动两个方向为主，国内外关于价格水平与税收的实证研究文献颇多；关于税收与经济增长的研究最初以"税收中性"理论阐述了税收与经济的关系，之后凯恩斯学派、供给学派、新古典增长理论和内生增长理论从财政税收政策的角度考察税收对经济增长率的影响。除此之外，关于税收对企业投资、居民消费的影响也有较多的研究，多数学者认为，税收在一定程度上直接影响到投资、消费的总量和结构。这些研

---

① 王乔、汪柱旺：《我国现行税制结构影响居民收入分配差距的实证分析》，《当代财经》2008年第2期。

② 王剑峰：《流转税影响个人收入分配调节的分析研究——以我国城镇居民支出结构为考察基础》，《财经研究》2004年第7期。

③ 张阳：《中国流转税税负归宿分析》，《财经论丛》2008年第5期。

究对于尚处于税制探索与创新阶段的发展中国家而言，无疑具有重要的借鉴意义。

但是，在借鉴西方研究成果的同时，应注意所处经济环境的不同，西方国家经历了从自然经济到自由放任的市场经济，再到国家干预的混合市场经济的发展历程，货币、价格与税收关系的研究是在这样的基础上进行的。而我国则处于从高度集中的计划经济体制向市场经济体制的转轨时期，货币供应量、价格水平与税收的关系有着中国背景下的制度、经济条件的特殊约束，所以，在借鉴西方研究成果的时候，需要考虑到货币供应量与价格水平、价格水平与税收以及税收与经济增长等多种关系的一般经验与我国特殊经济条件下的差异性。同时，西方发达国家的价格水平与税收关系、税收对投资和消费进而对经济增长有效的研究是建立在相对完善的税收体系基础上的，且这些国家多数实行商品劳务税与所得税并重的"双主体"税制结构，这与我国以商品劳务税为主体税种的"单主体"税制结构模式存在较大差异。

我国学者也对货币供应与价格水平基本关系、价格水平与税收基本关系以及税收与经济增长等问题进行了较为广泛和深入的研究，如对我国基础货币规模是否适度、货币供应量过多对价格产生影响的研究，对价格变动是引起税收收入增加重要因素的分析，对商品劳务税、所得税对价格影响不同的分析，对税收收入或各税种对企业投资、居民消费进而经济增长影响机制的分析，以及完善我国税收制度的政策建议的研究。这些研究对我国厘清货币、价格与税收基本关系，实现货币、价格与税收关系的合理化，保持经济持续增长具有积极的意义，也为我国的税制结构优化指明了方向。但是，从目前的国内研究现状来看，对于我国货币供应量、价格水平与税收的基本关系，三者之间的传导机制，以及这一传导机制对投资、消费等重要经济增长影响因素的影响的研究，尚存在以下不足：

一是分析问题的简单化和单向化。虽然我国对货币供应量与价格水平基本关系、价格水平与税收基本关系以及税收与经济增长等问题都有了一定的定性和定量研究，但多是单独考虑，并未将货币、价格与税收三者结合起来考虑，对三者之间传导机制的研究以及这一传导机制对经济社会发展的影响研究也较为少见。

二是研究方向不明确。虽然我国对价格变动是税收收入变动影响因素的理论和实证研究已有不少,各学者对价格上涨必然引起税收收入增加这一基本关系也达成一定共识,但研究建立在以商品劳务税为主体税种的税制结构模式下,以及在这种税制模式下税收变动对物价水平、投资、消费的影响研究并不多见。

三是研究方法的单一化。对我国货币供应量与价格水平关系的研究基本是从金融学的角度进行分析,对价格水平与税收关系的研究多是从税收经济学的角度进行分析,研究的方法相对独立、单一,未从宏观经济学的角度将两个学科的方法综合运用起来分析问题。

因此,本书以商品劳务税为主体税种的税制结构模式为出发点,从理论上廓清货币、价格与税收的基本关系,在分析我国货币供应、价格水平与税收传导机制的基础上,进而对这一传导机制下税收对企业投资、居民消费及宏观经济增长、社会公平的影响进行分析。通过借鉴发达经济体货币、价格与税收关系的一般经验规律,结合我国以商品劳务税为主体税种的税制结构模式的实际情况,积极推动我国税收制度的完善,以从根本上弱化价格与税收的关系,并通过制定合理的货币政策以控制基础货币量,最终达到促进经济增长的目标。

第三节　研究思路和主要内容

一　研究方法

本书在总体研究思路上拟采用演绎主义方法论的逻辑展开,首先,在明确基本研究视角的前提下,进行一般化的规范分析,以商品劳务税为主体税种模式为视角,确立货币、价格与税收的一般关系、传导机理及微观、宏观经济效应,建立抽象的理论模型,确定基本导向。其次,针对我国货币、价格与税收基本关系的个案进行实证分析,分析我国货币、价格与税收基本关系的不合理以及对我国投资、消费、经济增长、社会公平等多个方面的实际影响。最后,在借鉴国外货币、价格与税收关系一般经验的基础上,依据我国现行税制结构对货币、价格与税收关系产生的扭曲,提出有助于推进我国货币、价格与税收关系合理化的基本思路。

具体到每一章的研究内容,本书采用多维综合的方法,包括以下三种。

（一）规范分析方法

本书对以商品劳务税为主体税种的税制模式下的货币、价格与税收的一般关系、传导机理及微观、宏观经济效应进行理论抽象，为我国货币、价格与税收关系及效应的实证分析建立规范性标准。第二章从理论上确立了以商品劳务税为主体税种模式为视角下的货币、价格与税收的一般关系和传导机理。第三章从微观经济影响因素（投资、消费）和宏观经济增长、物价稳定、产业结构及社会公平等方面阐述了货币、价格与税收的联动关系及其传导机制影响的一般性规范理论。

（二）实证分析方法

本书采用统计学、计量经济学的方法对我国的货币量、价格水平与税收收入的一般关系进行经验分析，对货币、价格与税收联动关系的微宏观经济效应进行实践分析，说明我国货币量、价格水平与税收收入关系的现状与不合理之处以及由此产生的消极效应（第四章、第五章、第六章与第七章）。

（三）比较分析方法

本书对发达国家与发展中国家的货币、价格与税收基本关系进行比较分析，在多样化的货币、价格与税收关系实践中提炼出一般经验，以为我国现阶段特殊背景下的货币、价格与税收关系合理化提供有益的知识资源（第八章）。

二 主要内容

本书以我国实行商品劳务税为主体税种的税制结构模式为研究背景，通过对货币供应、价格水平与税收的基本关系，以及三者之间的一般传导机制进行理论梳理，剖析我国现行税制结构模式下货币、价格与税收的基本关系带来的相关影响，包括对企业投资、居民消费总规模和结构变动，进而对我国经济增长和社会公平的影响。在借鉴国际货币、价格与税收基本关系的一般经验的基础上，结合我国经济社会发展的具体现实，为实现我国货币、价格与税收关系相对合理化的目标，以及保持货币存量规模适度、稳定物价、促进经济可持续增长的目标，提供基本的改革思路。本书关于货币、价格与税收关系及效应的研究框架可以由图1-1来表示。可以看出，本书的主要内容包括如下四个部分：

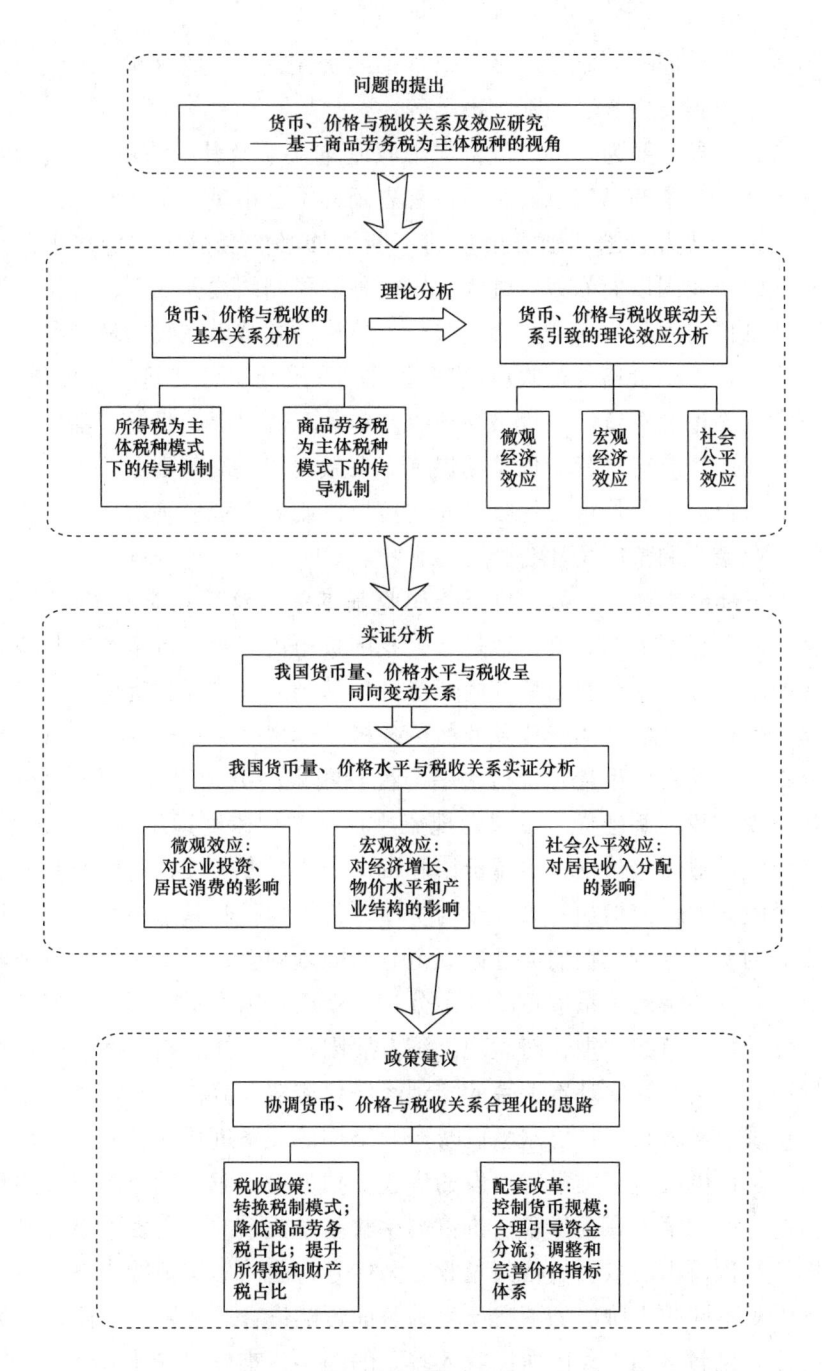

图 1-1 货币、价格与税收关系及效应研究技术路线

第一部分即第一章导论。介绍本书的研究背景、研究意义、文献综述、研究思路与内容、创新与不足等。

第二部分主要为货币、价格与税收基本关系及其效应的理论分析，具体包括第二章和第三章。第二章首先阐述了货币量与价格水平的一般理论关系，认为一国基础货币量的不断增加必然会引起物价水平的上涨；继而对我国以商品劳务税为主体税种的税制结构模式下，价格上涨通过从价税对税收收入产生影响进行了分析，总结出在我国现行税制结构模式下货币、价格与税收所呈现的基本关系及三者之间的传导机制。第三章从理论上对货币、价格与税收基本关系所引起的投资、消费、储蓄等微观经济效应进行了抽象和提炼。在微观效应的基础上，进一步分析了货币供应量、价格与税收之间的传导机制对宏观经济增长、物价水平、产业结构调整以及社会公平的影响。

第三部分主要为货币、价格与税收基本关系及其效应的实证分析，包括第四章至第七章。第四章是有关我国货币供应量、价格水平与税收收入的实证分析，在前面章节的规范分析基础上，对我国货币供应量的规模、价格水平的变动趋势及商品劳务税总体规模、结构现状进行了数量分析，进而对货币量、价格水平与税收收入的关系进行了实证分析。结果发现：我国基础货币量超发现象严重，增加速度远超经济增长率，必然导致一般商品价格、房屋价格和资产价格过度上涨，进而引起商品劳务税收入的快速增加。第五章为货币、价格与税收基本关系的微观经济效应的实证分析。在前面理论规范分析的基础上，对商品税负与企业投资、居民消费的关系进行了计量分析，得出我国由货币供应量超发最终引发的税收负担加重，对微观经济发展因素的具体影响力度。第六章为货币、价格与税收基本关系的宏观经济效应实证分析。通过对商品税负与宏观经济增长、物价水平以及产业结构的关系进行计量分析，得出我国由货币供应量超发最终引发的税收负担加重，对宏观经济增长的具体影响力度。第七章为货币、价格与税收基本关系的社会公平效应实证分析。从货币供应量、价格与税收之间传导机制的关键衔接点——商品劳务税对不同收入阶层的消费产生的负面影响进行了测算、对比，认为这一传导机制不利于我国居民收入差距的缩小，难以促进社会公平。

第四部分主要是在参考发达经济体经验的同时，提出协调货币、价格与税收关系合理化的思路，包括第八章。本章在分析发达经济体相对适度的货币存量规模及增长速度、相对稳定的商品价格水平和以所得税为主体税种的税制结构的一般经验之后，得出了货币、价格与税收之间相对合理的基本关系，并总结了我国在理顺货币、价格与税收关系方面可以借鉴的具体国际经验。在此基础上，进一步提出了优化我国税制结构，以相对弱化税收与价格联动关系的改革思路，即降低商品劳务税占比，确立商品劳务税与所得税并重的"双主体"税制结构模式，以减小价格变动对税收的影响。同时，也提出了一些有助于稳定物价的改革措施：一是应有效控制货币规模，使其与经济增长相一致；二是有效控制虚拟经济中的货币量，合理引导资金流向实体经济，以防止通货膨胀；三是调整和完善价格指标体系，以充分发挥价格的"风向标"作用。

第四节 研究创新与不足

一 研究创新

（一）研究视角创新

本书将研究货币、价格与税收关系明确界定在以商品劳务税为主体税种模式视角下，并将我国货币供应量不断增加→价格上涨→税收收入增加的传导机制作为本书的基本问题导向，探讨我国商品劳务税为主体税种的税制结构模式下的货币存量、价格水平和税收收入关系究竟存在哪些不合理之处，以及不合理的传导机制会对经济社会发展带来哪些负效应，而找出造成三者之间关系不合理的税制结构影响因素则是推进我国税制结构转换的真正课题。

（二）研究内容创新

在明确了基本研究视角之后，基础性的理论问题则是探明货币存量、价格水平和税收收入三者之间的一般传导机制是什么，以往的研究对这三个变量的论述往往仅限于货币与价格或者价格与税收的两两关系分析，未将三者同时纳入研究、考虑范围内，本书对货币存量、价格水平和税收收入三者之间的传导机制进行全面系统的梳理与归纳，为分析我国税制结构转换的方向以及整个税收体系的完善架构规范性的理论分析标准。

（三）研究方法创新

本书在前人研究的基础上，对货币、价格与税收三个变量以及三者之间传导机制的微宏观经济效应、社会公平效应采用数据统计分析与计量经济学方法进行实践分析，以更加全面地分析我国商品劳务税为主体税种的税制结构模式对货币、价格与税收关系影响的内在逻辑与机理。

二　研究中存在的不足

在规范分析方面，货币、价格与税收的基本关系可能还受到金融、价格体系本身固有因素的影响，本书虽然在探讨货币与价格以及价格与税收基本关系时，对这些内容有所涉及，但并未将其作为独立的因素进行更为深入的挖掘。在实证分析方面，本书多采用微宏观经济数据，限于制度约束，官方的宏观统计数据在某些方面可能并不尽如人意，尽管力图对某些相关数据进行可能的修正，但受制于"第一手"数据资料的缺失，书中某些观点和推论的基础证据支持可能并不充分。

第二章　货币、价格与税收基本关系分析

本章对货币量、价格与税收的基本关系及其传导机制进行论述，为后文展开实证研究奠定坚实的理论基础。首先，分别就货币量与价格水平之间的关系和价格水平与不同税种之间的具体关系进行阐述，这是本书研究的起点；其次，从税制结构层面分析了货币量、价格与税收之间的传导机制，这是本书研究的核心。

第一节　货币量与价格水平的一般理论分析

自货币产生以后，人们对货币的研究主要是从两大视角出发：一是研究货币到底是什么的问题，即货币本质论；二是研究关于货币与经济关系的问题，可以称为货币经济关系论，其主要研究货币与其他经济变量的关系问题。而货币与价格的关系研究属于后者的研究范畴。由于研究所处的经济时期、社会经济条件不同，所以，研究者的研究视角、研究方法以及基本前提假设也有所不同，从而在西方国家形成了形形色色的关于货币与经济关系的理论。

在有关货币的诸多理论研究中，西方经济学家对于货币与价格关系的研究甚多，也经历了很长一个时期。从早期由一般现象所引发的对货币与价格关系的思考、推理，继而发展到运用方程式或函数关系来分析两者之间的数量关系，最终形成了完整的货币数量理论。可以说，对于货币与价格关系的研究方法有了很大的发展和完善。归纳这些研究可以发现，成形的研究体系基本上都是建立在费雪交易方程式和弗里德曼的货币数量论基础之上的。而这两种理论都认为，在货币流通速度相对稳定的情况下，货币量超经济快速增长，则必然引致价格上涨。除这两大经典理论之外，早期经济学家对货币与价格的关系也有一定的论断或表

述，而后来的一些学者，如马歇尔和庇古等也将两者的研究系统化并形成货币需求模型。

一　早期货币数量论中货币与价格的基本关系

早在公元200年左右，古罗马法官鲍尔斯鸠曾经说过，"货币的价值被货币的数量所左右"，这是最早有关货币数量与其价值之间关系的描述，也是货币数量论的思想萌芽期。一般认为，法国重商主义者让·博丁第一次明确地将价格与货币数量联系起来，这被视为货币数量论的正式开始。15—16世纪初，由于南美洲金银的大量流入，致使欧洲市场物价不断上涨，在短短的几十年中，以小麦为代表的欧洲物价上涨了3—4倍，而货币则快速贬值（史称"价格革命"）。博丁认为，大量白银的流入是货币价值低落的根本原因，而货币的价值、商品的价格决定于货币的数量。

随后，意大利经济学家万萨蒂也对货币数量与商品价格和货币价值之间的关系进行了概括，他将两者关系简单阐述为：货币数量增加，货品价格自然上涨。

进入18—19世纪后，洛克（John Loek）发展了货币数量论，他从货币的供求关系出发进行研究，认为货币价值高是因为人们对货币的需求量大于其供给量。

孟德斯鸠（Montesquieu）认为，银币是商品的符号，商品也是银币的符号，它们之间保持着一种相对的价值关系，因而其中任何一方发生变动，其价值必然发生变动。

休谟指出，流通中的货币，只是用来代表或计算商品价值的一种符号，商品的价格并不取决于一国所有的商品与货币的绝对数量，而是由上市的或将上市的商品数量与流通中的货币量决定，在商品数量恒定不变的情况下，货币数量的增多，就会引起商品价格的同比例上升。

劳动价值论代表李嘉图认为，货币的价值由其生产及运用到市场上所必需的劳动量决定，和其他商品一样，货币也具有双重价格，即自然价格和市场价格。所谓的市场价格，只是货币供求不均衡时的一种货币价格形式，而货币同时还拥有一种自然价格，即供求均衡时的货币价格。与洛克的观点相同，李嘉图同样认为，人们对货币的需求是无限的，在既定条件下，货币的价值（市场价格）取决于货币供给量。而且他认为，流通中的货币都只能用于购买，而不具有贮藏职能，也就是说，无论是金属货币还是银行券，一旦投入流通都要用于购买。因此，货币供给的过多或过少，都会引起市场价格的变化。

穆勒认为，货币只不过是能够使交换迅速且便利实现的"一种机械"，离开货币将会导致交换缓慢和不便。从这种观点出发，他得出了"货币的价值由流通中的货币量（货币供给）和市场中的商品数量（货币需求）共同决定"的结论。简言之，当流通中的货币量或市场中的商品量中的任何一方保持相对稳定时，货币的价值则由其中另一方的数量所决定。此外，他还认为，物价与货币数量的增加完全呈现出同比例变动，若流通中的货币量增加1倍，物价也必上涨1倍；反之，也会产生同样的结果。穆勒还提出了货币流通速度对货币价值的影响，他认为，如果假定市场中的商品数量，以及商品流通的次数为既定，则物价便由流通中的货币数量及其在一定期间内辗转使用的平均次数决定。

可以看出，这一时期的货币数量理论初步提出了物价变动和货币数量变动之间的关系，揭示了货币的流通规律，为当时的物价上涨现象进行了很好的解释，也为现代数量论提供了理论依据。但作为一个理论的雏形，这些研究还存在很多缺陷：一是大部分学者只是简单地认为货币供给量与商品价格之间是严格的比例关系，即货币供给量增加多少，商品的价格也会上涨多少，这种推断忽略了其他因素的影响。二是他们从现象出发进行研究分析，对货币数量理论基本思想的阐述只是停留在抽象、演绎的逻辑表述上，没有形成完整的理论体系。

二 古典货币数量论中货币与价格的基本关系

古典经济学家继承了早期货币数量理论的基本观点，并在边际革命的推动下，进一步完善了货币数量理论。古典货币数量理论有两种主要形态：一是费雪的现金交易需求方程式；二是剑桥学派的现金余额需求方程式。

（一）费雪现金交易方程式

1886年，美国天文学家 S. 纽科姆在《政治经济学原理》一书中，曾把物价水平与货币流通量的关系表述为：

$$VR = KP$$

式中，V为货币流通量，R为通货总量的流通速度，K为通过货币交易的商品量与劳务量，P为物价水平。

这一表达式被称为社会流通方程式。1907年，美国经济学家 E. W.

凯默尔将这一方程式演变为：

$$物价水平 = \frac{货币数量 \times 货币周转率}{商品数量 \times 货币周折率}$$

随后，美国经济学家费雪在继承和发展早期货币数量理论及社会流通方程式的基本观点的基础上，他在其1911年出版的《货币的购买力》一书中提出了著名的费雪交易方程式。自此，传统的货币数量理论开始形成一个较为完整的理论体系。费雪交易方程式着眼于货币的交易功能，单纯将货币视为交易工具，通过货币需求模型来分析货币量与价格水平的关系，即是从货币和商品交易的数量关系出发来探讨货币需求的一般函数。费雪认为，实际货币数量并不能真正反映流通中的货币数量，还要考虑到其交易流通速度，即一定时间内为进行商品交易而使货币所有权转移的次数，而流通中的货币量实际应该为货币实际数量与交易流通速度的乘积。费雪交易方程式的表达式为：

$$MV = PT \tag{2-1}$$

从表面上看，式（2-1）只是一个恒等式，表示一定时间内商品劳务的交易总值等于交换过程中的货币流通总值。若用国内生产总值 Y 代替式中的商品或劳务交易总量 T，式（2-1）就变为 MV = PY。如果把式（2-1）变换一下，则可以得出：

$$P = \frac{MV}{T} \tag{2-2}$$

该方程式反映了一般物价水平（P）取决于流通的货币数量（M）、货币流通速度（V）和商品的交易数量（T）三个因素。从该方程式中的具体变量来看，首先，货币流通速度通常由社会惯例（如支付制度、金融制度）、支出习惯（如节俭程度）、经济发展（如工业集中程度）等外生因素所决定，短期内不易改变，因此，V 是相对稳定的。另外，商品的交易数量很大程度上取决于自然资源和技术情况，不会受到货币数量变动的影响，因而 T 也是稳定的。而对于这一公式，若 V 和 T 不变，则 P 随 M 呈正比变动，即价格水平变动完全由货币数量的变动决定，货币量的增加必然引起商品价格的上涨，或者说商品价格的普遍上涨只能是货币引起的。这一公式关于货币量与价格水平关系的解释，构成了现代货币数量论的基本框架。同时，若短期内货币流通速度被认为相对缓慢，即 V 可以视为常数，则方程式的增长率形式可以表示为：

$r_m = r_p + r_y$，即货币供应量的变动率（r_m）应该等于价格水平变动率（r_p）与社会总产出变动率（r_y）之和。

（二）剑桥学派现金余额方程式

同一时期，与费雪交易方程式理论相并行的是现金余额理论，主要由以马歇尔与庇古为首的剑桥学派所创立。与费雪的交易货币需求方程式不同，该理论侧重于货币的储藏职能，从而强调货币的资产功能，并着重从这一方向考虑货币需求的影响因素。其创立者马歇尔和庇古认为，人们之所以持有货币，不仅因为货币可以充当交换的媒介，给持有者以交易上的便利，还因为货币又具有价值储藏功能。通常人们都将其收入的一部分以货币形式进行储存。但持有过多的货币余额会造成成本损失，所以，人们将对储存货币获得的便利与用货币进行消费的效用或其投资于生产所得的收益进行权衡，以确定其持有货币的数量。

根据上述剑桥学派的核心观点，在通常情况下，人们所持有的货币量或现金余额，与收入水平保持固定或稳定的关系，即货币需求量为：

$$M_d = kPy \tag{2-3}$$

式中，M_d 为货币需求量；P 为最终产品和劳务的一般价格指数；k 为人们愿意以货币形式持有的资产或国民收入的比例，即货币持有系数；y 为按固定价格计算的国内生产总值或国民总收入。对这一方程，庇古等的隐含假设是货币的价值等于其需求与供给相均衡的水平，而货币供给 M_s 与货币需求 M_d 又是随时趋于均衡的状态，因此，$M_s = M_d = M$，故式（2-3）也可转换为：

$$M = kPy \tag{2-4}$$

式中，M 为人们所持有的货币量。而该式就是庇古在1917年提出的"剑桥方程式"。将方程（2-4）进一步转换，可以得到：

$$P = \frac{M}{ky} \tag{2-5}$$

式中，y 的大小主要由市场中的经济资源数量、生产要素供给和生产技术水平等因素决定，而这些因素一般可以被看作是外生的，在短期内不易发生变化，故 y 是相对稳定的。就 k 而言，其影响因素主要有持有货币所获得的便利程度、将货币用于消费所能获得的效用大小以及将货币用于投资所获收益的多少，k 值与前一个影响因素正相关，与后两者负相关。而这三个因素在短期内也是相对稳定的，故 k 也可以被视为是稳定的。由此推断,当 k、y 一定时,M 与 P 成正比关系,而 y 和 M 成反比关系。由此可以看出,这一方程式实际上与"费雪交易方程式"(也称为现金交易方程式)的结论基本相同,即物价水平取决于货币量,与货币量的多少呈同方向、同比例变动。

从古典货币数量论的两大理论来看,与费雪交易方程式相比,剑桥方程式似乎更适用于实际经济社会。首先,剑桥方程式认为,资产的形式是多样的,而货币是资产存量的一种,因此,货币需求的大小决定于货币的边际收益与其他资产边际收益的比值,可见,这一方程式强调的是货币的资产功能,注重的是总收入中以货币形式持有的比例,这不同于费雪方程式仅强调货币的交易功能,关心人们使用货币的速度与数量的观点。其次,剑桥方程式将货币需求分析的重点放在持币动机上,重视资产选择,强调预期与偏好等心理因素;而费雪方程式则把货币需求诉诸金融及经济等制度因素,忽视经济主体持币动机的主观因素。最后,剑桥方程式对货币供给和货币需求给予同等的重视,并以此作为决定价格水平的分析基础;而费雪方程式则仅以货币供给为出发点,从左到右解释货币数量与价格水平的关系。虽然两种理论存在以上不同,但在一定的假定基础上,两种方程式中关于物价水平与货币量的关系确实是统一的,即都认为两个变量之间存在着同向变动关系。

三 现代货币数量论中货币与价格的基本关系

与古典货币需求理论相比,现代经济学家强调货币的价值储藏职能,把货币需求视作对现金余额的需求,并通过建立更为切合实际的方程式或函数式来揭示货币量与价格水平的关系。

(一)凯恩斯学派的货币需求理论

20 世纪 30 年代,西方国家经济纷纷出现下滑,随后全世界范围内的经济大危机拉开了序幕,经济学家也开始探索新的理论,以应对这次经济大危机。这时,凯恩斯的货币需求理论应运而生,而许多货币主义者纷纷放弃了传统的货币数量理论,转为凯恩斯主义者。师从马歇尔的凯恩斯,赞同现金余额货币数量论,其货币理论在某种程度上是对剑桥学派的货币需求理论合乎逻辑的发展,但认为单纯以一种产品(小麦)数量来表示的货币价值并不足以充分反映物价水平,因此,他提出,以某几种标准消费品所构成的一定量来测定一定数额的购买力,并把这几种标准消费品的一定量称为"消费单位"。随后,凯恩斯在《货币改革

论》中把马歇尔的理论用另一个方程式表达了出来,即"真实余额"数量方程式:

$$n = PK \tag{2-6}$$

式中,K代表相当于持有货币量的若干消费单位,n为社会流通的政府纸币或其他形态的货币数量,P为一个消费单位的价格。

这一表达式反映了流通的货币量等于消费单位价格乘以若干量消费单位,若 k 保持不变,则 p 随 n 呈同方向变化,即价格水平将随货币量的变化而同比例变化。

在此方程式之上,凯恩斯又进一步进行了修改。他认为,人们用来购买消费品的不一定都是现金,还应该包括银行存款,但影响物价的却不是全部银行存款,而是银行对存款保持的一定比率的现金准备。如果用 r 代表存款现金准备率,K 和 K' 分别表示人们所要求的相当于若干消费单位的持有现金量和相当于若干消费单位的银行存款量,而 P 和 n 的表示含义不变,则式(2-6)将转换为:

$$n = P(K + rK') \tag{2-7}$$

式中,rK'表示相当于若干消费单位的被折算为现金的银行存款。

从上式可以看出,若 K、K'和 r 都不变,则 P 直接随 n 变化。

凯恩斯认为,K 和 K'的变动一部分取决于社会财富,另一部分取决于人们的习惯,人们以持有现金获得的利益与将货币用于消费或投资所得利益进行比较来确定 K 和 K'的大小,因此,实际上,这两个变量的数额都是变动的。在繁荣时期,K 和 K'有减少的倾向;而在萧条时期,两者将有增加的倾向。r 则是随银行的习惯和业务情况而定的,一般而言,相对稳定。因此,凯恩斯主张通过金融手段去影响物价,从而缓解或者消除经济的周期波动。他认为,政府可以通过调控 n,从而对 r、K、K'进行直接或间接调控,最终会影响到物价水平。可见,凯恩斯的方程式实际上保持了货币数量论的基本观点。

《就业、利息和货币通论》(以下简称《通论》)一书的出版标志着凯恩斯货币需求理论的成熟,它是货币经济理论最显著的发展之一,在经济发展史中具有十分重要的地位。在《通论》中,凯恩斯将流动偏好作为其货币需求理论的基本概念,指出人们之所以偏好流动性,愿意且需要持有货币,是出于交易、预防和投机三种动机,并给出了货币需求函数,即:

$$M = M_1 + M_2 = L_1(Y) + L_2(r) \qquad (2-8)$$

虽然在式（2-8）中无法直接看到货币和价格水平之间的关系，但它们是隐含 L 于 Y 和 r 的函数关系之中的。凯恩斯认为，货币量增加是提高有效需求的途径，货币量的变动首先会影响利率，利率又影响投资，投资影响有效需求，有效需求最终影响就业和产出，由此可见，货币对价格水平的作用仍然可以通过工资率、收入、投资、就业等内在相互的作用观测到。在非充分就业状况下，货币数量增加，就业会随着有效需求的增加而增加，只有达到充分就业以后，货币的增加才导致价格水平的上涨。

（二）弗里德曼的新货币数量论

20 世纪 70 年代初，美国和其他发达资本主义国家相继出现物价上涨与高失业同时并存的"滞胀"现象。面对"滞胀"的局面，当时盛行的凯恩斯主义理论束手无策。于是以弗里德曼为代表的货币主义者，在继承和发展货币数量理论的基础上，重新使其成为经济思想的主流，并对当时美国、英国等国的经济政策发挥了重要的指导作用。弗里德曼（1956）在《货币数量论的重新表述》中指出，货币数量理论还应是注重货币需求由何种因素决定，侧重需求管理的理论，而不仅仅是研究产出、货币收入和物价水平关系的理论。他吸收了凯恩斯的流动性偏好理论，并将剑桥方程式中的 k 由常量扩展到其他一切变量的函数。最终建立了关于货币供给与价格关系的货币需求函数：

$$\frac{M}{P} = f\left(r_b, r_s, \frac{1}{p} \times \frac{d_p}{d_t}, u\right) \qquad (2-9)$$

后来，弗里德曼又将式（2-9）扩展为：

$$\frac{M}{P} = f\left(y, w, r_m, r_b, r_s, \frac{1}{p} \times \frac{d_p}{d_t}, u\right) \qquad (2-10)$$

式中，M 表示人们手中持有的货币量，即名义货币量；P 表示一般物价水平，M/P 表示实际货币需求量，即单个财富持有者手中的货币所能够买到的实物；y 表示财富的恒久性收入；w 表示非人力形式的财富在总财富中所占的比例；r_m 表示货币的预期名义报酬率；r_b 表示债券的预期名义报酬率；r_s 表示股票的预期名义报酬率；$(1/b) \times (dp/dt)$ 表示预期物价变动率，即真实资产的名义报酬率；u 表示除收入以外的其他可能影响货币效用的因素，如个人偏好等，这一货币需求函数被称为"货币数量论"。弗里德曼认为，由于货币需求函数是极为稳定的，因此，在其他条件不变的情况下，物价水平（P）的高低和货币价值的大小由一国的货币数量（M）所决定，即货币数量增加，物价随之呈正比上涨，而货币价值则随之呈反比下降；反之则相反，这说明货币量变动与物价变动之间存在正相关的因果关系。这一结论与费雪交易方程式和剑桥方程式相一致，也遵循了货币数量论一直试图从货币供给的变动去研究对物价影响的特点。但与早期的货币数量论假定产量不变（充分就业下）的情况不同，在弗里德曼看来，货币供给的变动还会对产量和名义收入产生影响，而名义收入是包含价格和产量在内的一个综合性指标，因此，他认为，货币供给量的增长首先会影响产量，继而影响价格，而最终对名义收入产生的影响需要一定的时间。

综上所述，无论是早期货币数量论中关于货币与价格基本关系的简单表述，还是古典货币数量论中的费雪交易方程式和剑桥方程式，抑或是现代货币数量论中的货币需求函数都明确表达了货币量与价格水平呈同向变动关系。也就是说，理论上说，货币供应量相对于经济发展水平的超发或不足，会引起货币供求关系的变动，进而通过商品和劳务的生产、交换和消费影响到产品市场，并直接表现为一般物价水平的上涨或下跌。

第二节 价格水平与税收的具体关系

一 价格对税收的影响

一般认为，在国民经济核算中，物价变化会引起名义国民收入变化，以国民收入为征收基础的税收无疑会受到国民收入变化的影响（S. 詹姆斯和 C. 诺布斯），因此，税收也必然会受到物价变化的影响。从价格与税收的总体关系来看，税收以商品和劳务为最终征收来源，商品、劳务价格的变动必然会对其产生直接影响。这种影响不单有价格对单个税种形成的直接影响，还有其通过影响经济发展对税收造成的间接影响（靳连峰，2006）。价格波动（或升降）对税收收入的影响主要体现在：物价水平上升引起纳税人的商品销售收入额或营业额按当年价格计算的值增加，从而导致税收收入增加；反之则税收收入减少。也就是说,税收与价格呈同方向变化。这种变化情况可以用图 2-1 说明。

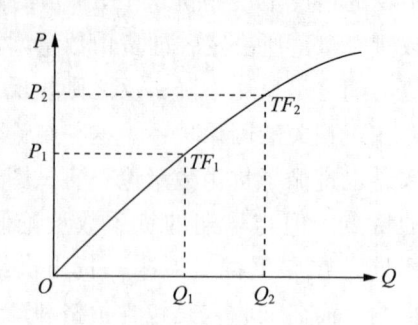

图 2-1 价格与税收关系

图 2-1 中,P 代表一般商品价格,Q 为销售收入额或劳务营业额,TF 表示税收收入。由图 2-1 可以看出,如果商品价格水平由 P_1 上升到 P_2,销售收入额或劳务营业额则由 Q_1 增加到 Q_2,而税收收入也将从 TF_1 增加到 TF_2;反之亦然。因此,图 2-1 说明了 P 上升、Q 上升,进而 TF 增加;或者 P 下降、Q 下降,进而 TF 减少的情况。

一般而言,价格水平与税收收入将呈现如上所述的同方向变化关系。但在实践中,由于商品价格弹性的存在,价格水平与税收收入的关系又不必然为同方向变化。在这里,对于生产者而言,商品价格弹性为商品销售量的变化率与商品价格的变化率之比;对于消费者而言,商品价格弹性为商品需求量的变化率与商品价格的变化率之比。[①] 如果某种商品价格出现上升或下降,但其销售量或需求量基本保持不变,那么我们就称该种商品的价格弹性较小或者没有价格弹性。反之,如果某种商品价格提高或降低,其销售量或需求量也明显下降或上升,那么我们就称该种商品的价格拥有弹性或者弹性较大。图 2-2 和图 2-3 分别表示价格无弹性或弹性较小和有弹性或弹性较大两种情况,以及这两种情况下税收与价格的关系。

(一)价格无弹性或弹性较小的情况

图 2-2 中,P 和 TF 仍然代表商品价格和税收收入,Q 在这里表示销售量或需求量,SD 代表某种商品的销售或需求曲线。从图 2-2 可以

---

① 吴旭东:《税收与价格关系》,东北财经大学出版社 2003 年版。

看出，当商品价格从 P_1 上升 P_2 时，商品销售量或需求量 Q 并未发生任何变化，显然，这种商品价格弹性较小或没有价格弹性。对于这类商品，在税率相对保持不变的情况下，税收与价格的同向变动关系表现得更为直接，即税收收入 TF 随价格 P 的上升而增加；反之则随其下降而减少。[①] 这一结论与图 2-1 所表示的情况一致。也就是说，对于价格弹性小或没有价格弹性的商品（如某些生活必需品）而言，税收与价格的同方向变化关系是成立的。

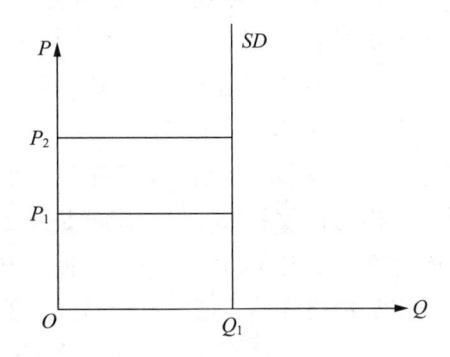

图 2-2 价格无弹性或弹性较小下价格与税收的关系

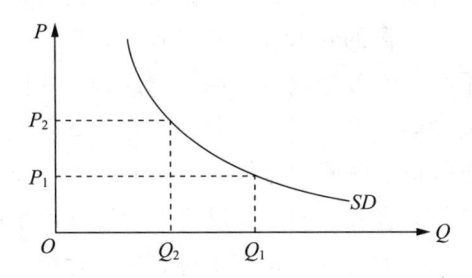

图 2-3 有弹性或价格弹性较大下价格与税收的关系

（二）价格弹性较大的情况

在图 2-3 中，P、Q、SD、TF 的含义与图 2-2 中相同。图 2-3 显示，当商品价格从 P_1 上升 P_2 时，商品销售量或需求量由 Q_1 下降到 Q_2 的水平，说明该商品的价格弹性较大。

---

① 吴旭东：《税收与价格关系》，东北财经大学出版社 2003 年版。

在这种情况下，税收收入与价格水平的变化关系是不确定的。当价格 P 上升或下降时，税收收入 TF 可能会出现增加、减少或者不变三种不同的结果。这是因为，当商品价格 P 上升时，商品销售量或需求量 Q 会出现反向下降，而税收收入 TF 最终的变动情况将取决于 P 和 Q 变动速度的比较。若 P 上升的速度快于 Q 下降的速度，则 TF 最终会增加；若 P 上升的速度等于 Q 下降的速度，则 TF 将保持不变；若 P 上升的速度慢于 Q 下降的速度，则 TF 减少，这可能是商品积压造成的。相反，当商品价格 P 下降时，商品销售量或需求量 Q 则会上升。这时，如果 P 下降的速度快于 Q 上升的速度，则 TF 最终会减少；如果 P 下降的速度慢于 Q 上升的速度，则会出现类似薄利多销的局面使 TF 增加；如果出现 P 上升的速度等于 Q 下降的速度，则 TF 会保持不变。可以看出，理论上说，这一结论与图 2-1 所示的情况并不完全一致，即对于价格弹性较大的商品来说，价格与税收收入并不一定就是同方向的变化关系。

上述分析说明，价格水平与税收收入应是一种同方向变化关系，或者说这一结论适用于多数价格弹性小或没有价格弹性的商品。而对于价格弹性较大的商品，且其销售量或需求量会由于价格上升而迅速减少，价格与税收将不会同步增加，反而会出现税收减少的情况。在现实经济生活中，多数商品都属于价格弹性较小的类别，而价格弹性大的多数是一些奢侈品，其消费人群的收入或财富拥有量较高，由于价格略微上涨而出现需求大量下降的情况也比较少见，因此，总体而言，价格与税收将仍然保持同向变动的关系。

二 各税种与价格的关联度分析

价格水平对税收的直接影响多是通过单个税种产生的。依据不同性质分类征收的流转税、所得税、财产税等，由于计税方法不同，价格对不同税类、税种的影响也不相同。因此，价格与各税种的关系表现不同。有的税种受到两种以上价格的共同影响，有的税种受到一种价格的主要影响和另一种价格的次要影响，有的则表现为只受一种价格影响。通常认为，流转税类中，增值税、营业税和消费税均实行从价征收方式，这些税种受价格变动的影响较大；而个人所得税、房产税等所得税类、财产税类的计税依据不直接与价格挂钩，受其他因素的影响，无法在短期内随时随价格变动而频繁变动，受价格变动的影响相对较小。

(一) 商品劳务税与价格水平的关联度分析

商品劳务税中的增值税、营业税和消费税是我国的主要税种,基本上均实行与价格直接挂钩的征收方式,受价格变动的影响较大。其中,增值税以增值额为课税对象,但在实际征收时,不直接以增值额为计税依据,而是采用销项税额减去进项税额的扣除法进行税额的计算。增值税应纳税额的计算可以用公式表示如下:

$$T = T_S - T_B \tag{2-11}$$

式中,T 表示增值税应纳税额,T_S 为销项税额,T_B 为进项税额,而式(2-11)中的销项税额 T_S 和进项税额 T_B 又分别由销售商品的收入和购买原材料的支出乘以相应的进率计算得到,销售收入和购买原材料成本自然与价格直接相关。如果从一个商品生产经营的全过程出发来看,增值额则大体相当于该商品制造和流通过程中的商品总值,因此,增值税实际可核算为对产品最终价值的一次性征收,其税额应是依据适用税率对销售收入计算的。其税额的计算可以转换为:

$$T = C_S \times R_S = (Q_S \times P_S) \times R_S \tag{2-12}$$

式中,T 表示增值税应纳税额,C_S 表示产品销售额,R_S 为适用的税率,Q_S 表示销售产品的数量,P_S 表示销售产品的价格。这一表达式说明,增值税不仅受到销售产品价格的影响,而且价格对其影响是直接的、正向的。这里只用公式简要地说明销售商品的增值税计算,提供应税服务的增值税形成机制与销售商品基本相同,这里不再进行具体分析。

消费税体现为对特定消费品选择性征收的一种税,考虑到应税消费品的价格变化和尽量降低征收成本,我国的消费税主要实行从价和从量两种计算方法。在实践中,消费税的征收分为以下三种情况:

(1) 实行从价定率计征的计算公式为:

$$T = C_E \times R_E = (Q_E \times P_E) \times R_E \tag{2-13}$$

式中,T 表示消费税应纳税额,C_E 表示应税消费品销售额,R_E 为消费税适用税率,Q_E、P_E 分别表示应税消费品销售数量和价格。

(2) 实行从量定额计征的计算公式为:

$$T = Q_E \times R_E' \tag{2-14}$$

式中,T、Q_E 的含义与式(2-13)相同,而这里的 R_E' 为消费税适用的定额税率。

(3) 实行从量和从价相结合的复合计征的计算公式为：

$$T = Q_E \times R_E' + C_E \times R_E \quad (2-15)$$

转换一下得到：

$$T = Q_E \times R_E' + (Q_E \times P_E) \times R_E \quad (2-16)$$

由以上三种计征方式的表达式可以看出，在从量计征下［式（2-13）］，消费税与价格没有直接关系；在式（2-14）、式（2-16）所表示的从价计征和复合计征方式下，消费税与价格直接相关，即价格对消费税的影响是直接的，且两者呈同向变动的关系，但实行从量和从价相结合的复合计征的消费税与价格的变动不成线性比例关系。在实践中，虽然消费税可以采用从价和从量征收，但后者占比较小，因此，消费税基本体现为依据一定的税率对应税消费品的销售额计算征收。

营业税是以提供应税劳务、转让无形资产或销售不动产而获得的营业额为计税依据的一种税，应纳税额计算形式与消费税类似，各税目一般都是依据全部营业额计算征税，而营业额与价格直接相关。营业税的形成机制可以用公式表示为：

$$T = C_S \times R_S' = (Q_S \times P_S) \times R_S' \quad (2-17)$$

式中，T 表示营业税应纳税额，C_S 表示应税营业额，R_S' 为营业税适用税率，Q_S、P_S 的含义与式（2-12）相同，这里分别为提供应税服务的数量和价格。在营业税应纳税额的计算公式中，应纳税额 T 同样与价格直接相关。假定营业税制度本身不变，Q_S 和 R_S' 也相对稳定，则营业税直接受到价格 P_S 的正向影响。

综合上述分析，增值税、营业税和消费税的形成机制基本类似，因此可以说，商品劳务税均可以表示为式（2-12）所示的形式。其中，T 表示各税种应纳税额，C_S 表示产品销售额或应税营业额，R_S 为适用的各种税率，Q_S 表示销售产品或提供应税服务数量，P_S 表示销售产品或提供应税服务价格。这一综合表达式说明，增值税、消费税或营业税都受到销售产品或应税服务价格的影响，而且价格对它们的影响是直接的、正向的。

（二）所得税与价格水平的关联度分析

我国所得税主要包括企业所得税和个人所得税。企业所得税主要是以纳税人的产品销售收入或者劳务收入扣除企业成本为计税依据，即该税是对企业在一定时期内取得的各项所得而征收的一种税，这里的所得包括生产经营所得和其他所得。生产经营所得是各种企事业单位取得的合法收入，是企业所得税计税依据的主要部分，而其他所得或清算所得虽然也要进行征税，但其所占比重较低，在这里不作为重点考虑。因此，企业所得税税收收入的形成机制可以表示为：

$$T_C = (Q_O \times P_O - Q_I \times P_I - E) \times R_C \qquad (2-18)$$

式中，T_C 为企业应纳所得税税收收入，Q_O、Q_I 分别表示销售产品或劳务数量和投入原材料数量，P_O、P_I 分别表示销售产品价格和原材料价格，E 表示企业产品成本以外的扣除项目，主要包括营业费用、管理费用等，相对于产品而言，基本属于固定成本。为方便起见，这里将其假定为常量。R_C 为企业所得税适用税率。可以看出，企业所得税同时受到销售产品和原材料两种价格的影响，与 P_O 成正向的非线性比例关系，与 P_I 的关系则相反。

个人所得税基本上都是对个人（自然人）取得的各项应税所得而征收的一种税。我国当前的个人所得税，包括11个具体税目，每个税目具有自己的特点，不同税目受价格的影响也不同。一般来说，工资薪金主要由工资政策、企业盈利水平等因素决定，受价格的直接变化较小。利息股息红利所得、劳务报酬所得与工资薪金类似。稿酬、特许权使用费、财产租赁和财产转让等所得则更多地取决于其内在价值和市场供求，受价格的影响较小。个体工商业户的生产经营所得和承包承租所得，与企业所得税具有类似的性质，在一定程度上受到价格的影响。偶然所得和其他所得则基本上完全与价格无关，不会因为价格的变动而出现频繁的变动。

（三）财产税与价格水平的关联度分析

现行税制中，财产税主要包括房产税、车船使用税和城镇土地使用税等。其中，房产税是对房屋产权人拥有房屋或出租房屋获得租金征收的一种税，其计税依据是房屋的计税余值或者租金收入，计税余值是房屋原值（房屋原价）减去一定比例的损耗价值之后的余额。在以计税余值为计税依据的计征方式下，财产税税收收入的形成机制可以表示为：

$$T_H = (V_H - K \times V_H) \times R_H = (1 - K) \times V_H \times R_H \qquad (2-19)$$

式中，T_H 表示房产税收入，V_H 表示房屋的原始价值，K 表示房屋的损耗扣除比例，R_H 表示适用税率。可以看出，以这种方式征收的房产税与价格基本上没有直接关系,而受其原始价值影响较大。在以租金收入为计税依据的计征方式下,财产税税收收入直接等于出租房屋使用权获得的报酬乘以相应的适用税率。一般来说,一个地区的租金水平无法在短期内随时随价格变动而频繁变动,可以看作是一个常量。长期内,租金水平的变化可能受到价格变动的影响,但并不足以说明这种计征方式下的房产税与价格有着直接的关系。

车船使用税是对纳税人拥有并使用车船征收的一种税,征税对象为车和船。车船使用税实行从量计征的方法,根据不同类型的车船适用的计税标准(辆、净吨位和载重吨),再结合定额税率计算得到应纳税额。在一定时期内,车船使用税的计税标准和定额税率都是确定的,与价格无关。

城镇土地使用税是以单位或个人实际占用的土地面积(平方米)作为计税依据,并采用分级幅度定额税率,征收税额由占用的土地面积和适用税率共同决定。前者是固定的,与价格无关;后者在一定范围内也是固定的,因此可以说,城镇土地使用税是不受价格因素直接影响的。

简言之,财产税类的计税依据不直接与价格挂钩,主要受其他因素的影响,受价格变动的间接影响相对较小或不太明显。

除上述三大种类税收之外,现行税制中还包括一些行为税,如印花税、城市维护建设税和车船购置税等。在这些行为税中,除了随商品劳务税附征的城市维护建设税受价格的影响较大外,印花税和车船购置税的计税依据和税率都是相对稳定的,与价格没有直接关系。

以上对商品劳务税类、所得税类、财产税类和行为税类中各税种与价格水平关联度的分析可以看出,以增值税、消费税和营业税为主的商品劳务税类直接与价格水平挂钩,受价格变动的影响相对较大,其与价格水平的关联度也相对较高;以企业所得税、个人所得税为主所得税类受价格变动的影响次之,与价格水平的关联度也相对较低;而以房产税为主的财产税类和行为税类受价格变动的影响最小,与价格水平的关联度不显著。

第三节 货币、价格与税收的传导机制

在前面已经详细阐述的货币与价格关系有关理论中,经济学家对货币量与价格水平的同向变动关系已经达成共识,即都认为流通中货币量的增加必然会带来物价的上涨,这不仅体现在早期货币数量论关于两者同向变动关系的简单表述中,后期的货币数量论者更是通过构建具体的数量关系式来说明这一观点。但是,在价格与税收关系的分析中,发现两者并非一定会呈现出较为明显的同向变动关系。价格与税收是否显著表现为正相关关系,或者说两者的同向变动关联度有多大,与税制结构模式密切相关。在不同的税制结构模式下,由于各税种或税类形成机制不同,征收的依据也不尽相同,各税种或税类受到价格的影响也不相同,整体上价格与税收的关系将存在很大的差异性,从而货币、价格与税收三者之间的关系也不尽相同。

一 所得税为主体税制结构模式下的传导机制

国际上,税制模式通常表现为两种:一是所得税类的各税种收入占总税收收入的比重较高,即所得税(一般包括企业所得税和个人所得税)在整个国家的税收体系中占据主导地位,这种结构通常被称为以所得税为主的税制结构模式,多存在于美国、欧洲等人均收入相对较高的西方发达国家。二是商品劳务税类的各税种收入占总税收收入的比重较高,即在整个国家的税收体系中占据主导地位的是增值税、消费税和营业税等以商品和劳务为征税对象的各个税种,这种结构的税收制度即是所谓的以商品劳务税为主的税制结构模式,多数发展中国家的税收制度属于这种类型的模式,我国一直都是以商品劳务税为主的税制结构模式。

在上一节对价格水平与不同税类税收关系的分析中,得出了相对于商品劳务税而言,所得税和财产税与价格水平的关联度相对较小的结论。上一节的分析显示,除企业所得税的征收直接与价格相关之外,个人所得税的多个税目和财产税中的房产税、车船使用税、城镇土地使用税的税额计算都与价格无关,它们的征收均不受价格因素的直接影响。而企业所得税也只是与销售产品价格和原材料价格相关,但其与这两种

价格却呈现出一正一负的关系，最终导致企业所得税并不一定会随价格的上涨而增加，即两者的同向变动关系表现不明显。因此，在所得税和财产税所占比重较高的以所得税为主体税种的税制结构模式下，税收总收入与价格水平的关联程度被大大降低。简单地说，也就是由货币供应量增加带来的价格水平上升，进而引发税收增加的传导效应并不明显抑或不再显著。

二 商品劳务税为主体税制结构模式下的传导机制

上一节的分析显示，与企业所得税、个人所得税、财产税和行为税不同，以增值税、消费税和营业税为主的商品劳务税类多直接与价格水平相关，且从各税类与价格的关系来看，商品劳务税受价格影响最大，这在分析各税种税额的计算征收中就已经得到了充分体现。其中，从价定率计征和从价、从量相结合的复合计征的消费税额的计算都直接将价格包含在内，从价定率计征的消费税更是与价格成线性比例的同向关系；营业税额的计算方式与从价定率计征的消费税基本类似，其也受到价格直接的、正向的影响；按照抵扣法进行计征的增值税额虽然直接表现为包含销售商品价格和原材料价格在内的表达式，并分别与这两种价格呈现正向和反向的非线性关系，但就一个商品生产经营的全过程而言，增值税实际上可以看作对一种商品制造和流通过程中的商品总值（产品最终价值）的一次性征收，因此，增值税必然会与价格水平高度相关，且随价格的上升或下降出现同向的变动趋势。

综上所述，在增值税、消费税和营业税占比较高的以商品劳务税为主体税种的税制模式下，货币供应量、价格水平与税收收入三者之间在理论上存在着可传递的、同向的联动关系。或者说，货币供应量不断增加→价格上涨→税收收入增加的传导机制更为明显，即货币量与价格水平的正相关关系对税收收入的影响更明显。货币量、价格水平与税收收入三者之间的传递链条如图2-4所示。

在图2-4中，前半部分为货币量对价格影响的传导链条。从图2-4中的描述可以看出，货币量的增加直接表现为货币市场中的"供大于求"，由于货币只是商品或劳务价格的一种表示符号，其规模的大小也必然是通过商品或劳务体现出来的，因此，货币量变动的影响会直接传递到一般商品市场。而货币量与价格水平的同向变动关系，将使货币量增加的直接价格效应呈现为商品价格的上涨。图2-4中的后半部分是价格对税收产生影响的传导过程。图中形象地将这一过程展示为：价格水平与税收收入之间的关系是通过销售收入衔接起来的，销售收入一般与价格直接挂钩，而其又是税收尤其是商品劳务税的直接征收依据。因此，价格水平与税收收入之间的正相关关系使价格上升带来的税收效应直接表现为商品劳务税收入以及税收总收入的增加。

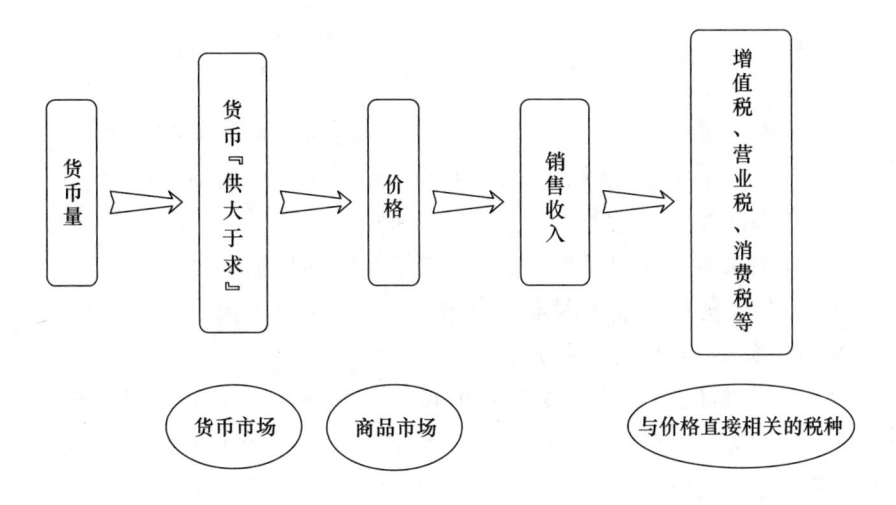

图 2-4　货币量、价格水平与税收收入的传导机制

第三章 货币、价格与税收联动关系引致的理论效应分析

从理论上厘清货币、价格与税收联动关系所引致的微观、宏观经济效应，是对货币量、价格水平与税收收入联动关系产生的直接结果——税收负担重的经济效应进行实证检验的基础。货币量、价格水平与税收收入联动关系所引致的微观、宏观经济效应具体包括：对企业投资、居民消费、储蓄等微观经济因素的影响；对宏观经济增长、物价水平及产业结构的影响；对社会公平的影响三个方面。

图 3-1 是用图解形式来表达的税收负担对微观经济因素（投资、消费、储蓄等），进而对宏观经济（经济增长、物价水平和产业结构）以及社会公平的影响。

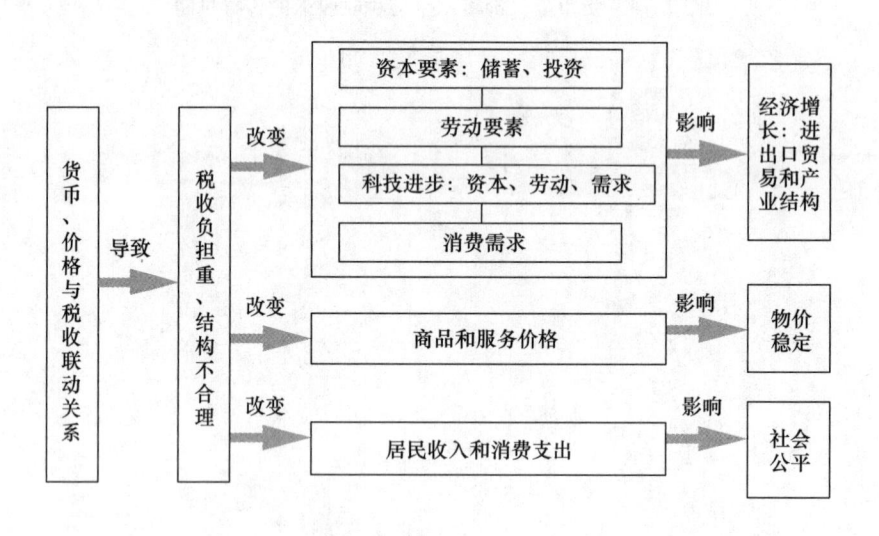

图 3-1 货币、价格与税收联动关系引致的微观、宏观效应机制

第一节 微观经济效应分析

一 货币、价格与税收联动关系对企业投资的影响

根据经济增长理论，劳动、资本、技术进步和人力资本被认为是经济增长的四大源泉。纵观西方发达国家的经济发展历程，都可以看到资本积累在促进经济发展中的强大推动作用。但在实践中，资本积累往往难以衡量，研究中多以实际资本的形成——投资来代替资本积累。显然，投资也成为经济增长的重要源泉之一，其增加或减少都会引起国内生产总值的变动，进而影响一国经济的稳定与发展。税收作为国家调节经济最为重要的手段之一，与经济主体的行为密切相关，其变动必然会对企业的投资行为产生影响。

改革开放后，我国经济增长的主要动力来自投资，但基本是以政府投资为主，企业投资的总规模和增加速度远不及政府投资。近几年来，总投资增长速度开始下降，这不仅仅是由于政府转型而带来的政府投资缩减，也是由于引发前期高投资的房地产经济下行所造成的。当前，我国仍处于货币超发的状态，由这一"导火索"引发的税收，尤其是商品劳务税负担重的问题已经非常明显，这个问题能否得到合理解决直接关系到我国能否实现投资总量的增加和投资结构的调整，也是能否激活当前已经疲软的实体经济的关键。因此，在经济新常态背景下，以及货币量增加→价格上涨→税收收入增加这一传导机制的作用下，研究税收变动对企业投资行为的影响是促进经济发展的一个重要课题。

（一）税收影响投资的相关理论概述

1. 投资成本理论模型

现代经济学理论中，关于税收对企业投资行为影响的研究多以乔根森（1963）提出的投资成本理论为基础。这一理论主要以资本使用者成本为切入点，其核心观点是：税收会通过影响投资的资本使用者成本来影响企业的投资行为。按照投资成本理论的分析思路，为实现利润最大化，企业会增加实际投资 I 使资本存量调整到最优值为止，即实际投资 $I^* = K^* \times K_{-1}$，其中，K_{-1} 为上一期的资本存量，最优资本存量 K^* 则由产量和资本使用者成本共同决定，而资本使用者成本直接受到税收

中的折旧、抵免等政策的影响。这样，乔根森就有效地将税收因素同企业的投资行为联系到了一起。由这一指导理论可以看出，税收的存在意味着资本使用者成本的增加，会导致企业投资减少；同时，在其他条件不变的情况下，任何可能提高资本使用者成本的税收政策，都会对投资产生抑制作用。

2. Q投资理论

Q投资理论是20世纪七八十年代最具影响力的投资理论，最早由托宾（1969）提出，后经Hayashi（1982）补充完善。Q投资理论认为，企业是否愿意进行新的投资（增加资本存量），主要取决于Q值与1的大小，其中，Q表示资本的市场价值与资本重置成本的比率。若Q>1，则意味着重置新的厂房和设备的成本相对较低，即购买新生产的资本产品更有利，企业将选择扩大投资；若Q<1，则意味着相对于购买新的厂房和设备，企业还不如在市场上收购现成的资本产品进行扩张，因此，企业将减少投资。在此基础上，后来的研究者逐步将税收引入Q的表达式中，并构建了Q和企业投资之间的函数关系式，将税收与企业投资的关系数理化，最终税收通过影响资本市场价值和重置成本的方式对企业投资行为产生影响。

3. 边际有效税率模型

边际有效税率模型（METR）最早由金和富勒顿（1984）提出，他们在霍尔和乔根森的投资成本模型基础上，将来源于公司所得中的个人税收和公司融资形式也纳入考虑范围，并提出了边际有效税率概念。这一模型的核心思想是：假定 p 为投资者的税前资本收益率，s 为投资者的税后储蓄收益率，则税收楔子 w 等于两者之差，即 $w = p - s$，边际有效税率 t 的表达式为：$t = (p-s)/p$，即边际有效税率等于投资者的税前收益率与税后储蓄收益率之间的税收楔子 w 与税前收益率的比值。其中，税前资本收益率 p 实际上是资本使用者成本扣除经济折旧的剩余部分，主要取决于市场利率 r 的大小，即 $P = c(r)$，反映了构成资本成本的投资资产类型、所属行业、融资方式等因素与市场利率 r 之间的关系；税后储蓄收益率 s 的表达式为：$s = (1-m) \times i - \pi - w_p$，其中，$m$ 为利息的边际税率，π 为通货膨胀率，w_p 为财产税率，i 为名义利率，等于实际利率 r 与 π 之和。可以看出，这个投资模型使税收这一影响因素更加明确化。同时，除税收之外，将市场利率、通货膨胀等多种影响投资的因素也考虑在内。

METR 提出后被广泛应用，美国、加拿大和欧盟一些国家已将其作为评价税制、模拟税制改革、制定税收政策的一个重要衡量工具。学者也不断地尝试将新的投资影响因素纳入边际有效税率模型，使模型尽可能符合实践。

(二) 税收影响投资的传导路径

在宏观经济理论中，税制结构、税收政策的变动都会对企业投资产生一定的影响，这种影响可能是一种刺激作用，也可能是抑制作用，进而也会对国民经济发展产生不同作用，这主要取决于政府征税对企业的投资报酬和现金流的影响大小。具体来看，所得税是通过影响投资的边际收益率和投资成本两个方面来实现其双重调节作用的，而商品劳务税对投资的影响除通过成本和收益两个因素之外，由于其可转嫁性，还要考虑税收归宿的问题，同时，由于该类税收的征收环节往往不是企业经营的最后环节，还要重点考虑其对企业现金流占用问题。

1. 企业所得税会对投资报酬产生影响

根据投资成本理论，企业作为法定纳税人，追求利润最大化无疑是其投资决策的唯一目标。为了使单位投资获得最大利润，只要单位投资收入仍大于资本的全部经济成本，即投资的边际收入 > 投资成本，企业将会不断地增加投资以积累资本，直至最后一单位投资的收入等于资本的全部经济成本为止。由于政府征税会在投资收益中产生"税收楔子"，企业所得税的征收也不例外，其征收会直接影响投资收益，导致企业投资所获得的实际收益（税后收益）低于税前收益。如果税收楔子过大，就会对投资产生抑制作用。具体来看，企业所得税可以从收益和成本两个方面来影响企业的投资决策：一是以投资的边际收入为作用点，即针对投资的边际收入征税，降低投资的实际边际收入，这将抑制投资行为；二是在征税时允许扣除一些成本项目以减少税收额度，这将降低投资的实际成本，从而鼓励投资行为。因此，在保持其他投资影响因素不变的情况下，任何可能提高投资成本的企业所得税政策的实施，都将抑制投资的增长；而有关该税种的税收优惠的实施则会带来资本成本的下降，这将激发企业增加投资。

2. 商品劳务税通过企业现金流对投资产生影响

一般来说，无论是价内税还是价外税，商品的价格都包括成本、利润和税收三个部分，税收负担的轻重自然会影响到商品的价格，最终也会叠加在商品价格之中。虽然这种隐含在价格之中的税收可以随着商品的销售转嫁给消费者，即企业可以将对其征收的商品劳务税的部分或全部税负转移出去，但这些税负能否全部转嫁出去或者说能在多大程度上转嫁出去却受到商品供求弹性等很多因素的影响。在实践中，很少有企业能够将所承担的商品劳务税完全转移出去，即使这些税收负担能够完全转嫁出去，商品劳务税的征收还会占用企业资金，影响企业现金流。具体从以下三个方面进行分析。

其一，原材料或商品购进过程中的商品劳务税负占用了企业资金。这主要是指一些商品生产或销售企业在购进原材料产品或商品时，会由于支付了一定的增值税或消费税等而占用了企业的一部分资金，在该企业生产商品销售出去之前，这些税收将一直由企业承担。

其二，销售过程中视同销售和销不出去的情况都容易产生税收对企业现金流的占用现象。由于企业在前期的产品生产阶段已经暂时承担了一部分商品劳务税，如果这些商品在销售阶段由于种种原因销不出去，那么，这些商品劳务税负将最终只能由企业承担。另外，一些视同销售的情况实际上并无法实现税收负担的转移，企业将成为这些情况中产生的商品劳务税负的最终负担者。如我国增值税中有八种视同销售的情况：①将货物交付他人代销；②销售代销货物；③设有两个以上机构并实行统一核算的纳税人，将货物从一个机构移送至其他机构用于销售，但相关机构设在同一县（市）的除外；④将自产、委托加工的货物用于非应税项目；⑤将自产、委托加工或购买的货物作为投资，提供给其他单位或个体经营者；⑥将自产、委托加工或购买的货物用于分配给股东或投资者；⑦将自产、委托加工的货物用于集体福利或个人消费；⑧将自产、委托加工或购买的货物无偿赠送他人。

其三，商品库存积压产生的商品劳务税占用企业现金流的情况。这种情况多发生在商品生产时间长、流转速度慢的企业，或者一些处于销售淡季、不景气的行业企业，这些库存商品中承担了很多的税收，占用了企业的现金资源。如我国的一些房地产企业，商品房价格高，承担的商品劳务税负重，而库存积压的问题也很严重，"去库存"已经成为现阶段很多房地产企业所面临的一项重要任务。类似地，还有一些钢铁和煤炭企业，如2015年钢铁企业的利润整体惨淡，导致该行业库存不断增加。根据中钢协数据，截至 2016 年 2 月中旬，重点钢铁企业的钢材库存量仍高达 1462.4 万吨。

从以上三种情况分析可以看出，商品购买、视同销售和库存积压等均会产生由于征收商品劳务税而影响企业现金流的情况，这可能会导致企业的资金链断裂，进而对企业投资和发展产生较大影响。同时，税收票据的可获得难易程度或者说税收票据的使用范围和广度也会在很大程度上影响企业的商品劳务税负担。因为增值税是销项税扣除进项税部分，但如果大部分企业无法获得进项增值税发票，也就意味着无法对这一部分重复税收进行扣除，这也会加重企业负担，如果这些税负转嫁不出去，则只能由企业自身承担。如根据一些不完全的调查统计，在我国只有 20% 的企业可以开具增值税专用发票，而剩下 80% 的企业是无法开具这一票据的，尤其是一些中小企业，在税收专用发票的使用上更是缺乏。因此，很多企业交易中的进项税无法抵扣，企业承担的税负被无形中增加了很多，这必然会减少企业可用于投资的资金量。

由以上分析可以看出，企业的投资行为在很大程度上会受到商品劳务税和企业所得税等税收因素的制约。与所得税不同，商品劳务税不会直接影响投资的边际收益或投资成本，但其对投资来源——企业现金流的影响却不容小觑。另外，商品劳务税对企业投资的影响还体现在一种反向传导机制上，即商品劳务税大部分是隐含在商品和服务价格中的，其影响将通过消费者的消费需求间接地反映出来，投资者将根据反馈信息形成投资预期，进而对企业的投资行为产生影响。商品劳务税对企业投资的影响在物价水平不断上涨的情况下将被扩大化。

二　货币、价格与税收联动关系对居民消费的影响

任何一种商品或劳务生产的最终目的都是消费，而生产、分配、交换只是为达到消费的手段。这在古典经济学和现代经济学中早已达成共识。萨伊定律中的"生产自创需求论"明确指出，任何人都不会为生产而生产，目的都是消费。李嘉图也认为，人们从事生产都是为了消费或销售。可见，消费在整个社会体系中具有无可替代的重要性，其作为有效需求的核心，一直被认为是拉动经济增长最重要的驱动力。我国的政府工作报告和各经济会议报告中也曾多次提出，要牢牢把握扩大内需这一战略基点，加快建立扩大消费需求长效机制，释放居民消费潜力。而税收作为宏观经济调控的重要手段之一，会对居民的消费需求和消费行为产生重要影响。从不同种类的税收来看，所得税的最终承担者为企业或居民，这必然会减少其可支配收入，而商品劳务税由于可转嫁，其税负的最终承担者也是居民，税收可谓是真正的"取之于民"。因此，税收收入的快速增长会直接增加国民的税收负担，降低其消费水平，从而间接地影响到居民消费行为。在由货币量增发引发价格上涨的情况下，税收对居民消费的影响则更加明显，因为居民面临价格上涨和由此带来的商品劳务税税负增加的"双重压力"。

（一）税收影响消费的相关理论概述

马尔萨斯（Malthus, 1836）是较早从税收角度研究消费行为的学者之一，他在《政治经济学原理的实际运用》一书中提出，不足的购买力可能会导致生产过剩的危机，保持足够的有效需求才能使社会生产力的作用发挥到最大。同时，他认为，如果政府将税收用于非生产性消费以维持消费和生产的平衡，这将促进生产增长。因此，与征税造成的私有财产损失相比，征税在增加有效需求、刺激生产方面可以获得更大的收益，政府应增加税收。相反，在政府消费仍是社会总消费的一个重要方面时，减税不利于生产增加，也会减少劳动力需求，对劳动者产生不利影响。

20世纪30年代经济危机发生后，凯恩斯主义的宏观经济理论占据了主导地位，其对税收与消费关系的影响力也最为广泛。凯恩斯（1936）的绝对收入理论成为消费函数研究的开山之作，该理论认为，有效需求能否与有效供给保持平衡直接决定经济能否均衡发展，而消费则是决定总需求的主要因素，由消费减少引发的有效需求不足，必然会使宏观经济陷入困境。该理论还首次在对消费的研究中引入了收入这一重要因素，认为当期收入的增加会以一定比例转化为消费，但这个比例会随着收入的增加而不断减小。因此，他主张在经济繁荣时，应增加税收，减少政府消费性支出，以降低社会总需求；相反，在经济不景气时，应减少税收，增加政府支出，以增加社会消费，进而增加总需求。

弗朗科·莫迪利安尼（1954）的生命周期消费理论和弗里德曼（1957）的持久收入消费理论都是从消费者的一生或永久收入出发考虑的。他们认为，将每一个消费者的消费决策假定为仅以暂时或者某一时期的收入作为考虑依据是片面的，而应将其一生总财富或永久收入作为影响变量。因此，只有永久性的税收变动，才能影响到消费行为，而临时性的增税或减税则不会对消费产生很大程度上的影响。

马斯格雷夫（1959）和大卫·海马尔在上述研究基础上做了进一步阐述。马斯格雷夫从宏观经济角度，提出税收在资源配置、收入再分配及充分就业条件下的经济稳定三个方面都具有独特的作用。其中，税收对资源的配置作用可以通过以下两种途径实现：一是税收的征收会影响居民收入，从而会通过消费倾向改变投资需求，来达到配置资源的作用；二是征税也是财政收入筹集的过程，其会通过财政政策来达到资源配置的目的。大卫·海马尔对所得税对消费的影响进行了重点分析，认为所得税对消费具有收入和替代的双重效应，而对利息所得课税也会对消费产生正负相反的两种影响。其中，税收的替代效应直接表现为由税收引起的储蓄净收益下降，进而带来即期消费的增加和储蓄的相应减少。而税收的收入效应则是利率的下降意味着增加即期消费就等同于提高了未来消费的隐性价格，因此，这部分增加的即期消费是消费者为保证未来消费而必须放弃的，消费者会选择增加储蓄以进行未来消费。

霍尔（1978）在其消费的随机游走假说中提出，消费变动是对一生收入"意外变动"的反映。他认为，关于消费者将完全遵循持久收入假说，而且具有理性预期的假定是不合适的，因为在这些前提条件下，将只有未能预期的政策变动，才会影响消费。实际上，消费的变动往往是无法预期的，税收政策随时都会影响到消费者的消费行为。

显然，不同的理论学派对于税收和居民消费的关系并未达成共识，而相关的实证文献也没有形成一致的观点。

（二）税收影响消费的作用机制

在西方的各种消费理论中，收入和价格是影响消费至关重要的两个因素。一方面，收入是消费的根本来源，消费能力必然会受到收入水平的约束，进而居民的消费欲望、消费潜能都会受到一定的影响。另一方面，在收入一定时，商品和劳务的价格水平也决定了居民所能承受的商品和劳务消费数量，商品和劳务价格对居民消费的影响也不容忽视。

税收作为直接作用于微观主体的政策工具，主要通过对居民具体消费行为的影响发挥作用。征税通过改变居民收入和商品或劳务价格同时产生收入、替代两种效应，税收的收入效应会直接降低居民消费水平，替代效应将改变居民的消费结构，这种作用机制在以商品劳务税为主的税制模式下表现得更为明显。

1. 税收通过改变居民收入影响消费量

理论上说，所得类税收是直接对居民收入课征，会降低居民的当期消费或用于后期的储蓄，相当于对消费或储蓄的征税。当所得类税收的承担者主要是高收入阶层时，由于高收入者的边际消费倾向相对偏低，则征税带来的可支配收入的下降对消费的影响相对较少；当所得类税收的承担者主要是中低收入阶层时，这一收入人群的边际消费倾向相对偏高，则可支配收入的减少对消费的影响相对较多。由此可见，国家征收所得税对低收入阶层消费行为的影响大于高收入阶层。

商品劳务税的征收对象为商品或劳务，并非直接影响居民收入，其具体是通过影响商品或劳务价格间接地影响居民的消费需求。商品劳务税可转嫁的特性，决定了其税收负担的全部或部分会作为成本进入商品或劳务价格中，导致消费品价格上升，最终间接地降低了居民的实际消费水平。如果将消费品分为生活必需品和非生活必需品，不同收入水平的消费者这两类消费品的消费结构是不同的，其中，中低收入消费者的生活必需品消费占比较高，对于最低收入消费者而言，甚至存在即使将全部收入都用于生活必需品的消费，而生活必需品消费还有不足的问题（如营养不良）。如果商品劳务税的征收对象多为生活必需品，而生活必需品的税收弹性较小，则税收通过引起价格上升对消费的影响相对较小，但对中低收入阶层的影响要相对大于高收入阶层，税负重会大大减少中低收入阶层的商品消费量，从而降低其总效应。如果商品劳务税的征收对象多为非生活必需品或者说奢侈品，由于非生活必需品的主要消费对象为高收入人群，而奢侈品的税收弹性较大，则税收通过引起价格上升对消费的影响相对较大，在这种情况下，税收对高收入阶层的影响要相对大于中低收入阶层，税负重会大大减少高收入阶层的商品消费量，从而降低其总效应。席卫群（2011）通过调查问卷发现，税收作为价格的一个组成部分，将通过影响价格间接作用于人们的消费决策或行为。他的调查显示，如果减税，有 53.8% 的人表示会增加消费，27.1% 的人表示会维持现有消费水平，还有 14.8% 的人表示不清楚，只有 4.3% 的人表示对减税无所谓。[①] 因此，减税对消费的确有促进作用，关键是如何通过减税来提高消费水平。

---

① 席卫群：《税收对居民消费影响的调查与分析》，《税务研究》2013 年第 5 期。

2. 税收通过改变相对价格影响消费结构

由于商品劳务税可转嫁，其税收负担最终由消费者承担，这将间接地降低居民的实际消费水平。同时，由于针对各种商品和劳务征收的税种、税率不同，税收负担也不相同，商品劳务税的征收也会导致消费者倾向于增加税负相对较低的商品消费量，而相应减少税负相对较高的商品消费量，这不仅会降低总效用，而且还可能引发跨国消费，即消费者倾向于国外消费，国内消费需求减少。

从税款的征收范围看，征收范围越小，替代效应越大。假设课税范围只包括少数几种商品，消费者在很大程度上可能会改变购买选择，以增加替代品消费的方式来减少课税商品消费，这样，总消费量可能不变，改变的只是消费结构。而课税范围较为宽广时，替代效应反而越小，即如果大部分商品甚至全部商品都被纳入政府课税范围内，消费者就不易找到替代品，购买者的消费结构便不会因课税和价格提高而变动，只是消费总量可能会有所减少。在当前各国经济相互渗透、对外贸易往来已经相当频繁的国际经济大形势下，征税范围的宽广与狭窄还可以延伸到国际范围。假如世界各国都按照统一的税收制度来征税，就相当于在国内课税范围涉及了大部分甚至全部商品，那么消费者在国内和国外的消费税收成本一致，鉴于对流通成本的考虑，消费者自然会选择在国内消费。但这在实际中常常是不可能存在的，一般来说，两个国家的税收都是有差别的，在出境旅游、出境消费等已变得非常方便的条件下，消费者很有可能会选择价格相对便宜的国外消费。按照 OECD 的"货物和服务税"统计口径，我国货物和服务税（包括增值税、营业税和消费税）占税收总收入的比重高达 50%，而西方主要发达国家货物和服务税的占比绝大多数在 15%—30%，其中，美国为 17.7%，日本为 18%（潘文轩、康珂，2013）。近几年比较受关注的由"中贵美贱"所引发的海外消费、海外代购浪潮，就是因为相对于美国而言，我国的商品劳务税过重所造成的，这大大减少了我国消费者在国内的消费总量。同时，消费结构也发生了改变，多数价格相对较低的商品在国内的消费量没有变化，而对于价格较高的商品，多数消费者选择跨国购买。这里所说的跨国商品购买，主要是指属于"中国制造"的商品，对于在国外生产的商品（主要是一些高档消费品或奢侈品），在进口时缴纳的关税税率并不高，其价格在国外和国内的差距只是受到国内增值税一定的影响，但这一部分税收仅占进口商品最终国内售价的两三成，不是造成进口商品国内外价格差距的主要原因（武雅斌，2012）。

三 货币、价格与税收联动关系对社会储蓄的影响

根据经济增长理论，资本积累是经济增长的重要影响因素之一，而资本积累要靠投资，投资又来源于储蓄。与外国资金的未来偿还性相比，国内储蓄是投资最可靠也是最终来源。国内储蓄包括私人部门储蓄和政府储蓄。据统计，发展中国家的私人部门储蓄在总储蓄中一般占80%以上，发达国家私人部门储蓄的占比要高出10个百分点。[①] 政府征税实际上是一种收入的转移，是将一部分私人部门收入转移到政府部门，不会增加或减少国民总收入。但一国税收负担的高低、税制结构的不同必然会对私人储蓄以及政府储蓄产生不同的影响。

（一）税收对私人储蓄的影响

税收对储蓄的影响是由两种相反的作用来共同实现的，即收入效应和替代效应，这两种效应都是通过影响储蓄前的收入或储蓄后的收益来实现的。税收对私人储蓄的收入效应是指由政府课税带来的纳税人可支配收入的减少，即降低了储蓄前的收入水平，但由于税收一般不会直接对储蓄征收，而是通过对消费的征收间接地影响到储蓄，这可能使纳税人只能减少即期消费以维持原有的储蓄水平。税收对储蓄的替代效应则表现为由于政府课税会带来实际利息收入的相对减少，即降低了储蓄后的收益，这就降低了储蓄对于纳税人的吸引力，促使纳税人增加即期消费，减少储蓄。两种效应的作用方向不一致，税负对储蓄的净影响取决于这两种作用力的相对大小。

商品劳务税和所得税征税对象的不同，也导致这两种税收对私人储蓄的影响不同。

所得税对私人储蓄的影响主要是通过影响个人可支配收入或税后收益率来实现的。私人储蓄水平的限制因素较多，其中，最重要的因素是居民的收入水平，而居民的收入主要用于消费和储蓄，因此，储蓄的最终来源可以说是一种消费剩余。以所得为征税依据的所得税的征收，直接降低了居民的可支配收入，在消费保持不变的情况下，居民储蓄也只

[①] 郭庆旺、范新丽、夏文丽：《当代西方税收学》，东北财经大学出版社1999年版，第30页。

能随之减少。根据凯恩斯的绝对收入假说，随着一国经济的不断发展，居民收入不断增加，消费也随之增加，但边际消费倾向是递减，即消费的增加将少于收入的增加量，高收入者的平均消费倾向低于低收入者。也就是说，高收入者的储蓄占其全部收入的比重要高于低收入者。当所得税的累进程度较高时，对高收入者可支配收入的影响较大，使高收入者本来可以用于增加储蓄的一大部分收入被征收，这会导致储蓄水平的下降。相反，当所得税的累进程度较低时，高收入者可支配收入受到的影响小，可以大大增加其储蓄。因此，降低所得税的累进程度有利于一国储蓄水平的提升。

商品劳务税对储蓄的影响机理完全不同于所得税，商品劳务税的征收可能有利于提高私人储蓄率。这主要是因为：首先，商品劳务税可转嫁，虽然其最终也会减少居民的可支配收入，但这一影响是通过消费来实现的，即它主要会减少居民用于消费的那部分收入，为了能够少纳税，居民可能会降低消费，这也就意味着储蓄的增加。但对低收入者而言，他们收入中的绝大部分甚至全部都可能用于生活必需品的消费，商品劳务税的征收只能降低消费，不会带来任何储蓄的增加。其次，由于商品劳务税多实行比例税率，而比例税一般具有累退性质，因此，对高收入者来说，比例税率越高，税收的累退性越强，相当于留给高收入者的可支配收入部分就越多，储蓄增加的比例也会越高。由此可见，商品劳务税的征收对储蓄产生的负面影响较小，或者说在一定程度上能够增强私人的储蓄能力。

（二）税收对政府储蓄的影响

按照国际惯例，政府储蓄一般是指政府的收入和政府用于消费支出两大部分的中间差，不取决于预算赤字，而是政府收入的实际剩余。理论上说，政府收入的主要来源是税收，提高税收负担会带来政府储蓄的增加，从而可以实现国民总储蓄的增长。但这一推理是以政府对增加的税收收入的边际消费倾向必须小于私人用来纳税的收入的边际消费倾向为前提条件的，而这一前提条件能否得到满足，在不同的经济发达程度条件下或经济发展的不同时期答案也不一致。在20世纪五六十年代，少数发展中国家的经济状态能够达到这一前提条件，如当时我国实行低消费、高积累的经济发展战略，动员全民储蓄，以保证政府可以将储蓄最大限度地用于投资，以促进经济的快速增长。但是，随着经济的发展，绝大多数发展中国家政府对税收的边际消费倾向已明显提高，政府征税的目的早已不是代替私人部门进行储蓄，而是用于基础建设，提供公共服务的支出。因此，税收规模的增长，只能造成总储蓄的减少，即出现了所谓的"普利斯效应"。世界各国，尤其是发达国家政府的高赤字已经证实了这一效应。我国也从20世纪80年代的高储蓄率（如1985年政府储蓄率高达40.94%）逐渐下降，到90年代初储蓄率已基本为负。这不仅是因为政府在逐年增加税收收入中用于公共消费的部分，也是政府储蓄和私人储蓄替代关系的直接结果，税收负担提高，减少了私人储蓄，最终引起社会总储蓄量的下降。

第二节 宏观经济效应分析

货币量增长远超经济增长最终引起商品劳务税的上升，企业和居民税收负担加重，这不仅会对企业投资、居民消费、社会储蓄等微观经济产生影响，而且这种影响还会通过微观经济主体传递到宏观经济。下面从实体经济增长、物价水平、进出口贸易和产业结构四个方面出发分别进行分析。

一 货币、价格与税收联动关系对经济增长的影响

根据经济学理论，资本、劳动要素投入、科技进步和有效需求被普遍认为是经济增长的内在动力因素。其中，要素（以资本、劳动为主）投入是经济增长的基本条件，短期内实现经济增长主要依靠资本与劳动力投入；科技进步可以提高要素的使用效率和优化升级经济结构，是保持经济长期内可持续增长最重要的因素；有效需求的增加为供给增加创造了巨大的推动力，最终能够有效地拉动经济增长。税收对经济增长的短期和长期影响，主要是通过税收对储蓄、劳动、投资、科技进步等经济增长要素的间接影响来实现的。[1]

（一）税收与经济增长的相关理论概述

1. 税收中性理论中的税收与经济增长关系

英国新古典学派代表人物马歇尔以税收中性理论阐述了税收与经济

---

[1] 胡怡建：《税收经济学》，经济科学出版社2009年版，第106页。

的关系。他认为，国家征税会从两个方面影响经济发展：一是税收的征收意味着纳税人收入的减少，导致纳税人的经济利益直接受损，其支出也因此受到一定限制；二是不同税种的征收将改变商品的相对价格，进而改变原有的消费需求和劳动力需求，过高的税率会导致社会消费的减少，而有效需求的萎缩将直接传递到产品的生产和供给，从而失业规模将增加。可见，税收最终会给消费和生产带来不良影响。随着社会经济的进一步发展，税收中性的含义也不断丰富和发展。美国制度学派H. P. 沃尔德、供给学派保罗·克雷·罗伯茨以及法国经济学家多马等将税收的影响范围由单一经济领域扩展到国际经济领域，以经济增长的影响因素为出发点，分别探讨了征税对劳动、投资、储蓄、产业结构等多个方面的诱导和影响，将税收中性问题的研究拓展到所有扭曲市场机制作用的经济活动。他们一致认为，既应该消除税收对消费产生的扭曲，也应避免其对劳动、储蓄、投资产生的消极影响。

2. 凯恩斯理论中的税收与经济增长关系

凯恩斯学派认为，经济危机发生的根本原因是有效需求不足，也就是消费和投资不足会导致经济增长无法实现。而政府征税则会降低社会的有效需求，从而对经济增长产生负面影响，因此，主张通过减税来实现充分就业和经济增长。凯恩斯主义者提出了著名的税收乘数理论，该理论认为：当税收增加时，消费和投资就会下降，一个部门收入的下降又会引起另一个部门收入的下降，如此循环将会导致国民收入以税收增长的倍数下降。同时，该学派从收入分配角度分析了税收与经济增长的关系，认为税收和财政支出的收入分配效果较弱，大量财富仍会集中在少数高收入者手中，而高收入者的消费需求是缺乏弹性的。当经济出现下滑时，资本的逐利性导致资金不会流入生产环节，从而导致经济状况的进一步恶化。因此，建议政府应减少税收使大量的资金存活于市场之中，使企业拥有更多的流动资金用于投资，居民拥有更多的收入用于消费。同时，应当利用税收手段来调节收入分配，以提升整个社会的消费能力，从而有利于实现经济的快速发展。

3. 供给学派理论中的税收与经济增长关系

根据供给学派代表人物阿瑟·拉弗提出的拉弗曲线理论，需求管理政策不能有效地解决经济滞胀问题。拉弗认为，当税收超过一定规模后，税收与经济增长开始呈负相关关系。税率的高低不仅关系着税收收人的多少，而且对产出以及经济增长都会产生影响，因此，政府应努力寻求一个适度或最佳的税率水平，在取得尽可能多的税收收入的同时，也要将其经济负效应降至最低。由于拉弗曲线（见图3-2）呈倒"U"形，同一水平的税收收入同时对应一高、一低两个可供选择的税率，但高税率会增加纳税人负担，削弱其积极性，不利于经济增长；而较低的税率会刺激纳税人的工作意愿、储蓄意愿和投资意愿，是促进经济增长的更好选择。

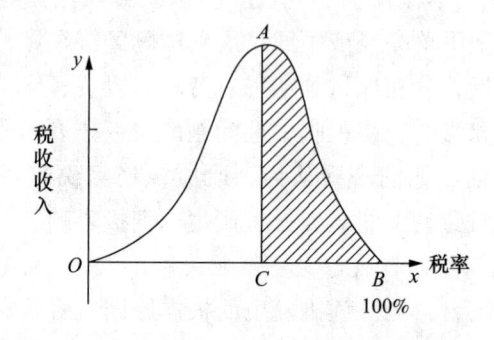

图3-2 拉弗曲线

除上述三种主流经济理论中关于税收与经济增长关系外，一些经济学者在研究经济增长理论模型中也对税收的影响进行了一定分析。如新古典增长理论从财政税收政策角度考察税收对经济增长率的影响，认为税收的唯一永久效应是降低稳态的人均产出水平，而经济增长率只能暂时受到影响，经济的稳态增长率并不会受到影响。而内生增长理论也从这一角度出发，认为税收最终会降低经济的稳态增长率。

（二）税收对经济增长的影响机制

一般而言，税收对经济增长的影响包括直接影响和间接影响两种。一是税收负担的变化对经济增长驱动要素的作用，通常被称为税收对经济增长的直接效应；二是税收支出的数量及结构对经济增长的影响，可以看作是税收对经济增长的间接效应。后一种作用属于财政支出研究的范围，在这里我们不涉及，本书仅讨论税收对经济增长的直接效应。具体来说，就是税收通过具体的税制结构和税种作用于资本、劳动、科技进步和有效需求，改变这些要素的交易成本和使用效率，最终实现对经济增长的影响。其中，资本要素取决于储蓄和投资；科技进步依赖于资本、劳动和需求；有效需求包括国内消费需求和进出口需求。因此，我们将从各税种和税制结构角度分别阐述税收负担对储蓄、投资、消费、劳动和进出口需求的影响机理。

1. 税收对投资、消费和储蓄的影响机理

关于税收影响投资、消费和储蓄的作用机理，上节的微观效应分析中已做了详细阐述，这里不再重复。总体而言，税收主要通过影响投资成本和投资收益对企业投资产生影响，税收对居民消费的影响则是通过改变居民收入和商品相对价格来实现的，而税收对社会储蓄的影响则由税收带来的收入效应和替代效应共同决定。通过具体分析可以看出，税收负担的提高将抑制投资、消费和社会储蓄的增加，即税收对企业投资、居民消费和社会储蓄均产生不同程度的负效应。

2. 税收对进出口需求的影响机理

对于进出口需求而言，由于多数国家（包括我国在内）对出口产品都实行退税或低税率政策，因此，出口产品承担的税收负担相对较轻，甚至完全不承担，出口国的税收几乎对出口需求不产生影响。对于进口产品而言，其生产或流通环节一般都是在国外完成的，不会受到本国内各税种的影响，只有在产品进入进口国境内时，对其征收一定比例的关税，因此，进口需求在很大程度上受到进口关税的影响。关于税收对进出口贸易的影响在后面还将进行详细分析，这里只做简要说明。

3. 税收对劳动投入的影响机理

税收对劳动投入的影响主要是通过劳动力供给和人力资本投资两方面来实现的。就劳动力供给而言，政府对劳动收入征税，会直接减少劳动提供者的劳动收益，进而改变劳动者在劳动收入和"闲暇"两种商品间的选择。一方面，征税使劳动者的可支配收入减少，这将促使其增加劳动投入，以此弥补因征税带来的损失，即产生了收入效应；另一方面，政府征税相对提高了劳动的价格，使劳动者更倾向于选择价格相对较低的"闲暇"，从而会减少劳动力的供给，即产生了替代效应。税收对劳动投入的最终影响由收入效应和替代效应共同决定。当收入水平较高时，税收的替代效应较大，社会劳动总供给会减少；而当收入水平较低时，税收的收入效应更为明显，征税会刺激劳动投入的增加。就人力资本投资而言，只有当人力资本的收益大于成本时，其投资才会产生。

政府征税意味着当人力资本投资取得收益时必须纳税，这会减少人力资本投资的收益，改变人力资本的收益与成本结构，从而将阻碍对其投资的增加。

上述分析说明，经济增长受到税率或税负水平的制约，税率或税负水平与经济增长呈负相关关系。实际上，税率高低最终也会反映在税收负担上，在这里只通过税收负担来解释税收对经济增长的影响。税收对经济增长的影响主要是通过税收负担的变化，作用于经济增长的动力因素，以增强经济增长动力，促进经济增长。世界银行经济学家基恩·马斯顿对20世纪70年代20个国家税负水平与经济增长关系的实证研究，证实了税负水平对经济增长的负效应。其研究的基本结论是：低税负国家的人均GDP增长率、私人消费增长率、投资增长率、出口增长率都要高于高税负国家。从选择的20个样本国家来看，10个低税负国家的算术平均税率为14.47%，10个高税负国家这一平均值为23.48%，但低税负组的GDP平均增长率为7.2%，而高税负组的GDP平均增长率只有1.57%。[①] 马斯顿又通过回归分析发现，税负的增加也会对经济增长产生消极影响，且这一影响在低收入国家比在高收入国家要严重得多。因此，当税收负担过重时，整个实体经济可能会出现下行，企业将大量破产，这时即使有大量的货币存量，货币资金也不愿进入实体经济，这会进一步恶化经济形势。

同时，除从税收负担分析研究税收对经济增长的影响之外，国内外专家学者还以税制结构为切入点分析两者的关系。Se - Jik Kim（1998）为了考察税收结构变化对经济增长率的影响，构建了一个将一般税收体系特征包含在内的内生增长模型，实证结果显示，税收结构不同是各国经济增长率不同的主要原因，大约可以解释增长率差异的30%。内勒、布利尼和格默尔（Kneller, Bleaney and Gemmell, 1999）利用1970—1995年22个OECD国家的面板数据进行了实证研究，结果显示，税收结构对经济增长率有着重要的影响，而合理的税收结构是可以促进经济增长的。中国社会科学院"增进城市经济竞争力的环境税制研究"课题组（2004）认为，我国商品税占比过高，与所得税的比重不协调，

[①] Marsden, K., "Links between Taxes and Economic Growth: Some Empirical Evidence", *World Bank Staff Working Papers*, No. 605, 1983.

不利于资源的合理配置和促进经济增长。王亮（2004）运用我国1992—2002年的税收数据进行回归分析，得出的结论是：商品劳务税和所得税对经济增长呈现出明显的负效应，且我国商品劳务税的比率已远高于能使经济增长最大化的7.78%的最优比率。

二 货币、价格与税收联动关系对物价水平的影响

从商品或服务价格的构成来看，商品价格主要有成本、利润和税收三个构成因素。虽然税收是商品价格的构成因素之一，但并非任何税收都可以影响到商品价格。税收能否嵌入商品或服务价格，或者说有多大比例嵌入商品或服务价格，最终对价格产生"添加"效应，则取决于税收负担能否转嫁和转嫁的难易程度。从税收种类来看，理论上说，商品劳务税易于转嫁，而所得税很难转嫁。从定价机制来看，在计划定价机制下，商品劳务税是价格的组成部分，在一定程度上直接决定价格；而在市场定价机制下，商品劳务税不直接构成价格，但是却通过商品和服务的交易环节影响价格。从供求弹性来看，在市场定价机制下，商品劳务税在多大程度上可以转嫁到价格，受到商品和服务供求弹性的限制，供给弹性大于需求弹性的商品容易转嫁；而供给弹性小于需求弹性的商品不易转嫁。可见，在市场经济体制下，只有商品劳务税在经历商品交易环节时，才能对价格产生"添加"效应，而这一效应的强弱则因供求弹性的不同而不同。

（一）货币流通速度相对稳定下的作用机理

理论上说，货币存量高、增速快会引发物价上涨，以价格为计税依据的商品劳务税也会相应提高。在商品劳务税占税收总收入的比重较高的情况下，企业和居民税收负担加重。而商品劳务税负的一部分或者全部又在商品交易阶段转移到商品价格中，从而又推动了物价上涨。在这种价格上涨→税收负担增加→价格上涨的恶性循环下，企业将承担一部分的重税负，因为税收不可能完全转嫁，而是受到供求弹性的约束，消费者则将承担着高物价和高税负的"双重压力"。例如，21世纪初的十多年内，我国的货币发行增速快，税收收入中商品劳务税占比过高（据不完全统计可以达到70%以上），导致物价出现一轮又一轮的上涨。

（二）货币流通速度出现波动下的作用机理

上述税收与价格的恶性循环得以持续的前提是货币流通速度相对稳定。当一国国内消费长期不足、实体经济出现下滑时，货币流通速度不

再保持原有水平，迅速下降。这是因为，资本的逐利性诱导大量货币集中于房地产或股票等单一市场，这些特殊商品价格的上升吸收了市场中多余的流动性。这可能会导致货币量规模大但一般物价水平相对不高的现象出现，看似违背了费雪交易方程式中货币量与价格的一般规律，但实际上只是放松了方程式中货币流通速度（V）相对稳定这一条件的结果。这虽然使价格上涨→税收负担增加→价格上涨的恶性循环无法出现，但过重的税收负担会导致实体经济下行的趋势难以扭转，新的货币发行将继续进入资本市场。当房地产市场开始进入下滑档期、股市陷入低谷时，货币流通速度可能会在较短时间内突然逆转，有当前的处于较低水平或平稳状态出现快速上升、物价上涨的潜在风险出现，极有可能出现物价突发上涨的局面，制定货币政策时必须要谨慎。2007年次贷危机爆发初期，美国经济开始出现下滑，房屋价格下跌3.7%，货币流通速度快速上升，大量资金涌入供给受限的初级商品市场，导致初级产品价格飙升，食品价格上涨29.9%，能源价格上涨65.7%，通货膨胀被显著推高。[①] 我国在2010年上半年，货币流通速度已处于低位，价格上涨幅度不大，但2010年下半年至2011年上半年，由于房屋限购限价调控措施出台，房价开始下滑，房屋销售价格指数下跌9.1%，原来囤积在房地产行业的大量资金开始涌动，在政府调控之下，部分资金从房地产行业流向初级商品领域，如每年供给相对受限的农产品，货币流通速度开始快速反弹，通货膨胀水平显著抬升。"蒜你狠""姜你军""豆你玩"等流行语形象地展现了当年食品价格大幅上涨对居民生活的冲击。

可以看出，由高货币存量通过价格传递而导致的商品劳务税负重，可能会产生两种结果：一是实体经济保持平稳发展，但通货膨胀压力不断增大；二是实体经济不景气，但通货膨胀潜在风险更大。

三 货币、价格与税收联动关系对进出口贸易的影响

税收是转移生产者或消费者收入的一种方式，直观上看，是生产者或消费者收入的减少，从另一个角度看，也可以说是生产或消费成本的增加。所得税的征税对象与商品生产、流通、消费等环节无关，不会引起商品或服务成本的变化，而商品劳务税是直接与商品或服务的生产、

---

① 谢亚轩：《货币流通速度影响通胀》，《评论》2015年第15期。

消费挂钩的税收，自然要影响到商品或服务的成本，进而对商品和服务的供给及需求产生影响。下面对出口产品和进口产品分别进行讨论。

（一）国内税收对出口的影响相对较小

出口产品的生产或部分流通环节一般都是在国内完成的，只受到增值税、消费税的影响。同时，海关部门在产品出海关环节时会对产品征收一定比例的关税。增值税、消费税和关税的征收提高了出口产品的成本，直接表现为产品出口价格的上升，缩小了出口产品的相对价格优势，不利于产品出口。因此，世界上多数国家都通过低税率、出口减免税和出口退税政策，使本国产品以不含税成本进入国际市场，以增强产品竞争能力，扩大出口。在这种国际惯例的影响下，即使产品在国内承受的增值税、消费税税收负担较重，出口供给量也不会减少，这是因为出口产品实际并未承担这些税收负担或只是承担较小税收负担。另外，当国内外消费者对产品的需求弹性基本相当时，相对于国内的高税负、高价格，生产商更倾向于将产品销售到国外。

（二）进口关税对进口的影响相对较大

进口产品的生产或流通环节一般都是在国外完成的，不会受到本国内商品劳务税的影响，但是，海关部门会在国外产品进海关环节时会对产品征收一定比例的关税。关税的征收也会提高进口产品的成本，进而引起进口产品价格的上升，从而对国内消费者产生影响。关税税率的高低直接影响到进口产品消费者的消费意愿，高税负会减少进口产品的国内需求，低税负可能会使进口产品的国内需求增加。关税对进口产品的调节作用，主要表现在以下三个方面：一是对国内可以大量生产，或者目前不能生产但将来可能大量生产的产品的进口征收较高的关税，以保护国内同类产品的生产和发展；二是对于非必需品或奢侈品也征收很高的进口关税，以限制甚至禁止这类产品进口；三是对本国没有条件生产或生产不足的生活必需品或生产原料、半制成品实行较低税率或免税，以尽快通过进口满足国内的企业生产和居民生活需要。

以上分析可以看出，一国的出口贸易基本不受国内税收的影响，而是受到国外进口关税的影响。与产品出口相反，一国的进口贸易受到国内进口关税的影响，影响程度大小不仅要看关税税率的高低，还要考虑进出口国商品的价格变化情况。一般情况下，进口关税税率越高，进口商品的增加成本越多，税收对该商品国内市场价格的"添加"效应也越明显，对进口的抑制作用就越大。而国内外价格变化对商品进口产生的影响则体现在：产品在进口国海关缴纳关税后，会导致该产品在进口国的价格不再等同于该产品生产国的价格。由于进口产品在进口国国内的价格还要受到国内需求、销售或消费环境的影响，因此，如果产品在进口国的最终销售价格远高于生产国的销售价格，且两者的差距大于关税税额，厂商输入该产品仍可获利，厂商会增加该商品的进口；相反，如果产品在进口国的销售价格虽高于生产国的销售价格，但两者价格差异等于或小于进口关税税额，此时再进口该商品已无利可图甚至蒙受损失，则厂商必然会减少商品进口甚至不进口。

四 货币、价格与税收联动关系对产业结构的影响

根据纽曼（Neumann）在最优经济增长研究中提出的"大道定理"，经济会因为技术水平的变动而发生改变，技术水平的提高会不断地将经济增长推向新阶段，其路径是一种均衡增长大道与非均衡增长曲线阶段性交替的过程。如图 3-3 所示，经济增长的最优路径由图 3-3（a）中箭头标出，经济最初点在 A 处，经历一段时间的调整之后，达到大道Ⅰ的一种均衡水平。随后，在技术进步的推动下，再经过弯曲大道上升到同样处于均衡增长状态的大道Ⅱ。经济在弯曲大道上是一种非均衡的增长过程，在经济调整实现向大道Ⅱ的转换之后，又重新进入新阶段的均衡增长状态。[①] 但是，这种经济从低水平大道到高水平大道的顺利

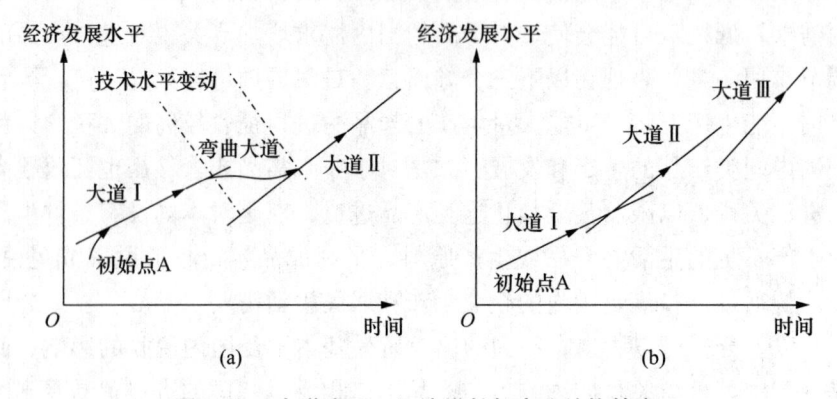

图 3-3 大道定理、经济增长与产业结构转变

---

① 李博、胡进：《中国产业结构优化升级的测度和比较分析》，《管理科学》2008 年 4 月，第 87—88 页。

转变是以资源在各产业间长期保持有效配置、产业平衡发展为前提假设的。可见，产业结构对经济增长有着至关重要的作用。

产业结构本质上是一个国家或地区的自然资源、劳动力、资金及技术等生产要素在国民经济各部门的具体配置状况，最终体现在第一、第二、第三产业之间的比例关系上。根据 Pasinetti 的观点，不同产业之间的生产率增长速度和需求扩张程度往往是不同的，只有产业结构的变化能适应需求的变化和更有效地对技术加以利用才会加速经济增长。[1] 这就要求产业结构重新调整，不断升级、优化。在现实情况下，因为产业结构的转换受到劳动力技能水平、居民消费需求以及新技术应用和推广条件等因素的限制，很难依靠自身实现。因此，在产业结构无法通过自身力量顺利实现转换时，如何通过产业政策、财政政策、税收政策、价格政策等相关经济政策来促进其调整转换就显得十分必要了。这其实就是通过产业政策调整资源再配置，进而影响产业结构变化的供给结构和需求结构，实现产业结构不断转换、调整的一个演变过程，其实质就是自然资源、劳动力、资金等要素在三次产业之间比例的变动。

（一）税收影响产业结构优化的方式

理论上说，影响产业结构变动的因素有供给因素和需求因素、国际贸易和国际投资因素以及产业政策等。其中，供给因素包括自然条件、人口、技术进步、资金供应状况、环境因素等；需求因素包括消费需求、投资需求等。税收作为产业政策实施的一个重要手段，通过物质利益机制，对供给、需求和国际贸易以及国际投资都会产生影响，从而成为产业结构调整和优化的一个重要工具。

第一，税收对供给因素的影响。我国现行的税收政策对不同产业设定了不同的征税对象、税率及税收优惠，改变了不同产业之间的收益率。以实现利润最大化为目标的微观主体，会自动进行要素的重新分配或调整各产业之间的要素积累，引导产业结构向高度化和合理化方向发展。

第二，税收对需求因素的影响。首先，直接对居民收入征收的所得税是影响居民收入的重要因素，而居民收入水平又决定居民消费支出结

---

[1] Pasinetti, L. L., "Structural Change and Economic Growth: A Theoretical Essay on the Dynamics of the Wealth of Nations", *Journal of Economic Literature*, 1982, 20 (4), pp. 1564 – 1566.

构。其次，对居民消费商品而直接征收的消费税，通过对商品实行选择性的征税或采取差别税率引起价格变动，影响消费者的商品购买选择。最后，在对不同产业所征收的企业所得税、增值税、营业税中，根据发展需要设计的不同税率和税收减免等税收优惠政策，直接影响产品利润，从而引导了投资方向，决定了投资结构。

第三，税收对国际贸易和国际投资因素的影响。税收对国际贸易的影响主要体现在进口关税限制、出口退税优惠等政策，在产品进口、出口环节通过设计不同的税负水平以及优惠水平，是政府引导进、出口产品种类和规模的一种重要方式，直接影响国际贸易结构。在企业生产过程中各个环节征收的各种商品劳务税以及对企业经营利润征收的企业所得税，对不同产业的外资企业、中外合资企业都制定了不同的税收减免等优惠政策，这必然会影响以追求资本增值最大化为目的的国际资本投资方向。

(二) 税收负担重不利于产业结构调整

首先，产业总体税负水平较高，会制约产业的竞争能力和增长能力。理论上说，宏观税负高意味着较多的国民收入由私人部门流向政府部门，政府在收入分配格局占据主要地位，相应地抑制了私人投资和消费需求，改变了两者需求结构。由于私人消费是以满足生活所需的各类消费为目的，主要是集中在各类消费品领域；而私人投资以追逐利益为目的，主要集中在竞争性产业，这与政府的投资和消费目标差异很大。较高的宏观税负水平使原本以私人投资和消费为主的相关产业发展缺乏需求的动力，需求结构的改变也必然会影响产品的供给结构，进而影响产业结构的调整、转换。

其次，仅仅从总体税负水平分析税收对产业发展的影响是不够的，还要对产业税负结构进行分析，关注不同行业的税收负担问题。在实行以商品劳务税为主体的税制结构模式下，政府往往出于国家政策需要，对不同行业制定不同的商品劳务税税率，这从客观上赋予了不同产业承担不同的税收负担，改变了不同行业的相对收益率，可能会导致大量的自然资源、劳动力、资金及技术等生产要素集中在低税负产业，从而对产业结构产生一定的扭曲。但是，有时通过税收政策改变产业结构的方式，并不符合各行业不同的自身发展特点，从而在实际中未能达到调节和引导产业发展的作用，甚至造成逆向调节。例如，我国在商品劳务税占比过高的情况下，宏观税负重直接导致了大量资本从实体经济流出，而有差异的商品劳务税政策使制造业、生产性行业发展缓慢或难以维持，现代服务业的发展也受到一定的阻碍。各产业的技术进步、技术创新也由于缺乏资金支持而更加艰难，产业结构很难转换，产业结构的优化升级难以实现，无法寻找新的经济增长点。

第三节　社会公平效应分析

收入分配是社会再生产过程中的一个重要环节，分配公平与否，对经济均衡状态及经济增长都会产生重大影响。阿瑟·刘易斯曾指出："收入分配的变化是发展进程中最具有政治意义的方面，也是最容易诱发嫉妒心理和社会动荡、混乱的方面。"[1] 如果一个国家内部贫富差距悬殊，两极分化严重，那么，随着经济的增长，高收入阶层的边际消费倾向不断下降，而占人口较大比重的低收入阶层的消费能力又由于收入增长的限制而得不到适度增长，社会有效需求的增长必然会受到抑制，可能引起生产过剩的危机。另外，根据哈罗德—多马模型，经济增长率与储蓄率成正比，在居民收入差距大的情况下，社会的平均储蓄率低，经济增长率就难以有较大的提高。

税收对每一个经济主体的经济行为都会产生影响，从而会通过经济运行改变国民收入分配的结果。虽然商品劳务税对收入分配的影响，远不及以居民收入或拥有的财富为计税依据的所得税、财产税，但在商品劳务税占比高、税负重的税收环境下，有必要厘清其对收入分配的具体作用机制。根据恩格尔定律，一个家庭的消费支出会随着其家庭收入的增加而增加，但消费支出的增加幅度递减，消费支出占收入的比重逐渐下降。由于低收入阶层和高收入阶层的消费支出不同，消费结构也不相同，因此，商品劳务税税收负担对于低收入阶层和高收入阶层的影响程度也不同。奥唐诺古和巴尔迪尼（O'Donoghue and Baldini，2004）以税收占收入的比重来衡量税收负担，并采用 EUROMOD 模型对欧盟 12 个国家商品劳务税的收入再分配效应进行了考察，得出结论：包括增值

---

[1] ［美］阿瑟·刘易斯：《发展计划》，中国经济出版社 1998 年版，第 78 页。

税、消费税、营业税和关税在内的主要商品劳务税税种都呈累退性，且高收入阶层的税负率低于低收入阶层税负率。

一 商品劳务税负重对低收入者负效应偏大

商品劳务税对低收入者的调控主要是通过增值税和消费税来实现的。

（一）增值税对低收入者的负效应分析

从税收理论上讲，增值税是对各类商品和劳务的普遍课征，具有典型的税收中性特征。但增值税又多以比例税率征收，具有一定的累退性且易于转嫁。增值税税负的转嫁是通过价格和产量的变动来完成的，与商品的供给弹性和需求弹性直接相关。一般来说，生活必需品的需求弹性较小，税负易于转嫁；而奢侈品的需求弹性较大，税负不易转嫁，这就决定了生活必需品的购买者将承担大部分增值税负。从收入水平角度看，低收入者的收入用于生活必需品的份额较大，而征税的结果，将是低收入者的税收负担更高而高收入者的税收负担反而低。因此，增值税对低收入者的负效应更大一些。

（二）消费税对低收入者的负效应分析

消费税是对某些特殊消费品或消费行为的一种课征，如高档消费品、消费行为等，且消费税易于转嫁，其税款最终由消费者负担。如果消费税征收范围广，包括全部或大部分的商品，高收入者和低收入者的消费支出都会增加。但由于低收入者的消费支出在总收入中占比较高，他们承担的消费税税负占其总收入的比重也高于高收入者，税负重对低收入者的负效应更大一些。如果消费税征收范围小，只包括一小部分商品，或者说只包括奢侈品，低收入者的消费多是一些用于日常生活的基本品，没有包含在征税范围内，则消费税的征收不会对其产生影响。

上述分析可以看出，对于低收入阶层而言，其收入的大部分用于维持日常基本生活，其所购买商品或服务所承担的商品劳务税相对于其收入而言偏重，税收对低收入者的影响偏大。由于收入有限，较重的税收负担使低收入者只能选择价格低廉的商品或服务，或者是直接减少消费商品的数量，这无疑会降低他们的效用。

二 商品劳务税负重对高收入者负效应偏小

与低收入者类似，商品劳务税对高收入者的调控也主要是通过增值税和消费税来实现的。

(一) 增值税对高收入者的负面影响分析

由于高收入者的收入中只有很小的比例用于生活必需品的消费,他们对非生活必需品或者说奢侈品的消费支出占收入的比例相对较大,而奢侈品的需求弹性远远高于生活必需品,导致针对奢侈品征收的增值税税负难以转嫁,从而购买奢侈品的高收入者承担的税负也不会太高。与低收入者承担着过高的购买生活必需品所支付的增值税税负相比,高收入者承担的增值税税收负担较小,增值税对高收入者的负效应也要小。

(二) 消费税对高收入者的负面影响分析

消费税征收范围的大小决定了不同收入阶层的税负承担不同。在消费税将大部分或全部商品都纳入征收范围内的情况下,高收入者和低收入者购买商品都要承受一定的消费税。但是,由于高收入者的消费支出在总收入中占比较低,其承担的消费税税负占总收入的比重也低于低收入者,税负重对高收入者的负效应小一些。在只对少数商品征收消费税的情况下,高收入者将会由于消费这些高档商品,而承担一定的税收负担,消费税的征收必然会对其产生一定的影响。而税率的高低也会影响到其负效应的大小,过高的税收负担将使高收入者减少对这些商品的消费。

可以看出,对于高收入阶层而言,其收入中只有一小部分用于维持日常基本生活,大部分收入是用于投资或者投入股票、证券等资本市场,而商品劳务税的征税对象主要是商品或服务。因此,高收入者承担的商品劳务税负相对于其高额的收入是微不足道的。税收对他们的影响偏小,其面临的税收负担也相对较轻,不会影响或改变他们消费商品的数量或质量,从而也不会降低他们的效用。

三 社会公平难以实现,居民收入差距拉大

从各税种的具体征收对象和作用点来看,所得税类、财产税类具有较好的收入分配调节作用,因为这两种税类的征收多以收入所得或拥有财产为基数,通过这些税的征收改变了高收入者和低收入者的最终财富总量,减少了高收入者的收入或财产,而相对提高了低收入者的收入,从而可以缩小居民收入差距,促进社会公平。

从以上增值税和消费税对高收入者和低收入者的不同影响可以看出,商品劳务税对收入分配的影响恰恰相反,其征收的结果是高收入者

承担的税负相对较低，收入或财产减少比例小；而低收入者承担的税负相对较高，收入或财产减少比例大，居民收入差距不但没有缩小，反而被拉大了，这违背了税收社会公平的原则。在增值税、消费税等商品劳务税占税收总收入比重较大的税制结构模式下，由货币超发而最终导致的商品劳务税负担重，会对居民的收入差距起到"逆向"调节的作用。

第四章 我国货币量、价格水平与税收关系实证分析

本章在前面分析货币、价格与税收基本关系的基础上，运用统计学方法对我国货币量规模、价格水平的变动趋势以及商品劳务税的总体规模进行描述，并对货币供应量、价格水平与税收收入的基本关系进行实证检验。从而对我国货币供应量、价格水平以及税收收入的现状有一个全面的认识，对三者之间的联动关系也进行考察和判断，为后文的进一步实证研究奠定基础。

第一节 货币量超经济增长的基本表现

货币当局每年发行的货币量是最基础、最直观的货币增加量，它是一国的货币当局根据本国的经济发展形势，为整个经济社会提供的资金。进入21世纪后，我国货币发行量逐年增加。2001年，货币发行规模为16万亿元，之后以平均每年5万亿元的绝对量增加，到2014年，货币发行规模已多达79.93万亿元，年均增长速度为13.29%，远高于GDP的增长速度。

1998年东南亚金融危机之后，我国的货币政策转向以"利率调控"和"公开市场操作"为主的多元化市场调控手段，法定存款准备金率、再贴现和同业拆借等也不同程度地成为主要调控工具。商业银行作为最主要的金融机构，对发挥中介作用，满足微观经济主体的资金需求，促进经济增长起到了至关重要的作用。其角色也由传统的存贷款业务转向通过自身的资产和负债为经济体创造流动性。至此，商业银行的流动性创造也开始成为社会总货币量中的一个重要组成部分。一般认为，商业银行的流动性创造主要包括1年期内的短期存贷款项、向中央银行的借

款及贴现和同业拆借款项等。据测算，2003年，我国的商业银行流动性创造总量仅有12.17万亿元，到2006年增至19.41万亿元，仅增长了0.6倍。但之后，商业银行流动性进入快速增加的阶段，到2012年已增至59.45万亿元，是2003年的5倍。同期，中行、农行、工行、建行四大行以及民生、招商、浦发、交通等规模较大银行的流动性创造水平大多数也在0.1—0.3。其中，建行的流动性创造水平最高，平均高于0.4。商业银行间的同业拆借作为流动性创造的一个重要部分，其规模也在2006年之后快速增加。2006年，我国银行间同业拆借（1年期以内）交易量仅有2.15万亿元，2007年增长到10.60万亿元，增加了5倍。随后，一路飙升到2012年的最高值46.70万亿元。2013年、2014年有所下降，交易量分别为35.52万亿元、37.66万亿元。如果将近期出现的资产证券化，即信贷证券化、企业资产证券化也纳入考虑范围，我国商业银行的流动性创造规模不容小觑。

无论是货币当局的货币发行量，还是商业银行的流动性创造，最终都是以货币形式存在于市场经济中。下面从流通中的现金供应量（M_0）、狭义货币量（M_1）和广义货币量（M_2）三个指标来具体分析我国货币量总规模及其增长情况。

一 货币总量规模过大

我国货币供应量自1978年以来增长速度令人惊叹。从货币供应绝对量上看，1978—2014年，单是流通中现金的供应量（M_0）就由212亿元增加到了6.03万亿元，增加了283.43倍。其中，1978—1995年是我国货币供应量增长最快的时期，但这一时期的货币量增长不太稳定；1995年之后，货币供应量的增长逐渐趋于稳定，且增速仍然较快。1995年，我国狭义货币量（M_1）为2.40万亿元，广义货币量（M_2）的规模为6.08万亿元。到2014年，M_1和M_2的绝对量分别达到了34.81万亿元和122.84万亿元，分别是1995年对应量的14.51倍和20.22倍，可见我国货币供应量总规模之大。根据相关统计，截至2012年年末，中国M_2总量达97.4万亿元，换算成美元约15.5万亿，接近全球货币供应量的1/4，是同期美国的1.5倍、同期日本的1.72倍，甚至超过整个欧元区的规模。[①] 1995—2014年我国货币供应量变化简况

---

① 数据来源于21世纪网数据部的统计。

如图 4-1 所示。

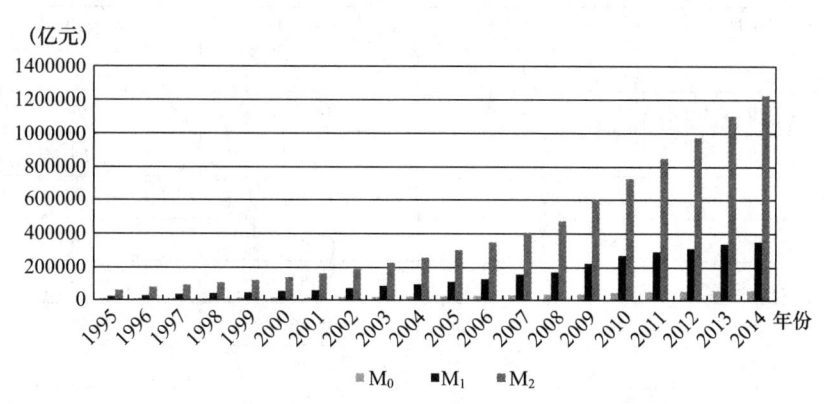

图 4-1　1995—2014 年我国货币供应量变化简况

从货币供应相对量来看，通常用广义货币总额 M_2 与名义 GDP 的比例来衡量一个国家或地区的货币存量规模。据统计，我国 M_2 与 GDP 的比值从 1978 年的 0.28 上升到 1995 年的 1.00，到 2013 年达到峰值 1.95，在所有 G20 国家中，经济的"货币化"水平最高。[①] 2011 年，我国 M_2/GDP 值高达 1.8，高于同期日本 1.5、欧元区 0.9 和美国 0.6 的水平。

二　货币量增长速度过快

除货币供应绝对规模之外，我国货币供应量增长率也一直居高不下。1978—1995 年，广义货币存量（M_2）平均增速达 25.2%，远高于同期 GNP 平均为 9.65% 的增长速度，这一时期内零售物价指数平均上升 7.54%，广义货币存量平均增速是零售物价指数的 3 倍多。1995 年开始，无论是狭义货币量（M_1），还是广义货币量（M_2）增长速度都有所下降，但 M_1 增长速度基本在 11%—21%，2009 年达到最高值 32.4%；M_2 增长速度基本在 12%—20%，2009 年达到最高值 27.7%。2010 年，M_1、M_2 增长速度比上年分别下降了 11.2 个和 8 个百分点，随后，两者都出现大幅度下降，2014 年年末广义货币供应量（M_2）比上年末增长 12.2%，同年 M_1 比上年末增长 3.2%。

1995—2014 年我国货币供应量相对规模和增长率变化如表 4-1 和图 4-2 所示。

---

① 根据《中国统计年鉴（2013）》、2013 年国民经济和社会发展统计公报中数据计算得出。

表 4-1　　1995—2014 年我国货币供应量相对规模一览

年份	M_0/GDP	M_1/GDP	M_2/GDP
1995	0.13	0.39	1.00
1996	0.12	0.40	1.07
1997	0.13	0.44	1.15
1998	0.13	0.46	1.24
1999	0.15	0.51	1.34
2000	0.15	0.54	1.36
2001	0.14	0.55	1.44
2002	0.14	0.59	1.54
2003	0.15	0.62	1.63
2004	0.13	0.60	1.59
2005	0.13	0.58	1.62
2006	0.13	0.58	1.60
2007	0.11	0.57	1.52
2008	0.11	0.53	1.51
2009	0.11	0.65	1.78
2010	0.11	0.66	1.81
2011	0.11	0.61	1.80
2012	0.11	0.59	1.88
2013	0.10	0.59	1.95
2014	0.09	0.55	1.93

资料来源：根据《中国统计年鉴（2015）》中相关数据计算得到。

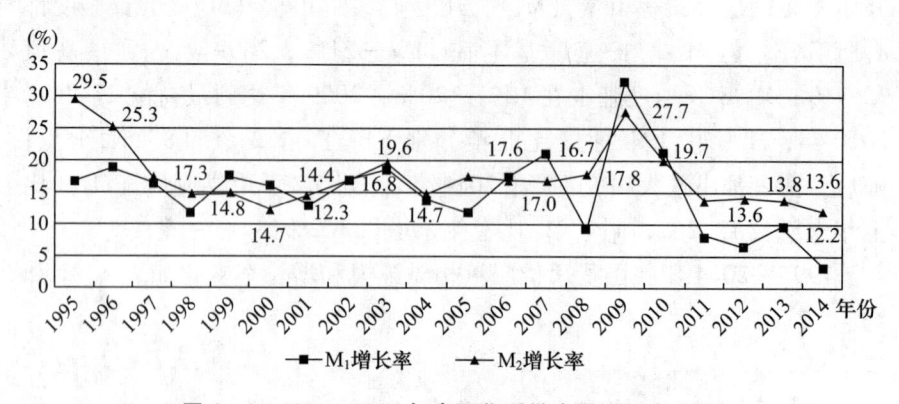

图 4-2　1995—2014 年我国货币供应量增长率变化

第二节 价格水平变动的基本表现

对于价格水平的变化,人们通常选择消费者价格指数(CPI)作为衡量指标。但是,CPI 指数只代表了一般商品的价格水平,而没有考虑到资产价格以及某些特殊商品(如房屋)价格。因此,这里我们将一般商品、房屋和资产价格分别进行讨论。

一 CPI 和 PPI 变动趋势分析

从表 4-2 来看,1990 年的消费者价格指数(CPI)是 1978 年的 2.16 倍,随后物价水平仍呈大幅上升的趋势,截至 2014 年年底,CPI 指数已高达 1978 年的 6.07 倍。20 世纪 90 年代初期,物价上涨飞快,1993 年、1994 年、1995 年三年上涨率都在 14% 以上,2000 年至今,物价水平上升速度有所减缓,2002 年、2009 年 CPI 指数甚至低于上年同期,但整体物价水平仍处于不断上涨的态势。另外,我国的 CPI 指数统计中主要以食品类商品为主,核算中各类商品所占比重也不尽合理,如现代服务业所占比重过小的问题,结果导致 CPI 指数长期被低估。如果将这些因素都考虑在内,一般商品的价格水平变动应更加明显,增长幅度也会有所提高。

生产者价格指数(PPI)是衡量工业企业产品出厂价格变动趋势和变动程度的指数,也是反映某一时期生产领域价格变动情况的重要经济指标,以及制定有关经济政策和国民经济核算的重要依据。从表 4-2 可以看出,我国的 PPI 指数在 1985—2014 年也上升了近 4 倍,1993 年、1994 年、1995 年这一指数同 CPI 指数一样,上涨率较大,大约都在 15% 或以上。随后,PPI 指数表现出了跌宕起伏的变动趋势,90 年代末到 21 世纪初期基本都为负增长。2003 年之后,PPI 指数又处于不断上升的阶段,而 2012—2014 年这一指数均为负增长。PPI 指数的变动轨迹基本与我国实体经济的增长轨迹相同。近三年 PPI 指数均为负数也是我国实体经济不景气的具体表现。

二 房屋价格变动趋势分析

从消费角度来看,房屋作为居民赖以生存的基本条件之一,与人们的生活质量密切相关。从生产角度来看,厂房是生产者进行生产所不可

表 4–2　　　　　1990—2014 年我国 CPI、PPI 指数变动情况

年份	CPI（1978 = 100）	CPI（上年 = 100）	PPI（1985 = 100）	PPI（上年 = 100）
1990	216.4	103.1	159.0	104.1
1991	223.8	103.1	168.9	106.2
1992	238.1	106.4	180.4	106.8
1993	273.1	114.7	223.7	124.0
1994	339.0	124.1	267.3	119.5
1995	396.9	117.1	307.1	114.9
1996	429.9	108.3	316.0	102.9
1997	441.9	102.8	315.0	99.7
1998	438.4	99.2	302.1	95.9
1999	432.2	98.6	294.8	97.6
2000	434.0	100.4	303.1	102.8
2001	437.0	100.7	299.2	98.7
2002	433.5	99.2	292.6	97.8
2003	438.7	101.2	299.3	102.3
2004	455.8	103.9	317.6	106.1
2005	464.0	101.8	333.2	104.9
2006	471.0	101.5	343.2	103.0
2007	493.6	104.8	353.8	103.1
2008	522.7	105.9	378.2	106.9
2009	519.0	99.3	357.8	94.6
2010	536.1	103.3	377.5	105.5
2011	565.0	105.4	400.2	106.0
2012	579.7	102.6	393.4	98.3
2013	594.8	102.6	385.9	98.1
2014	606.7	102.0	378.6	98.1

资料来源：《中国统计年鉴（2015）》。

缺少的条件，且在多数情况下，厂房规模的大小直接影响到生产量。因此，无论是从生产方面还是从消费方面考虑，房屋价格必然是人们最关心的话题之一。房屋价格的上升或下降，无疑会对居民生活和产品生产产生重大影响。

从表4-3商品房（或住宅商品房）平均价格的具体数据可以发现，进入21世纪后，我国房屋价格的上涨是非平稳的。从绝对水平看，2000—2013年，商品房平均价格由2112元/平方米上升到了6237元/平方米，约增长3倍。住宅商品房平均价格也由2000年的1948元/平方米上升到了5850元/平方米，增加了两倍。从增长率看，2004年、2005年、2007年和2009年商品房平均价格的增长率都在14%以上，其中，2009年涨幅最大为23.18%，而其余年份上升幅度相对稳定。住宅商品房平均价格的增长率基本与商品房的情况类似。从相对水平看，商品房平均价格与就业人员的平均月工资之比由2000年的2.72下降到

表4-3　　2000—2014年我国房屋价格与平均工资的对比

年份	商品房平均价格（元/平方米）	商品房平均价格增长率（%）	住宅商品房平均价格（元/平方米）	住宅商品房平均价格增长率（%）	城镇单位就业人员平均工资（元/月）
2000	2112.0	—	1948.0	—	777.8
2001	2170.0	2.75	2017.0	3.54	902.8
2002	2250.0	3.69	2092.0	3.72	1031.1
2003	2359.0	4.84	2197.0	5.02	1164.1
2004	2778.0	17.76	2608.0	18.71	1326.7
2005	3167.7	14.03	2937.0	12.61	1516.7
2006	3366.8	6.29	3119.3	6.21	1738.0
2007	3863.9	14.77	3645.2	16.86	2060.1
2008	3800.0	-1.65	3576.0	-1.90	2408.2
2009	4681.0	23.18	4459.0	24.69	2687.0
2010	5032.0	7.50	4725.0	5.97	3044.9
2011	5357.1	6.46	4993.2	5.68	3483.3
2012	5791.0	8.10	5429.9	8.75	3897.4
2013	6237.0	7.70	5850.0	7.74	4290.3
2014	6324.0	1.39	5933.0	1.42	4694.9

资料来源：商品房平均价格、住宅商品房平均价格数据直接来源于《中国统计年鉴（2015）》，而城镇单位就业人员平均月工资以及两列商品房价格增长率数据根据《中国统计年鉴（2015）》计算得到。

了 2013 年的 1.45，但前者仍远高于后者，也就是说，就业人员一个月的工资还不足以购买一平方米的房屋面积。另外，2000—2014 年，我国的商品房（或住宅商品房）平均价格增长率远高于同期的 CPI 指数。

三 资产价格变动趋势分析

自 1978 年以来，我国货币供应量的增加远高于实体经济的增长，即存在大量"超额"货币供应。按照传统的货币数量论，货币供应量与价格应保持同方向的变动。因此，我国的各种价格指数都会出现持续上升（通货膨胀）的现象。但事实上，我国这些年来货币供应量的增加，并没有引发高水平的通货膨胀，各种价格指数的上升相对稳定，即大量"超额"货币供应与相对较低的价格指数并存，这种现象被外国学者形象地称为"中国之谜"（Mackinnon，1996）。究其原因，这一现象的根本原因在于，在分析货币供应量对价格的影响时并未将虚拟经济中的资产价格考虑在内。事实上，在货币供应量的快速增加的时期，资产价格也在很明显地快速膨胀。早在 1911 年美国经济学家费雪（Fisher）就提出，应该将股票、债券等资产价格考虑进广义价格指数中。1973 年，阿尔钦和克莱茵（Alchian and Klein）在费雪跨时期消费分析的基础上，提出了"跨时期生活费用指数"（ICLI），并将资产价格纳入这一指数中。由此可见，资产价格是整个市场价格的一个重要组成部分，对分析价格水平变动有着至关重要的作用，有必要对其总水平及变动情况单独进行分析。

图 4-3 是 1996—2014 年我国上证综合收盘指数的折线图。从图 4-3 中可以看出，近十多年间，我国的资产价格波动大致可以分为三个阶段。第一个阶段是 1996—2005 年，这一时期资产价格的波动相对平稳，只有 2000 年出现过一次小高峰，收盘指数为 2073.48 点，2005 年的收盘指数又回落到与 1996 年持平的水平。第二个阶段是 2006—2010 年，这一时期资产价格的波动较大，2006 年的收盘指数已经上升到 2675.47 点，是上年同期的 2.3 倍。2007 年资产价格更是创下了历史新高，收盘指数高达 5261.56 点，在 2008 年急速下滑之后又上升到 2009 年的 3277.14 点，2010 年这一指数略低于上年同期水平。第三个阶段是 2010 年至今，这一时期的资产价格波动是稳中有涨。2011 年、2012 年、2013 年基本保持不变，2014 年开始复苏，上升趋势明显。虽然资产价格的波动相对于一般商品价格较大，但总体来看，其水平也由

90 年代的 1000 多点逐步上升到了现阶段的 2000 多点，上升幅度为 1 倍。

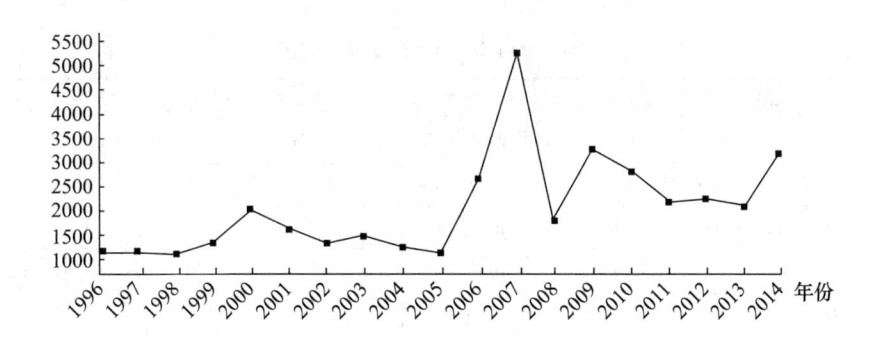

图 4-3　1996—2014 年我国资产价格波动情况

资料来源：中经网数据库。

这里，需要说明的是，虽然资产价格的重要性越来越被人们广泛认可，但是，由于其受到多种因素的影响，波动不具有长期稳定性。因此，仍无法将其纳入实证分析中。

第三节　商品劳务税总体规模及主体地位表现

商品劳务税一般直接与价格挂钩，两者之间的正相关关系比较显著。在价格不断上涨的情况下，商品劳务税也必然呈现出上升的趋势。在我国现行的税收制度中，又以商品劳务税为主体税种，因此，税收总收入也会随价格上升而增加。从我国税收总收入的绝对量看，1994 年税制改革之前，税收总收入从 1978 年的约 519.28 亿元上升到 1993 年的 4255.3 亿元，增长了 7.2 倍。表 4-4 中数据显示，1994 年税制改革之后，税收总收入增速更快，绝对额从 1994 年的 5126.88 亿元增加到 2014 年的约 11.92 万亿元，增长了 22.25 倍。1994—2014 年，我国税收增长率也基本在 12%—23%（2007 年、2009 年、2013 年、2014 年除外），2007 年增长率最高达 31.08%，21 年增长率的平均水平为 17.32%。从相对量看，1997 年之后，我国税收总收入占 GDP 的比重逐年上升，从 1997 年的 10.43%一直增加到 2013 年的 19.42%，2014

年略有下降。1994年税制改革至今，税收总收入与GDP之比的平均值为14.91%。可见，我国税收总收入的增长之快。

表4-4　　　　　　　　1994—2014年我国税收收入情况

年份	税收收入（亿元）	税收增长率（%）	商品劳务税收入（亿元）	商品劳务税增长率（%）	税收收入/GDP（%）	商品劳务税/GDP（%）
1994	5126.88	20.48	3465.76	69.26	10.64	7.19
1995	6038.04	17.77	4009.37	15.69	9.93	6.60
1996	6909.82	14.44	4635.61	15.62	9.71	6.51
1997	8234.04	19.16	5286.89	14.05	10.43	6.69
1998	9262.80	12.49	6018.47	13.84	10.97	7.13
1999	10682.58	15.33	6371.09	5.86	11.91	7.10
2000	12581.51	17.78	7280.24	14.27	12.68	7.34
2001	15301.38	21.62	8351.21	14.71	13.95	7.62
2002	17636.45	15.26	9675.04	15.85	14.66	8.04
2003	20017.31	13.50	11263.25	16.42	14.74	8.29
2004	24165.68	20.72	14101.81	25.20	15.12	8.82
2005	28778.54	19.09	16658.38	18.13	15.56	9.01
2006	34804.35	20.94	19799.21	18.85	16.09	9.15
2007	45621.97	31.08	24259.23	22.53	17.16	9.13
2008	54223.79	18.85	28191.60	16.21	17.27	8.98
2009	59521.59	9.77	32256.42	14.42	17.46	9.46
2010	73210.79	23.00	38322.94	18.81	18.23	9.54
2011	89738.39	22.58	44881.84	17.11	18.97	9.49
2012	100614.28	12.12	50038.73	11.49	19.39	9.64
2013	110497.00	9.82	54250.00	8.42	19.42	9.54
2014	119158.05	7.84	57538.22	6.06	18.73	9.04
平均值	—	17.32	—	17.75	14.91	8.30

注：商品劳务税仅包括增值税、消费税和营业税。

资料来源：根据《中国统计年鉴（2015）》相关数据计算得到。

一　商品劳务税收入总规模大、增速快

1994年税制改革之后，我国税收制度相对完善，以增值税、消费

税和营业税为主的商品劳务税制也逐渐形成。从我国商品劳务税收入的增长情况看，1994年，我国商品劳务税收入为3465.76亿元，增加到2014年的约5.75万亿元，增长了15.6倍。从表4-4中的商品劳务税增长率来看，由于1994年处于新旧制度的转换期，增长率（69.26%）较为特殊，其余年份我国商品劳务税增长率基本在11%—26%（1999年、2013年、2014年除外），2004年增长率最高达25.20%，1994—2014年增长率的平均水平为17.75%。从商品劳务税收入占GDP的比重来看，1996年之后，我国商品劳务税收入占GDP的比重虽在某些年份（2008年、2010年、2013年、2014年）出现微小幅度的下降，但整体上增加的趋势十分明显。两者的比重从1996年的6.51%逐渐增加到2012年的最高值9.64%，上升了3.13个百分点。1994年税制改革至今，商品劳务税收入占GDP的比重平均值为8.3%。以上数据都说明了我国商品劳务税规模快速增长的变化趋势，由此也带来了税收总收入同样的变动轨迹。

二 商品劳务税在税收总收入中占比高

改革开放后，为了满足经济发展所需的强大财政资金支持，我国的财政收入尤其是税收收入规模一直较大，宏观税负也相对较高。在税制结构上，由于我国个人或家庭信息统计不全面，税收征管系统也存在很多漏洞，导致个人所得税和财产税一直处于非完善的状态，两种税的收入也相对较少。因此，我国的税收收入一直偏重于对增值税、消费税和营业税等商品劳务税的征收。商品劳务税多采用比例税率或定额税率，其征收相对简单、方便，征收率相对较高，税收收入规模也自然较大。

从表4-5中可以看出，1994年税制改革后，我国商品劳务税占税收总收入的比重总体上呈现逐渐下滑的趋势，而所得税所占比重的变化趋势则相反。1994—1998年，商品劳务税占比一直都在60%以上，对应的所得税占比还不足15%，商品劳务税占比是所得税占比的4倍多。1999—2011年，商品劳务税占比始终在50%—60%变动，对应的所得税占比却从11.47%上升到了27.47%（2008年）。在商品劳务税占比总体下降为近10个百分点的同时，所得税占比却上升了16个百分点，这主要与我国这一时期内各税种的改革和税收征管水平的上升直接相关。2012年至今，商品劳务税占比已在50%以下，且仍保持了下降的趋势，2014年所占比重只有48.29%，为1994年税制改革以来的最低水平。而同期的所得税占比则仍是上升的态势,到2014年其所占比重为26.86%。总体来看,1994—2014年,我国商品劳务税占比的平均值为56.93%,而相应的所得税占比平均值为21.09%。虽然这一时期内,商品劳务税占比不断下降,而所得税占比不断攀升,但两者相比较而言,前者所占比重仍接近于后者占比的两倍,在税收总收入中仍然占有很高的比重。

表4-5　　　　　　1994—2014年我国商品劳务税占比情况

年份	税收收入(亿元)	所得税收入(亿元)	所得税占比(%)	商品劳务税占比(%)
1994	5126.88	708.49	13.82	67.60
1995	6038.04	878.44	14.55	66.40
1996	6909.82	968.48	14.02	67.09
1997	8234.04	963.18	11.70	64.21
1998	9262.80	925.54	9.99	64.97
1999	10682.58	1225.07	11.47	59.64
2000	12581.51	1659.27	13.19	57.86
2001	15301.38	3626.13	23.70	54.58
2002	17636.45	4294.57	24.35	54.86
2003	20017.31	4337.54	21.67	56.27
2004	24165.68	5694.39	23.56	58.35
2005	28778.54	7438.83	25.85	57.88
2006	34804.35	9493.31	27.28	56.89
2007	45621.97	11964.83	26.23	53.17
2008	54223.79	14897.94	27.47	51.99
2009	59521.59	15486.19	26.02	54.19
2010	73210.79	17680.81	24.15	52.35
2011	89738.39	22823.75	25.43	50.01
2012	100614.28	25474.81	25.32	49.73
2013	110497.00	28947.00	26.20	49.10
2014	119158.05	32009.06	26.86	48.29
平均值	—	—	21.09	56.93

注:所得税包括企业所得税和个人所得税两个税种。

资料来源:根据《中国统计年鉴(2015)》相关数据计算得到。

通过以上对我国货币供应量、价格水平以及税收（主要是商品劳务税）收入变动的分析，得出结论：1978 年以来，尤其是进入 20 世纪 90 年代之后，我国货币供应量以远超经济增长的速度不断增加，绝对规模和相对规模都已处于国际较高水平。同一时期，我国物价水平、税收收入也表现为持续增长的态势（见图 4-4），在以商品劳务税为主体税种的税制结构模式下，这无疑受到了货币量快速增加的影响。这一结论与理论相一致，因此，有必要从实证方面证实货币量、价格水平与税收之间的联动关系，以发掘三者之间的内在联系。

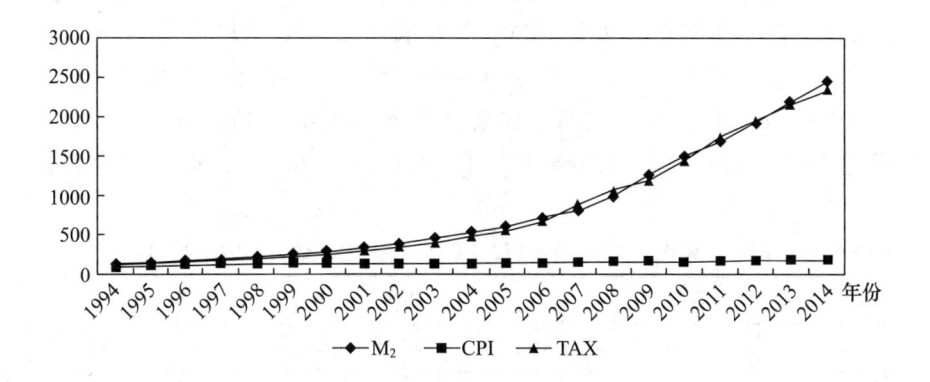

图 4-4　1994—2014 年我国货币量、价格水平与税收增长趋势

注：货币量（M_2）、物价指数（CPI）及税收收入增长率（TAX）均以 1994 年为基数（1994=100）。

第四节　货币量、价格水平与税收联动关系模型构建和分析

一　变量选择和模型构建

（一）变量确定

本书主要通过建立协整模型来分析在以商品劳务税为主体税种的税制结构模式下，我国基础货币量、价格水平与税收收入的联动关系。由于企业所得税也受到价格的一定影响，但这并不影响本书主要研究以商品劳务税为主体税种的税制结构模式下三者关系的结果，因此，也将其

一并考虑在内。在变量指标选取中，基础货币量通常可选取现金流通量（M_0）、狭义货币量（M_1）及广义货币量（M_2），其中，M_1 为 M_0 与活期存款之和，M_2 为 M_1 与居民储蓄存款、企业定期存款之和。价格水平通常可采用消费者价格指数（CPI）或生产者价格指数（PPI），虽然这两个指标并不能真实地反映我国物价的水平，但具有长期稳定性，统计时间也较长，仍然是物价水平最合适的选取指标，对物价水平也有一定的代表性。税收指标选定为税收收入（包括增值税、消费税、营业税及企业所得税）。

为了选定合适的货币量及价格水平指标，对货币量 M_0、M_1、M_2 的增长率（分别用 RM_0、RM_1、RM_2 来表示）与 CPI、PPI 指数进行相关性系数及格兰杰检验，结果如表 4-6 和表 4-7 所示。从表中可以看出，RM_0 与 CPI、PPI 指数不存在格兰杰因果关系，RM_1、RM_2 与 CPI、PPI 指数之间都存在单向的格兰杰因果关系，因此，M_1、M_2 对物价水平

表 4-6　RM_0、RM_1、RM_2 与 CPI、PPI 的相关性系数（1994—2014）

变量指标	RM_0	RM_1	RM_2	CPI	PPI
RM_0	1.0000	0.4766	0.4335	0.3804	0.3929
RM_1	0.4766	1.0000	0.6900	0.2201	0.1245
RM_2	0.4335	0.6900	1.0000	0.7547	0.5896
CPI	0.3804	0.2201	0.7547	1.0000	0.8992
PPI	0.3929	0.1245	0.5896	0.8992	1.0000

表 4-7　RM_0、RM_1、RM_2 与 CPI、PPI 的格兰杰因果关系（1994—2014）

原假设	F 值	P 值	结果
RM_0 不是 CPI 的格兰杰原因	0.14597	0.8656	接受
RM_1 不是 CPI 的格兰杰原因	7.93274	0.0056	拒绝
RM_2 不是 CPI 的格兰杰原因	4.12387	0.0410	拒绝
RM_0 不是 PPI 的格兰杰原因	0.25898	0.7757	接受
RM_1 不是 PPI 的格兰杰原因	10.8838	0.0017	拒绝
RM_2 不是 PPI 的格兰杰原因	3.42842	0.0637	拒绝

的影响更为显著。同时，RM_2 与 CPI、PPI 指数的相关系数高于 RM_0、RM_1。综合比较来看，相对于对价格水平的影响，M_2 要优于 M_0、M_1。从相关系数比较看，CPI 指数与货币供应量的关联度比 PPI 指数更密切，选择 CPI 指数作为价格水平指标更为合适。

（二）模型的建立

本书使用的计量工具是协整分析，其理论及方法由恩格尔和格兰杰（1987）提出，用于分析两个或两个以上的非平稳时间序列之间的长期均衡关系。本书通过构建我国广义货币量（M_2）、价格水平（CPI）和税收收入（TAX）的协整估计模型，以考察三者之间的联动关系。并构建协整分析中常用的向量自回归（VAR）模型，以通过脉冲响应函数和方差分解进一步分析货币量、价格水平与税收的变动影响关系。具体模型如下：

$$Y_t = \Gamma_0 + \Gamma_1 Y_{t-1} + \Gamma_2 Y_{t-2} + \cdots + \Gamma_p Y_{t-p} + \varepsilon_t (t=1, 2, \cdots, T) \quad (4-1)$$

其中，$Y_t = [TAX, CPI, M_2]$，Γ_0、Γ_1、Γ_2、$\cdots$、Γ_p 分别为滞后向量的系数矩阵；p 是滞后期数；T 为样本容量；冲击向量 ε_t 是白噪声向量。

二 数据处理和模型检验

模型中广义货币量（M_2）、税收收入（TAX）分别为当月同比增长率，价格水平（CPI）为月同比涨幅指标，变量指标均为月度数据，样本区间选取为 2002 年 1 月至 2014 年 12 月。所用数据来源于《中国统计年鉴（2015）》及 EPS 全球统计数据库。

（一）数据处理及平稳性检验

由于模型中三个变量指标均为月度时间数据，需要对各变量消除季节因素和不规则因素，这里采用 censusX_12 方法。另外，通常情况下，大多数经济数据的时间序列具有一定的时间趋势，是"非平稳"序列，在检验各变量之间是否存在协整关系之前，应先检验变量的非平稳性及其单整阶数。本书采用计量分析中常用的 ADF（Augment Dickey – Fuller）和 PP（Phillips – Perron）检验方法对广义货币量、价格水平与税收收入各变量序列及其一阶差分序列进行了单位根检验。通过 Eviews 7.2 软件检验结果显示，原各序列不平稳，但经过一阶差分后各序列均在 1% 的显著性水平下拒绝原假设，为平稳序列。因此，M_2、CPI、TAX 各变量均为一阶单整序列，即 I（1）序列。

(二) 模型的协整检验

通过上述单位根检验,已证实了广义货币量、价格水平与税收收入三个变量都是一阶单整时间序列,则在各变量间可能存在长期稳定的均衡关系,可以进一步通过协整检验来确定。本书采用常用于检验多变量之间协整关系的约翰森检验,通过检验模型的回归系数来确定系统变量之间是否存在一定的协整关系。这里选择协整均衡项含有截距项但不含趋势项的模型形式,对由广义货币量、价格水平与税收收入组成的三元变量系统进行检验,具体的约翰森检验的迹统计量和最大特征值检验结果如表4-8所示。

表4-8 模型的约翰森协整检验结果

原假设方程数目	迹检验		最大特征值检验		结论
	迹统计量	5%临界值	最大特征值	5%临界值	
没有	50.9889	29.7971	28.7442	21.1316	拒绝
至少一个	22.2447	15.4947	16.4072	14.2646	拒绝
CPI 与 M_2 的协整关系					
没有	23.2152	15.4947	16.6070	14.2646	拒绝
至少一个	6.6082	3.8415	6.6082	3.8415	拒绝
TAX 与 CPI 的协整关系					
没有	39.4796	15.4947	29.9978	14.2646	拒绝
至少一个	9.4819	3.8415	9.4819	3.8415	拒绝

从表4-8中的协整检验结果可知,在5%的显著性水平下,M_2、CPI、TAX三个变量之间,以及M_2与CPI、CPI与TAX两两变量之间存在协整关系。因此,可以确定广义货币量、价格水平与税收收入之间存在长期均衡关系。

三 货币量、价格水平与税收联动关系实证分析

(一) 协整结果分析

在上述数据平稳性和协整检验的基础上,根据2002—2014年我国广义货币量(M_2)、价格水平(CPI)与税收收入三个变量的数据建立协整模型。结果如下:

$$TAX = -0.0891 + 2.2480CPI + 0.3035M_2 \qquad (4-2)$$

$$CPI = -0.0073 + 0.1516M_2 \qquad (4-3)$$
$$TAX = -0.0819 + 2.4704CPI \qquad (4-4)$$

通过以上协整方程结果可以看出，我国的货币供应量、价格水平与税收收入之间存在长期均衡关系。从式（4-2）系数看，价格水平对税收收入会产生正向影响，货币供应量对税收收入产生的影响也为正。这说明货币供应量增加引起物价上涨必然会影响到税收总收入。相对于 M_2 的系数而言，CPI 系数并不是太大，这可能是由于在模型中同时考虑了这两个因素的影响，导致货币供应量通过物价上涨间接地影响税收收入的效应被直接纳入货币供应量与税收收入的影响系数中，而未表现在价格指数的系数中。式（4-3）是价格水平与广义货币量两者协整关系的表达式，式中 M_2 系数也显著为正，说明广义货币量的增长必然会引起价格上升。而 M_2 系数较低则是由于 CPI 中未考虑房屋价格，现代服务业所占权重又过小，导致 CPI 被低估，从而也弱化了货币量对价格水平的影响。式（4-4）是税收收入与价格水平之间的协整关系表达式，式中 CPI 系数也显著为正，意味着价格水平的上升会引起税收收入增加。

为了对货币供应量、价格水平与税收收入三者之间的关系做出进一步分析，在已构建上述协整模型的基础上，将利用脉冲响应函数和方差分解从动态上分析 M_2 对 CPI、TAX 的冲击及解释贡献。

（二）脉冲响应分析

根据 Eviews 7.2 检验结果，按照赤池信息准则（AIC）和施瓦茨准则（SC）确定的 VAR 模型的最优滞后期数均为1，同时，所构建模型的所有特征值均在单位圆内，故所构建的 VAR 模型都是稳定的，可以进行脉冲响应分析和方差分解。图4-5（a）为式（4-3）中 CPI 对广义货币量（M_2）的脉冲响应情况，（b）为式（4-4）中税收收入（TAX）对 CPI 的脉冲响应情况，（c）、（d）分别为式（4-2）中 CPI 对广义货币量（M_2）、税收收入（TAX）对 CPI 的脉冲响应情况。

根据图4-5（a）、（c），M_2 的变动会引起 CPI 的同方向变动，对于 M_2 的一次性冲击，将通过动态模型去影响价格水平的变动。图4-5（a）、（c）基本无差别，都反映了 CPI 对于 M_2 一个单位标准差冲击的脉冲响应。该冲击对价格水平的影响在前期并不明显，但随后开始产生明显的正向影响，且正向影响的程度不断扩大，但在后期这种正向影响的扩大相对缓慢，最后基本持续在 0.2 的正响应水平。图 4-5 (b)、(d) 描述了给予 CPI 一个单位标准差的冲击，该冲击通过动态模型影响税收收入的情况。图 4-5 (b) 显示，对于 CPI 的一次性冲击，税收收入在前期就产生了较大的正响应，在第 2 期正向影响达到最大，之后正向影响逐步减弱，在第 3 期后正向影响一直较小，并逐渐减弱，最终趋向于零。在图 4-5 (d) 中，税收收入对 CPI 变动冲击的响应一直不太明显，但这一指数对税收收入的正向影响是确定的，对于 CPI 的一次性冲击，税收收入的正响应在第 2 期正向影响达到最大，之后正向影响逐步减弱，最终也趋向于零。综合比较 CPI 对 M_2、税收收入对 CPI 冲击的脉冲响应情况，可以发现，虽然它们的响应轨迹有很大区别，响应力度和强度也有所差异，但短期内响应都是正向的。

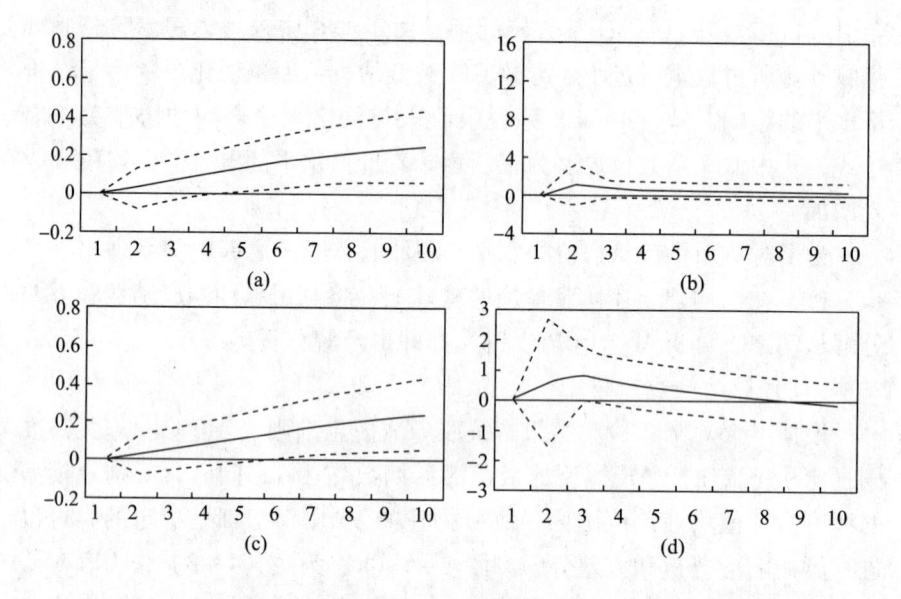

图 4-5 税收收入 (TAX)、价格水平 (CPI) 的脉冲响应情况

上述各脉冲响应分析表明：

其一，货币量在冲击初期对价格水平产生的影响较小，但在冲击中后期对价格水平的影响逐渐扩大，这说明这一影响具有滞后效应。其基本原因在于：货币量的增加并不会立即引起价格上涨，而是需要经过生产、交换、消费等各环节的循环过程，不可能对代表一般物价水平的价格指数变动产生立竿见影的影响。但是，随着时间的推移，由货币量增

加导致的货币市场出现的"供大于求",必然会延伸到商品市场,从而产生的价格上涨效应也将逐渐显现。

其二,价格水平在冲击前期对税收收入产生较大影响,但在冲击后期其影响呈递减趋势,这说明其影响具有短期效应。这主要是因为我国税收体系中增值税、消费税、营业税等商品劳务税多是以价格作为直接计税依据。因此,价格水平的上涨会立即带来这些税种当期收入的直接增加,在当前以商品劳务税为主体税种的税制结构模式下,这将必然导致税收总规模的增加。

综合分析,货币量规模的不断扩大将直接引起物价水平的上涨,而物价水平的上涨又会带来税收收入的增加,这充分说明货币供应量、价格水平与税收收入三者之间存在连续的正向影响关系。

（三）方差分解分析

为了更好地分析 M_2 冲击对 CPI 波动,以及 CPI 冲击对税收收入波动中的贡献的程度,在协整模型基础上,本书继续进行方差分解。基本思路是:把内生变量的波动按其成因分解为与各个方程信息相关联的组成部分,从而得到各随机扰动对模型内生变量的相对重要程度。这里用相对方差贡献率来表示 M_2 和 CPI 冲击对目标变量变化的贡献率。上述模型中的价格指数和税收收入方差分解结果如表4-9所示。

表4-9　　　　　税收收入、CPI指数的方差分解结果

时期	价格指数（CPI）		税收收入（TAX）	
	CPI	M_2	TAX	CPI
1	100.0000	0.0000	100.0000	0.0000
2	99.8106	0.1894	96.9776	3.0224
3	99.3991	0.6009	92.4980	7.5020
4	98.7964	1.2036	92.0245	7.9755
5	98.0315	1.9685	91.6457	8.3543
6	97.1314	2.8686	91.4820	8.5180
7	96.1217	3.8783	91.4237	8.5763
8	95.0260	4.9740	91.4063	8.5937
9	93.8668	6.1332	91.4074	8.5926
10	92.6650	7.3350	91.4103	8.5897

从表4-9中可以看出,模型中价格指数、税收收入的变动无疑分

别受到了 M_2 和 CPI 的影响。从短期来看，与脉冲响应分析结果一致，价格指数、税收收入的变动在第 1 期 100% 都由其自身调整来解释，从第 2 期 M_2 和 CPI 的影响开始显现，但 M_2 对价格指数变动的影响具有滞后性，其影响作用在后期逐步增强，而 CPI 对税收收入变动的影响却是在初期已相当明显，其影响作用在后期缓慢减弱。从长期来看，在货币量与价格指数关系中，M_2 的影响在第 5 期之后快速增强，对 CPI 的贡献率在第 10 期累计达到 7.34%，即长期内价格指数变动的 7.34% 可以由 M_2 来解释，剩余部分由价格指数自身的调节来解释；在价格指数与税收收入关系中，CPI 对税收收入的影响在初始阶段（第 3 期）已达到 7.5% 的贡献率，但在第 4 期之后基本稳定，在第 10 期贡献率累计达到 8.59%，也就是说，长期内税收收入变动的 8.59% 可以由 CPI 来解释，其余由税收收入系统自身的调节来解释。由此来看，货币量变动影响价格指数调整，进而会影响到税收收入的变化。

四　结论说明

本书通过建立协整模型证实了我国货币供应量、价格水平与税收收入三者之间存在显著且依序的联动关系，并利用 VAR 模型中脉冲响应函数和方差分解进一步分析三者之间的动态相互影响关系。得出结论有二：

一是广义货币量的增加会引起物价水平的上涨，即货币供应量对价格产生正向影响。从影响程度看，虽然在模型分析中，M_2 的变化并不是决定 CPI 变化的主导力量，但这主要是由于我国的 CPI 统计口径存在缺陷，长期被低估造成的。另外，也未考虑到资本价格。若将这些因素充分考虑，则 CPI 变化与 M_2 的变动会呈现出更强的一致性。从影响时间看，广义货币量增加对物价水平带来的影响是长期的，且影响强度不断增强。

二是物价上升会带动税收收入的增加，即价格水平对税收也产生正向影响。价格变动会通过影响各税种直接作用于税收总收入，也会通过影响经济发展间接影响税收。从影响时间看，对 CPI 施加一次标准冲击，对税收收入增加的影响可持续半年以上，其影响在前期较为明显，中后期趋向于零，说明这一影响的短期效应较强。

总体而言，在以商品劳务税为主体税种的税制结构模式下，货币供应量、物价水平与税收之间确实存在可传递性的联动关系。因此，在明确三者之间传导机制的基础上，应通过税制结构的转变、货币政策的调整使三者的关系更加合理化，以促进经济发展。

第五章 货币、价格与税收联动关系的微观效应实证分析

自改革开放以来,我国经济增长的路径长期以投资拉动和出口为导向,但是,2007年由美国次级债券引起的金融危机,导致了全球性经济衰退。我国的经济形势也因此受到很大影响,经济增长中的不确定性因素逐渐增多,最明显的表现是:出口贸易的严重下滑,出口企业大量破产。而经济一再下行的趋势从2014年下半年开始越发凸显,因此,以出口为导向的经济增长路径已难以延续,投资和消费才是未来经济持续增长的根本动力。

故本章在分析以中央银行持续超经济增长的货币发行量,以及商业银行大规模的流动性创造为"导火索"而引致的税收尤其是商品劳务税负担重的理论基础上,着力从实证上明确我国货币、价格与税收联动关系对投资、居民这两大微观经济增长因素的影响。这里并未将税收负担对储蓄的影响进行实证检验,是因为从前面商品劳务税对储蓄影响的理论分析中可以看出,前者对后者的影响并不大,故没有对两者的关系再进行具体分析。另外,由于本章多采用省级面板数据,而消费税属于中央税,缺乏该税种的省级数据,为了全面体现商品劳务税负重这一结果对投资、消费的影响,这里,除将增值税、营业税单独考虑外,还用总税收负担来代替商品劳务税进行计量分析。我国商品劳务税占比一直较高,因此,通过总税负与投资、消费的具体实证结果可以在一定程度上反映出商品劳务税的影响。

第一节 我国商品税负对投资影响实证分析

我们在前面分析了商品劳务税影响投资的传导机制,这一影响是通

过商品劳务税对企业现金流的占压来体现的。这里，我们将从投资主体角度做进一步分析，以期从实证上明确两者之间的关系。

一 我国税收负担和企业投资的基本表现

我国持续居高的投资率，一直是学术界的广泛关注的热点。2008年，我国的投资率上升到43.5%，而全球平均投资率为22%（梁优彩，2010）。[①] 由此可见，我国国内生产总值对投资的依赖程度很强。图5-1是我国税收负担率与全社会固定资产投资的变动趋势图。从图5-1中可以看出，进入21世纪后，我国的固定资产投资增长率快速上升，2004—2009年一直处于接近30%的高水平增长状态，似乎没有受到税收负担微幅上涨的影响。但2010年开始固定资产投资增长率大幅回落，2014年已只有14.89%，这与我国经济出现下滑的趋势相一致。但从根本上说，这都是我国税收负担不断加重的结果。

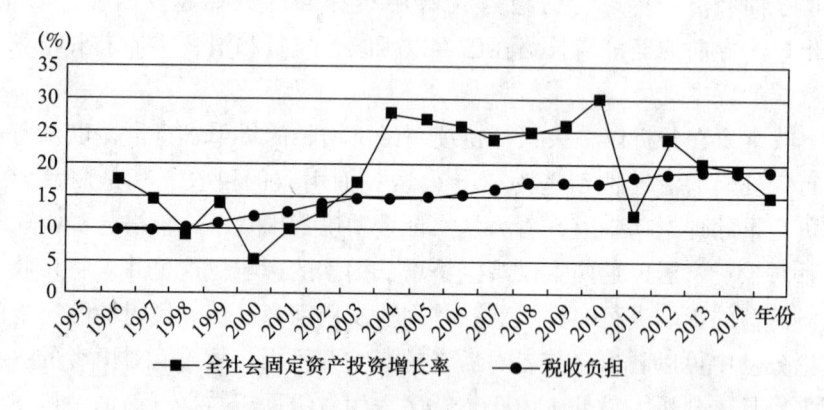

图5-1 我国税收负担和全社会固定资产投资的变动趋势

二 我国税收负担和企业投资计量模型构建

（一）模型数据和变量的选择

本书的计量分析是基于我国31个省份2007—2013年的时间序列面板数据进行的，采用面板数据固定效应和随机效应估计方法检验我国税收负担对企业投资的影响。样本数据来源于历年的《中国统计年鉴》

---

① 梁优彩：《调整国民收入分配格局是深化经济改革的关键》，《中国税务报》2010年3月19日第1版。

《中国税务年鉴》以及 EPS 全球统计数据库。

模型变量的选择和基本设定如下：

因变量（Inv、Inv_soe、Inv_pri）：在这里，我们选择各省份固定资产投资总额、国有企业投资额和民营企业投资额分别作为被解释变量。其中，民营企业投资的计算方式为：

民营企业投资＝全社会固定资产投资总额－国有企业投资－外商企业投资－港澳台投资

自变量（Tax、VAT、BT）：根据各省份税收总收入与地区生产总值的比值来衡量税收总负担的大小，并分别用各省份增值税、营业税收入与地区生产总值的比值来衡量增值税税负和营业税税负的大小。由于缺乏各省份上缴中央政府的增值税数据，这里的增值税仅为各地方政府的自留部分，因此，其税收负担比实际所承担的增值税税负要小。

控制变量1（GDP）：由于缺乏各省份国有企业、民营企业产值的具体数据，这里统一使用各地区生产总值作为代替指标。由于国有企业产值与民营企业产值的比例相对稳定，这种做法并不会对计量模型结果产生较大影响。

控制变量2（K）：资本形成总额。将这一指标作为影响投资的一个因素，目的在于考察企业投资行为与社会资本量的相互关系。

控制变量3（Wage）：这里使用各省份的平均薪资水平来体现各省份劳动力成本的高低，以考察劳动力成本与民营企业投资的相关程度。

控制变量4（EX/RE）：本书选择各省份财政支出与财政收入的比值作为衡量各地方政府干预国有企业投资程度的指标。

控制变量5（IS）：这里选择第二、第三产业占各地区生产总值的比重来代表产业结构，以此来检验产业结构对投资的影响。一般来说，第二、第三产业占比越高表示各产业之间的资源配置更合理、更协调，更有利于经济增长。

得到以上各省份的相关投资变量、GDP变量和薪资水平序列之后，利用以2007年为基期（2007年＝100）的居民消费价格指数对各序列进行调整，以消除价格对各项指标的影响。同时，为避免各变量数据之间可能存在的异方差问题，对所有序列取自然对数。表5-1汇总了各变量的定义和统计描述。

表 5-1　　　　　　　　各变量的描述性统计

	变量名称	平均值	最大值	最小值	标准差
被解释变量	Inv	8797.83	36789.07	270.34	6959.678
	Inv_soe	2274.83	6552.19	141.37	1301.08
	Inv_pri	5955.48	31317.14	100.65	5445.60
解释变量	Tax	1122.96	5767.94	11.67	1088.40
	VAT	180.33	1058.85	2.09	178.65
	BT	367.87	1872.41	6.44	345.15
	GDP	14505.69	62474.79	341.43	12375.50
	K	8011.38	30952.89	272.50	6132.18
	IS	0.89	0.99	0.71	0.06
	EX/RE	2.62	15.62	1.05	2.24
	Wage	9840.61	49891.30	159.60	8475.00

（二）模型的设定

根据上面对各变量的选择分析，以及对以往有关税收负担与投资的相关理论和实证研究的借鉴，最终构建面板计量模型如下：

$$\ln Inv_{i,t} = \alpha_i + \beta_1 \ln Tax_{i,t}(\ln VAT_{i,t}、\ln BT_{i,t}) + \beta_2 \ln GDP_{i,t} + \beta_3 \ln K_{i,t} + \beta_4 \ln IS_{i,t} + \varepsilon_{i,t} \quad (5-1)$$

$$\ln Inv\_soe_{i,t} = \alpha_i + \gamma_1 \ln Tax_{i,t}(\ln VAT_{i,t}、\ln BT_{i,t}) + \gamma_2 \ln GDP_{i,t} + \gamma_3 \ln K_{i,t} + \gamma_4 \ln IS_{i,t} + \gamma_5 \ln EXRE_{i,t} + \varepsilon_{i,t} \quad (5-2)$$

$$\ln Inv\_pri_{i,t} = \alpha_i + \eta_1 \ln Tax_{i,t}(\ln VAT_{i,t}、\ln BT_{i,t}) + \eta_2 \ln GDP_{i,t} + \eta_3 \ln K_{i,t} + \eta_4 \ln IS_{i,t} + \eta_5 \ln Wage_{i,t} + \varepsilon_{i,t} \quad (5-3)$$

式中，$\ln Inv_{i,t}$、$\ln v\_soe_{i,t}$、$\ln v\_pri_{i,t}$ 均为被解释变量，$\ln Tax_{i,t}$、$\ln VAT_{i,t}$、$\ln BT_{i,t}$ 为解释变量，$\ln GDP_{i,t}$、$\ln K_{i,t}$、$\ln Wage_{i,t}$、$\ln EXRE_{i,t}$、$\ln IS_{i,t}$ 为控制变量。i 表示各个省份，t 表示各年份，α_i 表示各地区间不随时间变化的效用，$\varepsilon_{i,t}$ 为随机扰动项。

三　我国税收负担和企业投资计量结果分析

在式（5-1）、式（5-2）及式（5-3）的估计中，为了剔除异方差的影响，在回归分析时，均使用聚类稳健标准差。应用 STATA12.0 软件，得到模型回归结果如表 5-2 所示。其中，表 5-2 中 FE（1）、RE（2）为各地区固定资产投资与该地区税收总负担率、增值税及营业税负担率的模型估计结果；FE（3）、RE（4）为各地区国有企业投资与该地区各项税收总负担率指标的模型估计结果；FE（5）、RE（6）为各地区民营企业投资与该地区各项税收总负担率指标的模型估计结果。FE（1）、FE（3）、FE（5）均为三个模型的固定效应估计结果，RE（2）、RE（4）、RE（6）都是相应的随机效应估计结果。表5-2中最后一行列出了豪斯曼检验结果，根据截距项同其解释变量相关性的检验，可以判定三个模型的估计都应采用固定效应估计。

从表5-2中模型1可以看出，在设定的可能影响各地区固定资产投资的各种因素中：

其一，税收的系数显著为负（-0.266），说明税收对投资具有明显的负效应，这与前面的理论分析相一致。即无论是所得税，还是商品劳务税的征收，都对企业投资产生了一定的抑制作用。在其他条件不变时，税收的增加将不利于扩大投资，而减税则会刺激投资的增加。增值税的系数也显著为负（-0.151），即增值税也会对投资产生较为明显的负向影响。而营业税的系数却是显著为正的（0.428），在营业税的征收中，其征税依据是营业额，而营业额是反映企业发展的一个重要评价指标。高营业额（对应承担高营业税负）往往意味着商品或服务的销售情况较好，企业也会因此而产生较好的未来预期，进而会追加投资，以获取更多的利润。因此，营业税与投资呈现出了正相关关系。

其二，地区GDP的系数显著为正（0.341），说明高经济发展水平会带来投资的增加。这是因为，地区GDP能够很好地反映当前的经济形势，高水平的经济发展意味着更多的投资机会和相对高的投资回报率，在其他条件不变的情况下，企业会愿意增加投资，以追求更高的收益率。

其三，资本形成总额对投资的影响显著为正，系数为0.524。资本是投资存在的前提条件，投资的多少必然受到资本总量的限制，低水平的资本总量必然导致投资量也相对较低；反之则有助于投资的增加。由此可见，资本形成总额与投资必然会呈现出同向变动的关系。

其四，代表产业结构的第二、第三产业占比，在模型估计中的系数并不显著。说明产业结构或者说第二、第三产业占比的高低，并未对投资产生明显的影响。

表 5-2　　投资与税收负担的面板数据模型估计

解释变量	模型 1：lnInv FE (1)	模型 1：lnInv RE (2)	模型 2：lnInv_soe FE (3)	模型 2：lnInv_soe RE (4)	模型 3：lnInv_pri FE (5)	模型 3：lnInv_pri RE (6)
lnTax	-0.266** (0.131)	-0.099 (0.110)	0.020 (0.183)	-0.188 (0.193)	-0.365** (0.169)	-0.093 (0.164)
lnVAT	-0.151*** (0.052)	-0.213*** (0.043)	-0.012 (0.103)	-0.037 (0.113)	-0.194** (0.094)	-0.242*** (0.062)
lnBT	0.428*** (0.069)	0.288*** (0.076)	0.481*** (0.136)	0.237*** (0.091)	0.226** (0.090)	0.195** (0.078)
lnGDP	0.341* (0.174)	0.285** (0.274)	-0.443 (0.287)	-0.063 (0.218)	0.813*** (0.267)	0.563*** (0.212)
lnK	0.524*** (0.147)	0.712*** (0.150)	0.550** (0.224)	0.593*** (0.198)	0.406** (0.160)	0.642*** (0.166)
lnWage	—	—	—	—	0.163 (0.166)	0.096 (0.121)
lnEX/RE	—	—	0.754*** (0.158)	0.613*** (0.146)	—	—
lnIS	1.087 (0.820)	-0.107 (0.621)	1.426 (0.999)	0.753 (0.828)	0.377 (1.448)	-0.679 (0.823)
常数项	0.106 (0.557)	-0.546 (0.407)	2.679** (1.190)	0.614*** (0.667)	-3.709*** (0.887)	-3.248*** (0.606)
观测值	217	217	217	217	217	217
R^2	0.916	0.951	0.739	0.847	0.912	0.938
F 统计量	725.00	—	116.54	—	321.01	—
豪斯曼检验	有效	无效	有效	无效	有效	无效

注：（1）***、**、*分别表示 1%、5%、10% 的显著性水平；（2）括号中为标准误 (se)；（3）增值税（VAT）和营业税（BT）的系数均为与税收总额（Tax）区分开，单独考虑时的结果。

在表 5-2 的 FE（3）、RE（4）估计结果中，三个目标变量中，总税收和增值税两个系数均不显著，只有营业税系数显著为正。这说明税收并未对国有企业投资产生较大程度的影响，与模型 1 的估计结果有很大不同。在模型2的各控制变量中：①地区GDP的系数为负（-0.443），但却不显著；②资本形成总额对投资的影响仍显著为正，系数为0.550，与模型1中的估计值基本相当；③反映地方政府干预程度的EX/RE变量的系数显著为正（0.754）；④代表产业结构的第二、第三产业占比变量，在该模型中的系数估计也不显著。这些控制变量的估计结果显示，国有企业投资的多少主要取决于政府的干预程度，其次是受到资本形成总额的限制性约束，而与税收负担、经济发展水平的关联性不大。这主要是因为，财力较强的地方政府为了追求高经济发展水平和领导政绩，通常会通过其对国有企业的控制或者自身财力来增加投资项目，这必然会导致国有企业投资额的增加。

在表5-2的FE（5）、RE（6）估计结果中，三个目标变量的估计值都是显著的。其中，税收和增值税的系数分别为-0.365和-0.194，说明总税收和增值税对民营企业投资具有明显的负效应，与模型1的估计结果在影响方向上保持一致，但影响强度要高于模型1中的估计结果。营业税的系数为0.226，与模型1估计结果的影响方向也相同，但影响强度要小。模型3中各控制变量具体表现为：①地区GDP的系数显著为正（0.813），其绝对值在所有解释变量的估计系数中最大，说明民营企业投资受到地区GDP的影响最大，这一估计结果与模型1中结果基本类似，但影响强度更大；②资本形成总额对投资的影响仍显著为正，系数为0.406，与模型1、模型2的估计结果一致，但影响强度略低一些；③反映劳动力成本高低的平均薪资水平变量的系数为正（0.163），但却不显著，说明劳动力成本与民营企业投资的相关性不明显；④代表产业结构的第二、第三产业占比变量，在模型3中的估计结果仍不显著。

从表5-2中三个模型的分析可以看出，由于国有企业控制权的特殊性，各地区国有企业投资与各影响因素的关系明显不同于固定资产总投资和民营企业投资，其与各税收变量的相关性并不明显。但无论是各地区的固定资产总投资，还是民营企业投资，均与税收表现为负相关关系。虽然营业税在模型1和模型3中都表现为正效应，但在商品劳务税中占比最高的增值税的负效应却是十分明显的。在三个模型的估计结果中，总税收和增值税都对民营企业投资的负向影响相对较大，充分说明民营企业投资会因为税收的增加而减少，而减税有助于投资的增加。在这些实证分析结果中，除营业税与社会固定资产投资、国有企业投资及民营企业投资规模都呈现正相关关系这一结果与本书预期的结果不太一致外，其他实证结果都与前文中关于货币、价格与税收联动关系的直接结果——税负重对企业投资作用机理的理论分析基本相一致，说明我国占比最大的增值税在一定程度上确实阻碍了企业投资的增加，我国较重的税收负担也确实不利于实现增加企业投资的既定政策目标。

第二节　我国商品税负对消费影响实证分析

前面我们已经详细地综述了税收与消费的相关理论，也从税收影响消费的具体作用机制中分析了商品劳务税通过改变居民收入和商品相对价格对消费总量和消费结构产生影响。下面我们将运用计量模型对两者的关系进行定量分析，以更加明确商品劳务税对消费的抑制效应。

一　我国居民消费的税收负担表现

从居民收入与税收的实际情况来看，征税缩小了居民收入的增长空间。居民收入是消费需求的决定因素，消费能力的大小取决于收入水平的高低。席卫群（2013）通过问卷形式对居民消费的调查显示，我国居民边际消费倾向不高，消费欲望总体不强。但受访人群中，30.3%的人表示，如果收入增加，最想做的事是消费；28.5%的人选择将增加的收入用于储蓄；有20.4%的人考虑买房。近20多年来，我国城乡居民收入的绝对水平不断提高，但在增长速度上的体现却并不明显。图5-2是1995—2014年我国人均GDP、人均税收收入和城乡居民人均收入增速比较，不难发现：1996年至今，除个别年份外，城乡居民可支配收入的增速均低于GDP的增长速度，更是远不及税收的增长速度；同一时期，GDP的增速也始终低于税收收入增速。这充分说明，在我国宏观税收负担率持续攀升，GDP不断增长的同时，税收收入以更快的速度增长，意味着国民财富的增量不是被居民获得，而是更多地被政府所征收，从而对居民收入增长空间造成了挤压。

（一）全国居民消费的总税负情况

从消费的各项衡量指标来看，1995—2014年，全国居民消费支出由28072.9亿元增至241541.0亿元，年均增长12.07%。同一时期，城

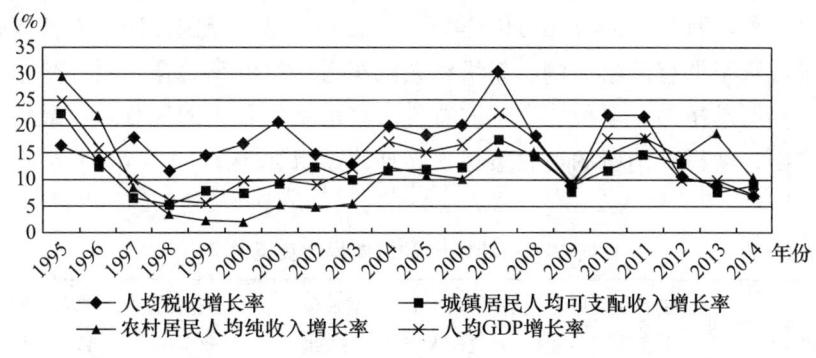

图 5-2　我国人均 GDP、人均税收和城乡居民人均收入增速比较

注：从 2013 年起，国家统计局开展了城乡一体化住户收支与生活状况调查，这与以前的分城镇和农村住户调查的统计口径不一致。但鉴于对 2013 年以前的数据进行预测得出结果与新统计方法下的 2013 年、2014 年数据差异较小，这里并未加以区分。

乡居民的人均消费支出也有较大增长，城镇居民人均消费支出由 3537.6 元增加到 19968.08 元，年均增长 9.57%；农村居民人均消费支出由 1310.4 元增加到 8382.57 元，年均增长率为 10.48%。城乡居民人均消费支出的平均增长速度低于人均税收增速。从居民消费承担的税收负担来看，在我国现行的 19 种税收中，直接对消费行为征收的税种是消费税（指国内消费税）和农业特产税（2005 年后仅保留烟叶税）[1]，进口关税中直接对最终消费品征收的部分也可以视为对消费的课税。对于增值税（指国内增值税）、营业税而言，尽管纳税人一般为企业，但由于其税收负担可转嫁，企业可以通过提高商品销售价格，将商品劳务税负的一部分转嫁到消费者身上，使消费者成为这部分税收负担的实际承担者。因此，增值税、营业税可以看作对消费和资本的共同课税。一般认为，最终消费品中所包含的商品劳务税由消费者所负担，而中间投入品中所包含的此类税收由企业所负担。这里我们借鉴刘溶沧、马拴友的分摊测算方法[2]，按照支出法中最终消费和资本形成总额的比例，将增值税及营业税分割为对消费支出和对资本收入征税两部分。车船税、车辆购置税的征收也类似于增值税和营业税。车辆和船舶

---

[1] 农业特产税主要是对特定农产品的消费征税，因此可以看作对消费支出征税。
[2] 刘溶沧、马拴友：《论税收与经济增长——对中国劳动、资本和消费征税的效应分析》，《中国社会科学》2002 年第 1 期。

既是一种消费品，同时又可以作为生产资料，可以分别按照私人汽车拥有量占汽车拥有总量比例、新增私人汽车占新增汽车总量比例，来估算由消费所承担的车船税、车辆购置税。将消费所负担的税收除以最终消费支出，就得到消费的税收负担率。计算结果如表5-3所示。

表5-3　　我国2002—2013年的消费税收负担情况

年份	消费税（亿元）	消费所负担的增值税、营业税（亿元）	消费所负担的其他税收（亿元）	居民消费支出（亿元）	消费的税收负担率（%）	消费的商品劳务税负率（%）
2002	1046.32	4645.78	993.21	55076.4	12.14	10.33
2003	1182.26	5109.61	1294.86	59343.8	12.78	10.60
2004	1501.9	5715.27	1524.24	66587	13.13	10.84
2005	1633.81	7210.05	1547.58	75232.4	13.81	11.76
2006	1885.69	8513.32	1835.33	84119.1	14.54	12.36
2007	2206.83	9932.80	2245.57	99793.3	14.41	12.16
2008	2568.27	11874.86	2771.27	115338.3	14.93	12.52
2009	4761.22	13383.52	2758.47	126660.9	16.50	14.33
2010	6071.55	14010.71	3897.19	146057.6	16.42	13.75
2011	6936.21	16606.40	4713.02	176532	16.01	13.34
2012	7875.58	19823.81	5370.48	198536.8	16.66	13.95
2013	8231.32	22065.01	5659.49	219762.5	16.36	13.79

注：消费所负担的其他税收包括关税、烟叶税和消费所承担的车船税、车辆购置税，由于缺乏部分年份的烟叶、车船、车辆购置税统计数据，这里的统计数据仅汇总到2013年，烟叶税的数据也仅开始于2006年。另外，考虑到进口货物中的最终消费品比例较高，且进口关税几乎占据了关税的全部，这里出于简便起见，近似地认为全部关税收入都由消费支出负担。尽管按照上述方法会高估消费所负担的进口关税，但对消费总税收负担结果的影响不大。

资料来源：根据历年《中国统计年鉴》《中国税务年鉴》以及EPS全球统计数据库相关数据计算得到。

表5-3中数据显示，近十几年来，我国居民消费的总税收负担率及商品劳务税负率均呈现出明显的上升趋势。每100元消费中所包含的总税收在2002年的12.14元，到2013年已经增加到16.36元；而每

100元消费中所包含的商品劳务税也由2002年是10.33元上涨到2013年的13.79元，这100元消费中的商品劳务税增长占总税收增长的81.99%。而且消费的商品劳务税负率只略低于消费的税收负担率的2—3个百分点。由此可见，商品劳务税是居民消费中最重要的税收负担。由我国商品劳务税税收负担重而引起的消费者税收负担偏高，且不断加重的现象，已对我国的居民消费产生了很大的抑制效应，需要引起高度关注。

（二）城乡居民消费分别承担的税负情况

在上面测算得到消费中所负担的总税收和商品劳务税基础上，再根据城乡居民的消费性支出比例分别核算城镇居民和农村居民消费所承担的总税负和商品劳务税负。即将消费中的总税负和商品劳务税负，按照城乡居民当年的全部消费支出占全社会消费支出的比重分别进行分摊，也可按照这种分摊方式分别估算城乡居民消费中的增值税税负、消费税税负及营业税税负，这里并未一一列出。结果如表5-4中数据所示。从表中数据对比可以看出，城镇和农村居民消费支出比例整体上是一种上升的趋势，表明农村居民的消费支出增长落后于城镇。城镇居民消费所负担的税收从2002年的4535.46亿元增加到2013年的26660.27亿元，增长了近5倍；而农村居民消费所负担的税收也从2002年的2149.85亿元增加到2013年的9295.54亿元，增加了近3.5倍。可见，居民消费支出增长越快，所承担的税收负担增长也越快。同时，商品劳务税仍是城镇和农村居民消费中占比最高的税收负担，城乡居民消费中商品劳务税负的增长倍数与总税负基本一致，说明这一时期内商品劳务税一直保持了占比偏重这一状态。这是因为，商品劳务税可转嫁这一特性所导致的，即在既定的宏观税负水平下，商品劳务税收入占比越高，商品价格中所包含的税收就越多，消费者购买商品时所实际承受的税负也越重。

二 我国税收负担和居民消费计量模型构建

（一）模型数据和变量的选择

关于税收负担与消费的计量分析，也是基于我国31个省份2007—2013年的时间序列面板数据进行的，采用面板数据的OLS估计方法，检验我国税收负担对居民消费的影响。样本数据来源于历年《中国统计年鉴》《中国税务年鉴》以及中经网统计数据库。

表 5-4　　　　　　2002—2013 年我国城乡居民消费的税负比较

年份	城乡居民消费支出之比	城镇居民消费的总税负	农村居民消费的总税负	城镇居民消费的商品劳务税负	农村居民消费的商品劳务税负
2002	2.11	4535.46	2149.85	3861.65	1830.46
2003	2.28	5276.11	2310.63	4375.61	1916.26
2004	2.36	6137.64	2603.77	5067.42	2149.75
2005	2.34	7283.85	3107.59	6199.08	2644.79
2006	2.45	8687.32	3547.02	7384.09	3014.92
2007	2.63	10422.21	3962.99	8795.28	3344.35
2008	2.72	12589.87	4624.53	10563.08	3880.05
2009	2.87	15507.39	5395.82	13460.97	4683.76
2010	3.07	18085.14	5894.31	15145.90	4936.35
2011	3.06	21287.81	6967.81	17737.02	5805.59
2012	3.13	25059.13	8010.74	20989.58	6709.81
2013	2.87	26660.27	9295.54	22463.91	7832.41

注：表中城乡消费中的各项税收负担数据均是以亿元为计量单位。

资料来源：在表 5-3 的数据基础上，根据《中国统计年鉴》（2014、2015）相关数据计算。

在第三章对税收影响消费的作用机制理论分析基础上，模型变量的选择和基本设定如下：

因变量（CR、CR_urban、CR_rural）：这里选择各省份居民消费支出、城镇居民消费支出和农村居民消费支出占地区生产总值的比重分别作为被解释变量。这三个指标都反映了地区生产总值中用于居民消费的份额，用来衡量消费的相对规模。

自变量（TR、VATR、BTR）：根据各省份税收总收入与地区生产总值的比值，即税收收入占 GDP 比重来衡量税收负担的大小，增值税和营业税指标也采用与 GDP 比值的数值，反映了各省份增值税比重和营业税比重的大小。由于消费税属于中央税，各省份的具体消费税数据难以获取，因此，这里并未将其纳入模型中。

控制变量 1（GDPR）：表示各地区生产总值的增长率。将该指标作为解释变量，用于反映收入对居民消费的约束力。

控制变量 2（Price）：价格水平。商品价格是分析居民消费必不可少的一个因素，一般来说，商品价格越高，越不利于消费的增加。

控制变量3（GR）：政府消费支出占地区生产总值的比重，是根据各地区政府消费支出与 GDP 的比值得到。政府消费是指政府部门为全社会提供公共服务的消费支出以及以较低价格或免费向居民提供的货物和服务的净支出。直观地看，政府消费可以被看作间接增加居民收入的一种方式，可以促进居民消费的增加，但实践中，政府消费与居民消费的关系比较复杂，其究竟会挤入还是挤出居民消费，取决于政府所提供的公共产品或公共服务的具体情况，不能一概而论。[①]

得到以上各省份的相关消费支出变量、GDP 增长率变量、税收负担变量以及价格水平变量的序列之后，为了减少异方差对模型估计的影响，对各序列均取自然对数。这里需要解释的是，从 2013 年起，国家统计局对住户收支与生活状况的调查是基于城乡一体化而展开的，不同于以往城镇和农村住户分别调查的方式，其统计口径有所变化。这会对各省份的全部居民收入及消费支出产生一定的影响，但鉴于这种影响较小（2013 年的数据与以前年份的数据基本保持了很高的统一性），且只有 2013 年为新数据，故这里并未加以区分。表 5-5 汇总了各变量的定义和统计特征。

表 5-5　　　　　　　　各变量的描述性统计

	变量名称	平均值	最大值	最小值	标准差
被解释变量	CR	0.340	0.541	0.229	0.056
	CR_urban	0.251	0.409	0.127	0.048
	CR_rural	0.090	0.192	0.020	0.036
解释变量	TR	0.076	0.177	0.034	0.029
	VATR	0.012	0.039	0.006	0.005
	BTR	0.026	0.066	0.012	0.011
	GDPR	112.248	119.200	105.400	2.360
	Price	103.615	110.100	97.700	2.198
	GR	0.154	0.440	0.087	0.061

---

① 如果政府提供公共产品或服务的外部效应为正，或与居民消费呈互补关系，就可以有效地降低居民消费的外在成本，改善居民消费的外部环境，有助于居民消费的增加，如通信产品。如果政府提供公共品的供给成本是既定的，如教育、文化体育和医疗卫生服务，就可能对居民用于这些服务的消费支出产生挤出效应。

(二) 模型的设定

根据以上对各变量的分析, 综合有关税收负担对居民消费的影响机理, 本书设定计量模型如下:

$$\ln CR_{i,t} = \alpha_i + \beta_1 \ln TR_{i,t}(\ln VATR_{i,t}, \ln BTR_{i,t}) + \beta_2 \ln GDPR_{i,t} + \beta_3 \ln Price_{i,t} + \beta_4 \ln GR_{i,t} + \varepsilon_{i,t} \quad (5-4)$$

$$\ln CR\_urban_{i,t} = \alpha_i + \gamma_1 \ln TR_{i,t}(\ln VATR_{i,t}, \ln BTR_{i,t}) + \gamma_2 \ln GDPR_{i,t} + \gamma_3 \ln Price_{i,t} + \gamma_4 \ln GR_{i,t} + \varepsilon_{i,t} \quad (5-5)$$

$$\ln CR\_rural_{i,t} = \alpha_i + \eta_1 \ln TR_{i,t}(\ln VATR_{i,t}, \ln BTR_{i,t}) + \eta_2 \ln GDPR_{i,t} + \eta_3 \ln Price_{i,t} + \eta_4 \ln GR_{i,t} + \varepsilon_{i,t} \quad (5-6)$$

其中, $\ln CR_{i,t}$、$\ln CR\_urban_{i,t}$、$\ln CR\_rural_{i,t}$ 均为被解释变量, $\ln TR_{i,t}$、$\ln VATR_{i,t}$、$\ln BTR_{i,t}$ 为解释变量, $\ln GDPR_{i,t}$、$\ln Price_{i,t}$、$\ln GR_{i,t}$ 为控制变量。i 表示各个省份, t 表示各年份, α_i 表示各地区间不随时间变化的效用, $\varepsilon_{i,t}$ 为随机扰动项。

三 我国税收负担和居民消费计量结果分析

对于式 (5-4)、式 (5-5) 及式 (5-6) 模型的估计方法有聚合最小二乘估计 (Pooled OLS)、固定效应估计和随机效应估计三种。首先通过 F 检验发现确实存在个体效应, 不宜采用 OLS 估计, 因此, 选择固定效应和随机效应两种估计方法。豪斯曼检验是确定使用固定效应还是随机效应的依据, 检验结果及模型回归估计结果如表 5-6、表 5-7 和表 5-8 所示 (应用 STATA12.0 软件)。其中, 表 5-6 是各地区全部居民消费支出与该地区税收总负担率、增值税及营业税负担率的面板数据模型估计结果; 表 5-7 是各地区城镇居民消费支出与该地区各项税收总负担率指标的面板数据模型估计结果; 表 5-8 是各地区农村居民消费支出与该地区各项税收总负担率指标的面板数据模型估计结果。在这里, 为了剔除异方差对面板数据模型的影响, 在回归分析时均使用聚类稳健标准差。

从表 5-6 可以看出, 在设定的可能影响各地区居民消费的各种因素中, 大致情况如下:

其一, 税收的系数显著为负 (-0.149), 从前面的理论分析可知, 税收主要通过影响总收入进而影响消费。直接税的征收会直接减少居民的实际可支配收入, 而间接税则是通过价格间接减少居民的实际可支配收入, 两者最终都会导致消费的减少。可以推断, 在其他条件不变时,

表 5-6　各地区居民消费与税收负担的面板数据模型估计

解释变量	被解释变量 lnCR			
	FE	RE	FE	RE
lnTR	-0.149*** (0.041)	-0.138*** (0.036)	—	—
lnVATR	—	—	0.021 (0.042)	0.040 (0.036)
lnBTR	—	—	-0.106** (0.046)	-0.092** (0.041)
lnGDPR	-0.454* (0.256)	-0.431* (0.252)	-0.220 (0.241)	-0.213 (0.247)
lnPrice	-0.212** (0.107)	-0.194* (0.107)	-0.351*** (0.102)	-0.339*** (0.099)
lnGR	0.169** (0.076)	0.119* (0.069)	0.170** (0.080)	0.113* (0.065)
常数项	1.969* (0.971)	1.709* (0.999)	1.603* (1.016)	1.536 (1.076)
观测值	217	217	217	217
R^2	0.059	0.054	0.077	0.065
F 统计量	16.53	—	8.58	—
豪斯曼检验	有效	无效	有效	无效

注：(1) ***、**、*分别表示 1%、5%、10% 的显著性水平；(2) 括号中为标准误 (se)。

减税有助于居民当期消费的增加。增值税的系数虽然为正 (0.021)，但却不显著，而营业税的系数也是显著为负的 (-0.106)。这里可能是将增值税与营业税以及价格水平同时考虑的原因，导致了增值税对居民消费影响的不确定。

其二，各地区经济增长率的系数显著为负 (-0.454)，说明高经济增长率并未带来当期消费的增加。这是因为，增长率能够很好地反映未来的收益机会，高经济增长率一般意味着较多的投资机会，在其他条件不变时，居民就会减少当前消费，转而用于投资，以期实现收入的增值,从而增加未来消费(赵蓓、战岐林,2010)。

其三,价格水平(CPI 指数)对居民消费的影响在以总税收比重、增值税及营业税比重分别估计的两个小模型中均显著为负,系数值分别为 -0.212 和 -0.351,这与经济理论中消费与价格的关系相一致。

其四,政府消费的系数(分别为 0.169、0.170)也均显著为正,说明政府消费并未对私人消费产生"挤出效应",而是刺激了居民消费的增加。究其原因,主要是现阶段我国特殊的经济体制和数据统计方法两个原因所致:一是我国在进入市场经济体制后,政府的宏观调控力量仍然很强大,政府任何支出的增加往往都会对国民经济运行形成强有力的正向影响,这将增加居民的消费信心,李树培和白战伟(2009)从政府支出对银行信贷的影响出发,证实了政府支出明显有助于银行信贷的增加,这无疑会增加流动性,从而减少预算约束、增加消费。二是在社会总消费的统计数据中已包含政府的消费性支出,即使这里我们对两变量均采用相对值形式,但政府消费支出变量与消费正相关也不足为奇。同时,现阶段我国政府的购买能力仍然强大,其消费的增加会对社会总消费量产生较大程度的影响。在这里,我国的数据也就自然反映出了政府消费与总消费之间的正相关关系。

在表 5-7 各地区城镇居民消费的可能影响因素中,目标变量税收与被解释变量城镇居民消费负相关,增值税和营业税的影响均不显著。经济增长率和价格水平对城镇居民消费的影响与表 5-6 中结果相一致,而政府消费对城镇居民消费的影响却不如表 5-6 中的结果明显。具体来看,大致情况如下:

表 5-7　各地区城镇居民消费与税收负担的面板数据模型估计

解释变量	被解释变量 lnCR_urban			
	FE	RE	FE	RE
lnTR	-0.088* (0.046)	-0.053 (0.049)	—	—
lnVATR	—	—	0.005 (0.050)	0.061 (0.045)
lnBTR	—	—	-0.050 (0.053)	-0.012 (0.052)

续表

解释变量	被解释变量 lnCR_urban			
	FE	RE	FE	RE
lnGDPR	-0.515* (0.283)	-0.430 (0.278)	-0.349 (0.283)	-0.323 (0.291)
lnPrice	-0.337** (0.130)	-0.305** (0.130)	-0.392*** (0.118)	-0.381*** (0.118)
lnGR	0.096 (0.075)	0.015 (0.087)	0.104 (0.078)	0.004 (0.076)
常数项	2.546** (1.076)	1.935* (1.067)	2.095* (1.156)	2.124* (1.237)
观测值	217	217	217	217
R^2	0.308	0.173	0.245	0.091
F统计量	9.29	—	6.31	—
豪斯曼检验	有效	无效	有效	无效

注：(1) ***、**、*分别表示1%、5%、10%的显著性水平；(2) 括号中为标准误(se)。

其一，税收的系数显著为负（-0.088），税收对城镇居民消费的影响方向虽与表5-6中结果保持一致，但影响强度明显要小。而增值税系数仍然为正（0.005），营业税系数则为负（-0.05），但两系数却都不显著，原因同上。

其二，各地区经济增长率的系数在以总税收比重估计的小模型中显著为负（-0.515），而在以增值税及营业税比重估计的小模型中结果虽为-0.349，但却不显著。说明高经济增长率同样也未带来城镇居民当期消费的增加。

其三，价格水平（CPI指数）对居民消费的影响在以总税收比重、增值税及营业税比重分别估计的两个小模型中还是都显著为负，系数值分别为-0.337和-0.392，与表5-6中的结果相近，但影响强度远高于前面的结果。

其四，政府消费的系数分别为0.096、0.104，但却都不显著，说明政府消费不仅是否对城镇的私人消费产生"挤出效应"无法确定，并且与表5-6中的结果也不一样，但促进了居民消费的增加。

表 5-8　各地区农村居民消费与税收负担的面板数据模型估计

解释变量	被解释变量 lnCR_rural			
	FE	RE	FE	RE
LnTR	-0.295*** (0.087)	-0.317*** (0.469)	—	—
lnVATR	—	—	0.088 (0.056)	0.057 (0.054)
lnBTR	—	—	-0.234*** (0.063)	-0.261*** (0.063)
lnGDPR	-0.192 (0.374)	-0.246 (0.394)	0.182 (0.273)	0.164 (0.275)
lnPrice	-0.051 (0.132)	-0.049 (0.132)	-0.421*** (0.134)	-0.415*** (0.134)
lnGR	0.341*** (0.120)	0.317*** (0.112)	0.314** (0.131)	0.303** (0.123)
常数项	-1.492 (1.729)	-1.350 (1.785)	-1.295 (1.441)	-1.497 (1.422)
观测值	217	217	217	217
R^2	0.193	0.217	0.080	0.121
F 统计量	7.28	—	13.24	—
豪斯曼检验	有效	无效	有效	无效

注：(1) ***、**分别表示1%、5%的显著性水平；(2) 括号中为标准误 (se)。

在表 5-8 各地区农村居民消费的可能影响因素中，各解释变量对农村居民消费的具体影响如下：

其一，目标变量税收与农村居民消费也呈现出显著负相关关系，其系数为 -0.295，影响方向仍与表 5-6、表 5-7 中结果保持一致，但影响强度比前两个结果都要大。增值税的系数仍为正 (0.088)，但却不显著，而营业税的系数是显著为负的 (-0.234)，这与表 5-6 中结果类似，与表 5-7 中结果不同。

其二，经济增长率对农村居民消费的影响与表 5-6、表 5-7 中结果都不相同，在以总税收比重、增值税及营业税比重分别估计的两个小

第五章　货币、价格与税收联动关系的微观效应实证分析　117

模型中系数分别为 -0.192、0.182，但都不显著。说明经济增长率的高低对农村居民消费并无太大影响。这主要是因为，相对于经济增长率而言，收入和教育、养老等公共服务的支出才是限制农村居民消费的更为重要的因素。我国农村居民收入长期偏低，农村居民参与国民收入的分配份额较低，这直接对其消费产生较大的约束。另外，相对于城镇而言，农村的教育、养老、医疗等公共服务主要是由居民承担，对这些产品或服务消费的增加或减少，必然会对他们购买其他消费品的能力产生较大的影响。

其三，价格水平（CPI 指数）对农村居民消费的影响。与表 5-6、表 5-7 表现出的较强一致性的结果也略有不同。在以总税收比重估计的小模型中系数不显著，而在以增值税及营业税比重估计的小模型中仍是显著为负的，系数值为 -0.421，系数绝对值略高于表 5-6、表 5-7 中的结果，总体而言，仍可以认为，价格水平对农村居民消费也会产生一定的负效应。

其四，政府消费对农村居民消费的影响。与表 5-7 中结果完全不同，但与表 5-6 中的结果基本相似。政府消费的系数在以总税收比重、增值税及营业税比重分别估计的两个小模型中的结果分别为 0.341、0.314，都具有较强的显著性，且影响强度也远远高于表 5-6 中的结果。说明政府消费并未对农村私人消费产生"挤出效应"，而是私人消费随着政府消费正向变动。这里的原因是，农村居民消费的偏低，导致了其在农村总消费的统计数据所占比重过低，而农村总消费的统计数据则主要由占比较高的政府消费支出构成。因此，政府消费变量与农村居民消费自然会表现出很强的正相关性。

从以上三个模型的分析可以看出，无论是各地区的居民总消费，还是其城镇或农村居民消费，都会受到税收对它们的负向影响。虽然商品劳务税中的增值税的负效应并未表现出来，仅有营业税的负效应得到了一定的体现，但是，由于商品劳务税一般可以转嫁，其可以隐含在价格之中，因此，我们也可以通过考察价格水平对居民消费各项指标的影响来间接地判断商品劳务税对消费的影响。在三个模型估计结果中，价格水平对三大居民消费指标的影响显著为负，且影响强度较大，足以说明无论是各地区的居民总消费，还是其城镇或农村居民消费，都会因为价格上升而减少，从而间接地说明了商品劳务税对居民消费会产生较大的负向影响。这些回归结果与前文中关于货币、价格与税收联动关系的直接结果——税负重对居民消费影响的理论分析基本相一致，即税收负担率对居民消费规模确实存在显著的负效应，这充分说明税收的增加抑制了居民消费的增加。从影响强度来看，实证结果中，税收负担率对农村居民消费的影响程度相对较大，而对城镇居民消费的影响程度相对要小。由此可以看出，以商品劳务税为主的税收收入结构导致更多的税收通过提高商品价格转嫁给消费者，而这对于收入较低的农村居民而言，会产生较大的收入效应，其消费量也会大量减少。因此，减税将会对消费产生激励作用。

第六章 货币、价格与税收联动关系的宏观效应实证分析

自改革开放以来，我国经济发展取得了很大成就，2010年成为位列美国之后的世界第二大经济体。同一时期内，我国产业结构也发生了较大转变，第二、第三产业综合占比已达到90%以上，第三产业占比更是由1978年的24.5%上升到2014年的48.1%，几乎翻了一番。但是，与经济增长保持同步的还有物价水平和税收收入。虽然CPI指数一直保持在低位（只有个别年份除外），但却不能简单地认为我国的物价是相对稳定的。这是因为，我国的CPI指数在统计上存在缺陷（如房价在统计中所占比重偏低），无法真实地反映出物价上涨的现状。如果将21世纪初房屋价格近似疯狂的上涨和资本价格这两个因素考虑在内，物价指数必然也是快速上涨的。由于我国实行以商品劳务税为主的税制结构，税收收入必然会随经济增长、价格水平上升而快速增加。但在经济快速发展的同时，我国经济中存在的诸多问题开始不断显现，如税收负担偏重的负面效应已经越来越明显。

2008年开始，由于受到由美国次债危机引发的国际金融危机的影响，全球经济出现下滑，我国也未能幸免于难，GDP增长率骤降4.6个百分点。2012年之后，GDP增速更是呈一路下降的趋势。从PPI指数来看，2012年至今，这一指数连续保持在100以下，表明我国的实体经济已经明显处于下行状态。当前，在货币持续超经济增长发行所导致的高货币存量，进而引致税收负担率高的"双高"压力下，企业纷纷出现收不抵支，企业利润空间缩小，大量企业破产。这一连锁反应的结果是资本的逐利性将引导大量资金流入虚拟经济，实体经济资金短缺严重，2015年上半年的股市大涨同时伴随着实体经济不景气就是最好的例证。同时，由于面临物价上涨压力和对未来经济预期失去信心，居民也不会轻易增加消费，将经济增长方式从依赖出口转变为以消费为导向

的目标难以实现。本章正是基于这样的思路，在前面分析的由货币超发而最终引致的税收负担偏重的理论基础上，试图通过计量分析证实我国税收负担对产业结构、物价水平以及经济增长的影响。这里需要说明的是，根据前面理论部分的分析，进出口贸易受到本国税收的影响相对较小，只有进口关税会对商品进口产生一定的影响，因此，考虑到篇幅有限，这里不再对进出口贸易与税收负担的关系进行实证分析。

第一节 我国商品税负对经济增长影响实证分析

一 我国经济增长与税收负担的基本表现

40多年来，我国经济增长率平均水平基本在10%以上。2014年，我国的国内生产总值已增至636138.7亿元，名义数值是1978年的174.28倍，如以1978年不变价格计算，在30多年内实际增长了27倍。其中，1982—1988年是经济快速发展的第一个阶段，GDP年均增长率为11.49%；1991—1997年是经济快速发展的第二个阶段，GDP年均增长率为11.53%；2002—2011年是经济快速发展的第三个阶段，GDP年均增长率为10.63%。而由于税收是以国民收入为征收依据，因此，我国的税收收入也必然会处于同样的增长态势，但两者在具体的规模和增长率上的表现仍有一定的不同，下面进行具体分析。

（一）增长率视角下的经济增长和税收收入基本情况

1994年实行分税制改革以来，税收收入的规模随着经济的快速增长而不断增加，这不仅是政府提供公共产品的强大资金需要，也是政府以财政收支形式调节国民经济社会发展的需要。从图6-1中我国GDP、税收收入与商品劳务税收入的增速比较来看，我国的税收收入增长率一直远高于GDP增长率，除1999年和2014年外，商品劳务税的增长率也高于GDP增长率。从具体的税收弹性系数来看，据统计，1995—2014年税收的平均弹性系数为1.78，增值税、营业税以及消费税的平均弹性系数也分别为1.45、1.85和1.74。这些数据说明，我国的商品劳务税收入与税收总规模几乎保持同步增长，而且我国税收收入规模的扩大快于经济增长。

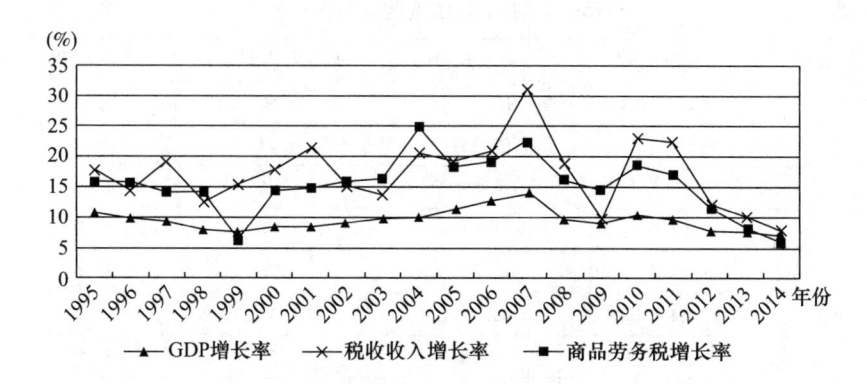

图 6-1 我国 GDP、税收收入和商品劳务税的增速比较

注：这里的商品劳务税只包括增值税、营业税和消费税。

（二）宏观税负视角下的经济增长和税收收入基本表现

从税收负担所反映的税收与经济增长的关系来看，1994 年实行税制改革以来，我国的小、大口径宏观税负均呈现出逐渐上升的态势（见表 6-1）。小口径宏观税负在 20 年之间上升了 8.85 个百分点，大口径宏观税负也增长了 11.85 个百分点。1995—2014 年，小口径宏观税负平均值接近 15%，而大口径宏观税负平均值则为 16.65%，可见税收负担对 GDP 的影响之大。分税类来看，商品劳务税负和所得税负都随总体税收负担的增加而增加，但商品劳务税负远高于所得税负，1995—2014 年，前者的平均值为 8.27%，而后者只有 3.38%。从以上数据可以看出，在新增国民收入的分配过程中，税收参与的比重有上升趋势，税收收入与经济增长之间的关系发生了扭曲，不协调问题或者说税收负担偏重问题已相当明显。世界银行工业部顾问基思·马斯顿通过对税负高低不一的 21 个国家进行对比分析，得出了"低税负有利于经济增长"的结论。可见，税负轻重对经济增长的至关重要性。

二 我国税收负担和经济增长模型构建

从前面的理论分析中可以看出，在税收对经济增长产生的影响中，不仅只有税收负担的高低会对其产生较大的影响，税制结构也会对经济增长产生影响。因此，在这里将单独分析税收负担和税制结构对经济增长产生的影响。

表6-1　　　　　　1995—2014年我国宏观税负率一览　　　　　　单位:%

年份	小口径宏观税负	大口径宏观税负	商品劳务税负	所得税负
1995	9.88	10.21	6.56	1.65
1996	9.65	10.35	6.48	1.35
1997	10.37	10.89	6.66	1.21
1998	10.91	11.63	7.09	1.09
1999	11.84	12.69	7.06	1.36
2000	12.61	13.43	7.30	1.66
2001	13.88	14.86	7.57	3.29
2002	14.58	15.62	8.00	3.55
2003	14.66	15.90	8.25	3.18
2004	15.04	16.42	8.77	3.54
2005	15.48	17.03	8.96	4.00
2006	15.99	17.81	9.10	4.36
2007	17.02	19.15	9.05	4.46
2008	17.12	19.36	8.90	4.70
2009	17.22	19.82	9.33	4.48
2010	17.90	20.32	9.37	4.32
2011	18.54	21.46	9.27	4.71
2012	18.84	21.95	9.37	4.77
2013	18.80	21.97	9.23	4.92
2014	18.73	22.06	9.04	5.03
平均值	14.95	16.65	8.27	3.38

注：小口径宏观税负是税收收入占GDP比重，大口径宏观税负是财政收入占GDP比重。这里的商品劳务税仍只包括增值税、营业税和消费税三大税种，所得税负只考虑了个人所得税和企业所得税，且缺乏1996年、1997年以及1998年的个人所得税数据。

资料来源：根据历年《中国统计年鉴》的相关数据计算得出。

（一）变量选择与模型数据

为了确定税收负担对经济增长的影响，这里，借鉴何茵、沈明高（2009）对这两者的研究方法，在增广的索洛—斯坦模型和卢卡斯模型中引入公共政策和人力资本变量，得到一个新生产函数：

$$Y(t) = K(t)^{\alpha} H(t)^{\beta} [A(t)L(t)]^{(1-\alpha-\beta)} \tag{6-1}$$

式中，Y 表示国内生产总值（GDP），K 表示物质资本存量，H 为人力资本存量，L 为人口。α 表示产出对物质资本存量的弹性，β 为产出对人力资本存量的弹性，t 为时间维度。[①]

根据阿龙德（Arond，2008）的分析研究，$A(t)$ 可以被看作衡量技术和经济效率的指标，而这一指标可以分为以下两个构成部分：一是受制度和公共政策影响的经济效率水平；二是技术进步水平。由于本书研究的核心是税收对经济增长的影响，故而在这里我们将制度和公共政策指标直接简化为税收收入。另外，假定技术进步为外生。这样，式（6-1）中的 $A(t)$ 可以直接被替换成税收收入，我们可以在控制物质资本存量、人力资本存量和人口的情况下，研究税收负担（TB）与经济发展水平（GDP 增长率）之间的关系。

对式（6-1）两边求导，整理得到以下回归模型：

$$\ln Y_{i,t} = \alpha_i + \beta_1 \ln K_{i,t} + \beta_2 \ln L_{i,t} + \beta_3 \ln H_{i,t} + \beta_4 \ln TB_{i,t} + \varepsilon_{i,t} \qquad (6-2)$$

其中，因变量为我国 GDP 增长率，自变量为税收收入与 GDP 比值。控制变量分别为物质资本存量增长率、人口增长率和人力资本存量增长率。为简便起见，以人力资本水平代替人力资本存量增长率来分析其对经济增长的影响，而人力资本水平由全国高中及以上学历人口在 15 岁及以上人口的比重来衡量。同时，以资本增长率来代替物质资本存量增长率，分析资本对经济增长的影响。为了保证数据的可比性，这里的计量分析是基于我国 1994 年税制改革之后到 2014 年间的时间序列数据进行的，且 GDP 和资本量数据都是以 1978 年价格计算，该样本数据来源于历年的《中国统计年鉴》《中国税务年鉴》以及 EPS 全球统计数据库。

对于税收结构对经济增长影响的考察，我们在上述回归模型的基础上，借鉴阿龙德（2008）的研究方法，首先确定商品劳务税为需要调整的税种，在保证税收总额恒定不变的条件下，将其余的所得税、财产税以及资源税占税收总收入的比重引入式（6-2）所示的回归模型中，得到新回归模型如下：

$$\ln Y_{i,t} = \alpha_i + \beta_1 \ln K_{i,t} + \beta_2 \ln L_{i,t} + \beta_3 \ln H_{i,t} + \beta_4 \ln TB_{i,t} + \beta_5 \ln CIT_{i,t} +$$

[①] 何茵、沈明高：《政府收入、税收结构与中国经济增长》，《金融研究》2009 年第 9 期。

$$\beta_6 \ln IIT_{i,t} + \beta_7 \ln PT_{i,t} + \beta_8 \ln RT_{i,t} + \varepsilon_{i,t} \qquad (6-3)$$

式中，CIT、IIT、PT、RT 分别代表企业所得税、个人所得税、财产税以及资源税。由于本书的关注点是与价格水平相关的各税种，因此，所选的商品劳务税仅包含受价格影响较大的增值税、消费税和营业税三种。

这种研究方法的核心思想是：在税收对经济增长的影响中，有一部分是税收水平变化带来的，另一部分则是税收结构变化的结果。式 (6-3) 中的待估系数 β_5、β_6、β_7 代表的含义是：如果该税种或税类占税收总额的比重上升（下降）1个百分点，为保持税收总水平不变，从而将这一部分增加（减少）的税收额完全由商品劳务税的减少（增加）来代替，其结果将会带来 GDP 上升（下降）β_5（β_6、β_7）个百分点。如果待估系数为正，说明在税收总水平恒定不变的情况下，增加企业所得税、个人所得税、财产税或资源税和相应降低商品劳务税会对经济产生积极影响，这意味着所得税、财产税或资源税优于商品劳务税。相反，如果这些系数为负数，说明增加所得税、财产税或资源税同时降低商品劳务税，即减少的商品劳务税收入完全由其他税种的增加来弥补，也会对经济产生不利影响。

（二）模型的计量检验

为了研究的准确性和完备性，我们将表6-1中两种口径的税收负担率对经济增长的影响分别进行分析。由于时间序列数据通常是非平稳的，这里首先采用第三章中提到的 ADF 和 PP 检验方法对 GDP 增长率、税收负担率、各税种比重以及其他序列及其一阶差分序列进行单位根检验。通过 Eviews 7.2 软件得到的检验结果显示，一阶差分后各序列均变为平稳序列。因此，式 (6-2) 和式 (6-3) 中各变量均为一阶单整序列，即 I(1) 序列。检验结果如表6-2所示。

其次，对税收负担率（TB）以及企业所得税（CIT）、个人所得税（IIT）、财产税（PT）、资源税（RT）所占比重与 GDP 增长率（EG）进行格兰杰因果检验。结果如表6-3所示，可以看出，GDP 增长率与大、小口径税收负担率之间均存在单向的格兰杰因果关系，同时，GDP 增长率与各税种占比之间也存在格兰杰因果关系。这里需要说明的是，个别税种与 GDP 增长率呈现出双向格兰杰因果关系，但这里重点考察税收对 GDP 的影响，因此，仅列出各税种占比对 GDP 增长率的单向关系。

表6-2 各变量平稳性检验结果

变量	ADF统计量	临界值(5%)	结论	变量	ADF统计量	临界值(10%)	结论
lnGDP	-1.479	-3.066	非平稳	DlnGDP	-2.965	-2.655	平稳
lnK	0.302	-3.030	非平稳	DlnK	-2.881	-2.655	平稳
lnL	1.094	-3.030	非平稳	DlnL	-3.488	-2.655	平稳
lnH	0.867	-3.021	非平稳	DlnH	-3.139	-2.655	平稳
小口径 lnTB	-0.432	-3.021	非平稳	小口径 DlnTB	-3.395	-2.655	平稳
大口径 lnTB	-0.725	-3.021	非平稳	大口径 DlnTB	-3.137	-2.655	平稳
lnCIT	-1.241	-2.650	非平稳	DlnCIT	-4.120	-2.661	平稳
lnIIT	-2.052	-3.030	非平稳	DlnIIT	-4.607	-2.661	平稳
lnPT	-0.568	-3.040	非平稳	DlnPT	-4.474	-2.661	平稳
lnRT	-1.966	-3.030	非平稳	DlnRT	-2.766	-2.655	平稳

注：DlnGDP、DlnK、DlnL、DlnH、DlnTB、DlnCIT、DlnIIT、DlnPT、DlnRT 表示一阶差分变量，计量软件为 Eviews 7.2。

表6-3 模型中存在的格兰杰因果关系检验

原假设	F值	P值	结果
小口径 lnTB 不是 lnGDP 的格兰杰原因	2.772	0.097	拒绝
大口径 lnTB 不是 lnGDP 的格兰杰原因	2.781	0.096	拒绝
lnCIT 不是 lnGDP 的格兰杰原因	6.472	0.011	拒绝
lnIIT 不是 lnGDP 的格兰杰原因	4.086	0.040	拒绝
lnPT 不是 lnGDP 的格兰杰原因	6.236	0.012	拒绝
lnRT 不是 lnGDP 的格兰杰原因	3.421	0.062	拒绝

以上结果说明，税收负担率以及企业所得税、个人所得税、财产税、资源税所占比重的波动均是造成 GDP 增长率波动的原因。

最后，在上述单位根检验的基础上，进一步通过协整来检验各变量之间是否存在长期稳定的均衡关系。这里也采用第四章中提到的约翰森检验，同样选择含有截距项但不含趋势项的模型形式，对式（6-2）

中各变量组成的多元变量系统进行检验,具体检验结果如表6-4所示。结果显示,在5%的显著性水平下,式(6-2)中GDP增长率与小口径税收负担率及其他变量之间至少存在1个协整关系,而GDP增长率与大口径税收负担率及其他变量之间同样至少存在1个协整关系。可以确定GDP增长率与税收负担率以及其他变量之间存在长期均衡关系。

表6-4　　　　　　模型的乔根森协整检验结果

原假设方程数目	迹检验		最大特征值检验		结论
	迹统计量	5%临界值	最大特征值	5%临界值	
模型1					
没有	144.875	69.819	58.261	33.877	拒绝
至少1个	86.614	47.856	37.240	27.584	拒绝
至少3个	14.649	15.495	11.058	14.265	接受
模型2					
没有	148.420	69.819	61.463	33.877	拒绝
至少1个	86.957	47.856	36.395	27.584	拒绝
至少3个	18.699	15.495	12.600	14.265	接受

注:模型1为式(5-8)中GDP增长率与小口径税收负担率及其他变量的协整关系;模型2为式(5-8)中GDP增长率与大口径税收负担率及其他变量的协整关系。

三　我国税收负担和经济增长计量结果分析

在确定式(6-2)中各变量之间确实存在长期均衡关系的基础上,使用Eviews 7.2对两个模型分别进行回归,得到各变量之间的协整模型结果如下:

$$\ln GDP = -0.136 + 0.808\ln K - 21.926\ln L + 0.004\ln H - 0.037\ln TB$$
$$(0.020)\quad(0.057)\quad(2.242)\quad(0.003)\quad(0.010)$$
$$(6-4)$$

$$\ln GDP = -0.060 + 1.326\ln K - 1.015\ln L + 0.045\ln H - 0.021\ln TB$$
$$(0.067)\quad(0.086)\quad(6.213)\quad(0.010)\quad(0.034)\quad(6-5)$$

式中,式(6-3)为式(6-2)中GDP增长率与小口径税收负担率及其他变量的协整结果；式（6-4）为式（6-2）中 GDP 增长率与大口径税收负担率及其他变量的协整结果。式（6-3）、式（6-6）下方的括号内数值为各解释变量对应的 P 值。

通过以上协整模型的输出结果可以看出，我国大、小口径税收负担率与 GDP 增长率存在长期均衡关系。从方程系数看，大、小口径税收负担率都对 GDP 增长率会产生显著的负向影响，但小口径税收负担率对 GDP 增长率的影响略大于大口径税收负担率。这说明财政收入中的税收部分对经济增长的负效应更为明显。这与近期许多国内和国外文献中对我国税收与经济增长的研究结果相一致。如何茵、沈明高（2009）运用 GMM 方法也得出了同样的结论，他们认为，这一结论存在的主要原因是：我国 1994—2010 年的情况与世界其他国家同一时期的情形很相似，这一时期内，政府通过税收得到的经济效率提高不足以弥补其同期内所带来的经济效率损失。具体而言，一方面，政府对企业和居民两大部门征税可能会导致资源配置发生扭曲，从而带来经济效率的损失；另一方面，征税意味着政府财政收入的增加，可以通过提高社会公共服务水平，改善市场经济秩序，促进经济效率的提高。政府征税能否促进经济增长，取决于其正、负影响作用的结果，如果其正效应无法补偿所带来的经济效率损失，其结果就是宏观税负对经济增长产生消极影响。模型中其余三个变量的具体表现为：①资本增长率（K）对 GDP 增长率具有显著的正效应，回归系数分别为 0.808、1.326；②人口增长率（L）的回归系数分别为 -21.926、-1.015，但是均不显著，说明人口增长率对 GDP 增长率的影响不明显；③人力资本水平（H）的回归系数分别为 0.004、0.045，且都显著，说明其对 GDP 增长率也会产生正向影响。以上结果说明，税收负担率、资本增长率以及人力资本水平的变动都会引起 GDP 增长率的变动。

在考察税制结构对经济增长的影响时，由于式（6-3）中解释变量个数较多，而样本数据仅有 21 年（1994—2014 年），因此，无法利用 Eviews 7.2 得到其约翰森检验和协整分析结果。但是，笔者认为，可以采用 1994—2014 年的各序列数据对该模型进行回归分析，这对考察税制结构对经济增长的影响也是有一定意义的。利用 Eviews 7.2 软件，得到式（6-3）主要回归结果如表 6-5 所示。

表 6-5 总税额恒定不变情况下的各税种比重对经济增长的影响

	企业所得税（CIT）	个人所得税（IIT）	财产税（PT）	资源税（RT）
回归系数	-0.005	0.001	-0.029	0.231
T 值	-2.611	2.418	-3.637	3.530
择优选取项	商品劳务税	个人所得税	商品劳务税	资源税

注：本书重点研究商品劳务税（增值税、消费税和营业税）对经济增长的影响，因此，这里只考虑将商品劳务税确定为税收总额不变时的调整项。其中，财产税包括房产税、车船税、船舶吨税、车辆购置税和契税五小类。

表 6-5 中数据显示：①商品劳务税相对优于企业所得税。从表 6-5 第二列可以看出，在保持总税额恒定不变的情况下，如果企业所得税比重上升 1%，且其增加税额由商品劳务税等额减少来抵消，则 GDP 增长率将下降 0.005 个百分点，也就是说，相对于企业所得税对经济增长的负效应，商品劳务税的负效应更小一些。这一结果与经济学理论相一致，即商品劳务税所占比重增加，在一定程度上意味着市场的专业化程度得到提高（劳动分工更专业化、合理化），同时也会提高资本要素的使用效率，从而能够促进经济增长。而企业所得税以企业利润为征税对象，其所占比重的增加，直接意味着企业投资资金来源的减少，从而会阻碍经济增长。②个人所得税相对优于商品劳务税。从表 6-5 第三列可以看出，如果个人所得税比重上升 1%，且其增加税额由商品劳务税等额减少来抵消，以保证税收总额不变，则 GDP 增长率将上升 0.001 个百分点，也就是说，相对于商品劳务税对经济增长的负效应，个人所得税的负效应更小一些。理论上说，个人所得税最主要的作用是其对收入分配的调节，虽然个人所得税是对居民个人所得的一种征收，会直接减少居民实际收入，可能会导致消费的减少，但个人所得税促进社会公平，进而对经济增长产生的正效应远大于其对经济增长直接造成负效应。③相对于财产税，商品劳务税是更好的选择。这一结果与表中第一列的结果类似。如果财产税比重同样上升 1%，由减少等额商品劳务税来抵消，以保证税收总额恒定不变，则 GDP 增长率将下降 0.029 个百分点，即相对于财产税，商品劳务税对经济增长的负效应更小一些。理论上说，财产税与个人所得税一样，也具有收入分配调节效应，从而对经济增长产生一定的正向影响，但是，由于我国财产税始终不太完善，

且1994年税制改革以来变动频繁，各年份的差异性较大，因此，其结果与理论上有出入。④相对于商品劳务税，资源税是更好的选择。这一结果与表中个人所得税与商品劳务税的对比结果类似。如果资源比重同样上升1%，同样，其增加额由减少等额商品劳务税来抵消，以保证税收总额恒定不变，则GDP增长率将上升0.231个百分点，即相对于商品劳务税，资源税对经济增长的负效应更小一些。

以上实证结果与前文关于货币、价格与税收联动关系的直接结果——税负重进一步对宏观经济增长影响的理论分析相一致，即税收总负担率与经济增长之间确实存在长期的负相关关系，税收收入对经济增长的负效应非常明显。从税收负担结构来看，实证结果表明：相对于企业所得税和财产税对经济增长的负效应，商品劳务税的负效应更小一些；而相对于个人所得税和资源税对经济增长的负效应，商品劳务税的负效应要大。也就是说，商品劳务税略微优于企业所得税和财产税，而个人所得税、资源税则相对优于商品劳务税，因此，提高个人所得税、资源税有助于从税制结构上减少税收对经济增长的负效应。

第二节 我国商品税负对物价水平影响实证分析

一 我国物价水平与税收负担比较

在第二章货币量、价格水平与税收的联动关系中，分析了由价格上涨给税收带来的影响，即最终税收负担加重。但是，价格水平和税收的关系并非是单向的，而是相互影响的。由于税收负担的可转嫁性，导致了价格上升→税收负担增加→物价上涨的恶性循环。从我国改革开放以来的具体物价水平来看，2014年，我国的居民消费价格指数（CPI）已是以1978年为基期（1978年=100）的6倍多，商品零售价格指数也是1978年的近4.5倍，可见物价水平上涨之快。有些学者认为，由于我国CPI指数存在统计不准确全面的问题，因此建议采用"货币增速－实际GDP增速＝物价水平增速"的方式核算物价上涨。经测算，以这种估算方式计算得到的物价水平增速平均高出CPI指数4.5个百分点。图6-2是1994年税制改革以后，我国CPI指数和税收负担增长率的情况比较。可以看出，2003年以前，我国CPI指数和税收负担增长率基本呈现出反向变化的趋势，这可能是有以下两个原因：一是这一时期我国的市场经济体制仍有很多不完善之处，税收对物价的影响存在严重的滞后性；二是受到1997年亚洲金融危机的影响，国内经济增长稍有减缓，因此，物价水平保持了较低的一个水平。2003年至今，CPI指数的变动开始与税收负担增长率表现出很高的一致性。

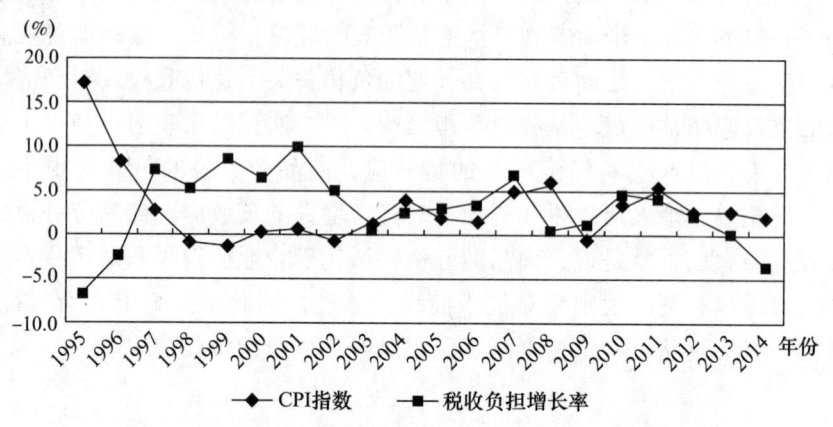

图6-2 我国CPI指数和税收负担增长率的情况比较

二 我国税收收入和物价水平模型构建

（一）变量选择与模型设定

这里主要通过建立协整模型来分析我国税收与物价水平的关系。在变量指标选取中，一般税收负担是指税收收入与GDP的比值，可以真实地反映税收参与国民收入分配的多少。但是，由于相关数据获取的限制，以及数据可比性的要求，税收负担指标只能使用1994—2014年的年度数据，这将大大降低模型的准确度。因此，这里继续使用第三章中税收收入（与价格关联度高的增值税、消费税、营业税和企业所得税的收入之和）与价格水平（CPI指数）的两个时间序列数据。其中，变量指标仍为2002年1月至2014年12月的月度数据，税收收入（CT）为当月同比增长率，价格水平（CPI）为月同比涨幅指标。数据来源同前文。

本书在构建我国物价水平和税收收入协整模型，以考察两者关系的基础上，通过向量自回归（VAR）模型的脉冲响应函数和方差分解进一步分析税收对物价水平的影响程度。

(二) 数据处理和模型的检验

首先,对模型中两个月度时间序列数据进行季节性因素消除和不规则因素的处理,选用方法为 censusX_12。

其次,由于大多数经济数据的时间序列具有一定的时间趋势,即序列是不平稳的,在模型估计之前,需先检验各变量的非平稳性及其单整阶数。检验方法仍采用 ADF 和 PP 检验法。通过 Eviews 7.2 软件得到的检验结果显示,一阶差分后的 CPI 和 CT 序列均变为平稳序列。因此,CPI、CT 两个变量均为一阶单整序列,即 I (1) 序列。

最后,对 CPI 指数与税收收入增长率 (CT) 进行格兰杰因果检验。结果如表 6-6 所示,可以看出,CPI 指数与税收增长率之间均存在一定的格兰杰因果关系,说明税收增长率的变动,尤其是商品劳务税的变动是造成 CPI 指数波动的原因。

表 6-6   CPI 指数与 CT 的格兰杰因果关系检验

原假设	F 值	P 值	结果
CT 不是 CPI 的格兰杰原因	3.5283	0.0318	拒绝

通过约翰森检验由物价水平 (CPI 指数) 和税收增长率 (CT) 所组成的二元变量系统,以确定两个变量之间是否存在长期稳定的均衡关系,即协整关系。具体检验结果如表 6-7 所示。结果显示,在 5% 的显著性水平下,CPI 和 CT 之间存在 1 个协整关系,可以确定物价水平与税收增长率之间存在长期均衡关系。

表 6-7   模型的乔根森协整检验结果

CPI 与 CT 的协整关系					
原假设方程数目	迹检验		最大特征值检验		结论
	迹统计量	5% 临界值	最大特征值	5% 临界值	
没有*	45.2071	25.8721	35.7223	19.3870	拒绝
至少 1 个	9.4848	12.5180	9.4848	12.5180	接受

三 我国税收收入与物价水平计量结果分析

首先,协整方程结果分析。在上述数据的相关检验和模型协整检的基础上，根据 2002—2014 年我国价格水平（CPI 指数）与税收增长率（CT）两个变量的数据建立协整模型。结果如下：

$CPI = -0.0819 + 2.4704 TAX$

通过以上协整方程结果可以看出，我国价格水平与税收收入存在长期均衡关系。从方程系数看，税收收入对价格水平的影响显著为正。这说明税收收入的增加（具体是商品劳务税或企业所得税）必然会引起物价上涨。这里由于 CPI 指标统计的不全面，导致 CPI 被低估的问题同样存在，从而也在一定程度上降低了方程中税收收入对价格水平的影响程度。

其次，脉冲响应分析。利用 Eviews 7.2 软件，确定由 CPI、CT 两个变量构成的 VAR 模型的最优滞后期数，根据第三章提到的 AIC 和 SC 方法得到结果显示，最优滞后期数为 1。同时，所构建模型的所有特征值均在单位圆内，故由 CPI、CT 两个变量构成的 VAR 模型是稳定的，可进行脉冲响应分析和方差分解。图 6-3 为以上方程中 CPI 指数对税收增长率（CT）的脉冲响应情况。

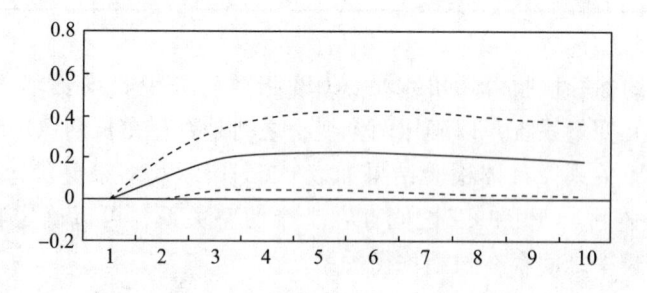

图 6-3　我国 CPI 指数和税收增长率（CT）的脉冲响应情况

根据图 6-3，CT 的变动会引起 CPI 的同方向变动，对于 CT 的一次性冲击，将通过动态模型去影响价格水平的变动。该冲击对价格水平的影响在第 1 期并不明显，但随后开始产生明显的正向影响，且正向影响的程度不断扩大，到第 3 期已基本达到最大值（0.2），但第 3 期之后这种正向影响开始相对稳定，在后期基本持续在 0.2 的正响应水平。这种脉冲响应结果表明，税收收入对价格水平的影响略有滞后性。这是因为商品劳务税虽然可以转嫁，但其增加不可能立即通过附加在价格中完全转移出去，而是需要经过商品供给和需求的一个不断博弈的过程，最终确定转嫁的比例，并转嫁给消费者。

最后，方差分解分析。为了更好地分析 CT 冲击对 CPI 波动的贡献程度，在 VAR 模型基础上进行方差分解。其基本思路与第三章中相同。这里，同样使用相对方差贡献率来表示 CT 冲击对目标变量 CPI 变化的贡献率。结果如表 6-8 所示。

表 6-8　　　　　　税收收入、CPI 指数的方差分解结果

时期	价格水平（CPI 指数）	
	CPI	CT
1	100.0000	0.0000
2	98.7319	1.2681
3	96.3584	3.6416
4	94.4387	5.5613
5	92.9568	7.0432
6	91.8554	8.1446
7	91.0316	8.9684
8	90.4081	9.5919
9	89.9286	10.0714
10	89.5538	10.4462

在表 6-8 中可以看出，模型中价格指数的变动无疑受到了税收增长率（CT）的影响。短期内与脉冲响应分析结果一致，价格指数的变动在第 1 期 100% 都由其自身调整来解释，从第 2 期 CT 的影响开始显现，但 CT 对价格指数变动的影响略带滞后性，其影响作用在中前期快速增强，在中后期趋向于稳定。长期来看，在税收增长率与价格指数关系中，CT 的影响在第 2—6 期增速最快，对 CPI 的贡献率在第 10 期累计达到 10.45%，即长期内价格指数变动的 10.45% 可以由 CT 来解释，剩余部分由价格指数自身的调节来解释。

综合上面三种分析，可以看出，税收收入的变动，尤其是商品劳务税的变动必然会影响到物价水平的变化，而且两者之间是一种同向变动关系，即税收收入的增加，尤其是商品劳务税的增加会直接引起物价上涨，两者

之间表现出明显的正相关关系。这主要是由于我国现行的以商品劳务税为主体的税制结构模式，导致大量的税收可以通过隐含在价格中而转嫁出去，这必然会抬高物价水平。另外，如果将我国由于 CPI 指标统计的不全面而导致 CPI 被低估的问题考虑在内，可以推断出税收对物价水平的实际推动效应应该更大。以上实证结果也与前文关于货币、价格与税收联动关系的直接结果——税负重进一步对物价水平影响的理论分析相一致。

第三节 我国商品税负对产业结构影响实证分析

关于经济发展过程中产业结构的变化规律，经济学家早已有所研究且达成共识。英国经济学家科林·克拉克早在 1940 年就指出：随着国民收入水平的逐步提高，不同产业间收入的相对差异变大，劳动力将呈现出由第一产业向第二产业继而向第三产业转移的态势。1960 年，美国经济学家钱纳里依据 51 个国家的统计数据，计算得到不同类型国家的制造业各部门相对比重随人均收入变化的一组标准值。之后，许多经济学家在此基础上研究发现：随着人均收入的增长，农业在国内生产总值中所占份额下降，工业份额逐渐上升，而服务业份额也缓慢上升；在劳动力的三次产业就业结构中，农业吸纳的劳动力占比下降，工业劳动力占比变动缓慢，而第三产业将吸收从农业转移出来的劳动力。前面我们已经分析了，在受到劳动力技能水平、居民消费需求以及新技术应用等因素的限制条件下，产业结构很难通过自身力量实现上述变换，需要通过各种相关经济政策来促进其调整转换。这里，我们在已经分析了税收政策对产业结构调整影响的基础上，重点考察税收负担与产业结构变化的关系。

一 我国产业结构与税负的基本情况

改革开放以来，我国国民经济呈现较快的增长态势，根据国际货币基金组织（2015）公布数据，2014 年我国 GDP 总量占世界经济总量近 1/7 的份额，已成为仅次于美国的世界第二大经济体。但是，我国的人均 GDP、产业结构等衡量发达程度的指标却与发达国家相去甚远，2014 年，中国人均 GDP 只有 7262 美元，不到美国人均 GDP 的 1/7。根据世界银行公布的数据（见表 6-9），2013 年，世界产出构成中，第一产业占3.1%，第二产业占26.7%，第三产业占70.2%。高收入国家的产出增加值中第一、第二、第三产业所占比重分别为1.4%、24.5%和74.0%；中等收入国家的产出增加值中第一、第二、第三产业所占比重分别为9.9%、35.1%和55.0%。根据国家统计局公布的数据，2014年，我国第一、第二、第三产业增加值比重分别为9.2%、42.7%、48.1%。从表6-9描述的各产业就业分布的情况来看，我国三大产业就业分布基本与泰国相似，与美国、德国等发达国家相去甚远。当前我国产业结构存在过度依赖工业发展、第三产业发展不足、三次产业就业人员比重极不合理等众多问题，与我国当前的高经济增长不相适应。

表6-9 世界主要国家国内生产总值及就业的产业构成　　　　单位：%

国家和地区	国内生产总值构成						就业比重					
	第一产业		第二产业		第三产业		第一产业		第二产业		第三产业	
	2000年	2013年	2000年	2013年	2000年	2013年	2000年	2012年	2000年	2012年	2000年	2012年
世界	3.6	3.1②	28.9	26.7②	67.5	70.2②	—	—	—	—	—	—
高收入国家	1.9	1.4②	27.7	24.5②	70.5	74.0②	—	—	—	—	—	—
中等收入国家	11.4	9.9	35.5	35.1	53.1	55.0	—	—	—	—	—	—
中低收入国家	12.1	10.1	35.1	35.0	52.8	54.9	—	—	—	—	—	—
中国	15.1	10.0	45.9	43.9	39.0	46.1	50	34.8②	22.5	29.5②	27.5	35.7②
印度	23.4	18.2	26.2	24.8	50.5	57.0	59.8	47.2	16.1	24.7	24.1	28.1
日本	1.8	1.2①	32.4	25.6①	65.8	73.1①	5.1	3.7③	31.2	25.3③	63.1	69.7③
韩国	4.6	2.3	38.1	38.6	57.3	59.1	10.6	6.6③	28.1	17.0③	61.2	76.4③
马来西亚	8.6	9.3	48.3	40.6	43.1	50.1	18.4	12.6	32.2	28.4	49.5	59.0
菲律宾	14	11.8①	34.5	31.1①	51.6	57.1①	37.1	32.2	16.2	15.4	46.7	52.5
新加坡	0.1	—	34.5	25.1	65.4	74.9	—	1.1④	33.8	21.8④	65.5	77.1④
泰国	9.0	12.0	42.0	42.5	49.0	45.5	48.8	39.6	19	20.9	32.2	39.4
美国	1.2	1.2②	23.4	20.2②	75.4	78.6②	2.6	1.6③	23.2	16.7③	74.3	81.2③
巴西	5.6	5.7	27.7	25.0	66.7	69.3	18.5	15.3②	21.2	21.9②	59.1	62.7②

续表

国家和地区	国内生产总值构成						就业比重					
	第一产业		第二产业		第三产业		第一产业		第二产业		第三产业	
	2000年	2013年	2000年	2013年	2000年	2013年	2000年	2012年	2000年	2012年	2000年	2012年
法国	2.8	1.8	22.9	18.8	74.2	79.4	4.1	2.9	26.3	21.7	69.5	74.9
德国	1.3	0.8	30.3	30.2	68.5	69.0	2.6	1.5	33.5	28.2	63.7	70.2
俄罗斯	6.4	3.9	37.9	36.2	55.6	59.9	14.5	9.7④	28.4	27.9④	57.1	62.3④
西班牙	4.4	2.6	29.2	25.3	66.4	72.1	6.7	4.4	30.8	20.7	62.5	74.9
英国	1	0.6	27.3	20.3	71.7	79.0	1.5	1.2	25.1	18.9	73	78.9
澳大利亚	3.5	2.4	26.9	27.1	69.6	70.5	5	3.3④	21.7	21.1④	73.3	75.5④

注：①2012年数据。②2011年数据。③2010年数据。④2009年数据。
资料来源：世界银行WDI数据库和中国国家统计局网站。

从三大产业的税负水平来看，2001年，我国第一、第二、第三产业税负分别为0.09%、17.15%和14.44%。到2013年，三次产业的税收负担率分别达到0.29%、22.09%和22.86%。

从图6-4可以看出，在进入21世纪后，我国第一产业的税负水平呈现出先增后减的变动轨迹，而第二产业和第三产业税负变动的轨迹基本保持一致，都是逐年上升的趋势。但第三产业税负增加了8.42个百分点，而第二产业则略低于第三产业，增加了近5个百分点。与全国宏观税负相比较而言，第一产业税负远低于全国宏观税负水平，第二产业税负基本高于全国宏观税负水平3—5个百分点，而第三产业税负则在2005年之后一直高于全国宏观税负水平。可以看出，税收负担几乎是全部分摊在第二、第三产业之间的，第一产业承担的税收负担基本可以忽略不计。

二 我国税收负担与产业结构模型构建

（一）模型数据和变量的选择

基于以上数据分析，这里只需考察第二、第三产业增加值与税收负担的实证分析。数据为我国31个省份2006—2013年的时间序列面板数据，并运用面板OLS估计方法检验我国税收负担对第二、第三产业发展的影响。样本数据来源于《中国统计年鉴（2015）》及EPS全球统计数据库。

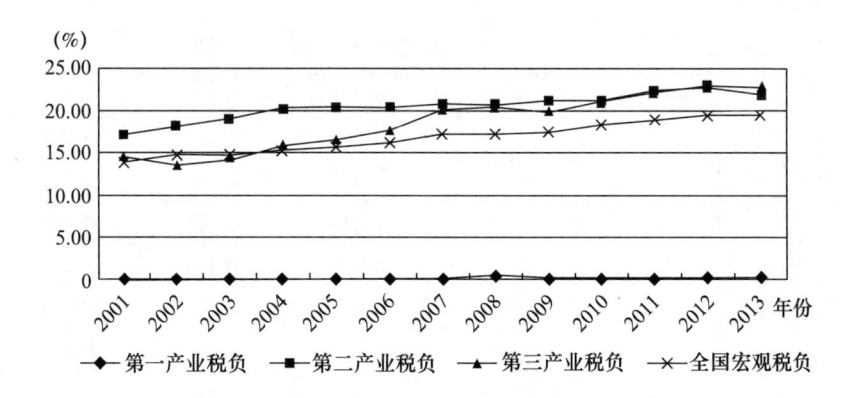

图 6-4　2001—2013 年我国宏观税负和三次产业税负水平比较

注：图中数据是根据《中国统计年鉴（2014）》和 EPS 全球统计数据库中相关数据计算得到。这里需要说明的是：部分学者通过对一些农业大省的调查发现，由于农业产值中有相当一部分无税产值或低税产值，如果将这些产值扣除在外，农业的实际税负要比表面数据高一些。

在第三章对税收影响产业结构的作用机制理论分析基础上，模型变量的选择和基本设定如下：

因变量（SI 或 TI）：各省份第二产业或第三产业增加值比重。这里选择各省份第二产业或第三产业增加值与地区生产总值的比值表示该产业在各省份新增国内生产总值中所占的份额。

自变量（TB_sec 或 TB_th）：各省份第二或第三产业税负。即各省份针对第二或第三产业所征收的税收收入与各地区该产业增加值的比值。

控制变量 1（GDP_per）：各省份人均地区生产总值。用该指标来反映各地区居民收入水平。通常情况下，一个地区的居民收入水平越高，其第二、第三产业所占比重越高。

控制变量 2（UR/RU）：各地区城镇人均可支配收入与农村人均纯收入的之比。该指标用来反映各地区居民收入分配状况。

控制变量 3（U）：城市化率。该指标为各地区城镇人口占总人口（包括农业和非农业）的比重，用来反映各地区的城市化水平。理论上说，这一指标与第二、第三产业比重成正比。

相关变量的描述性统计如表 6-10 所示。

表 6-10　　　　　　　　各变量的描述性统计

	变量名称	平均值	最大值	最小值	标准差
被解释变量	SI	0.476	0.590	0.217	0.081
	TI	0.411	0.775	0.283	0.086
解释变量	TB_sec	0.195	0.638	0.081	0.102
	TB_th	0.167	0.585	0.060	0.096
	GDP_per	32329.58	100105.00	5750.00	19250.69
	UR/RU	2.901	4.594	1.486	0.675
	U	0.503	0.896	0.211	0.148

（二）模型的设定

根据以上所选的被解释变量和解释变量，本书构建计量模型如下：

$$\ln SI_{i,t} = \alpha_i + \beta_1 \ln TB\_sec_{i,t} + \beta_2 \ln GDP\_per_{i,t} + \beta_3 \ln UR/RU_{i,t} +$$
$$\beta_4 \ln U_{i,t} + \beta_5 \ln IAV_{i,t} + \beta_6 \ln GE_{i,t} + \varepsilon_{i,t} \qquad (6-6)$$

$$\ln TI_{i,t} = \alpha_i + \gamma_1 \ln TB\_th_{i,t} + \gamma_2 \ln GDP\_per_{i,t} + \gamma_3 \ln UR/RU_{i,t} +$$
$$\gamma_4 \ln U_{i,t} + \gamma_5 \ln IAV_{i,t} + \gamma_6 \ln GE_{i,t} + \varepsilon_{i,t} \qquad (6-7)$$

其中，$\ln SI_{i,t}$、$\ln TI_{i,t}$ 为被解释变量，$\ln TB\_sec_{i,t}$、$\ln TB\_th_{i,t}$ 为解释变量，$\ln GDP\_per_{i,t}$、$\ln UR/RU_{i,t}$、$\ln U_{i,t}$、$\ln IAV_{i,t}$、$\ln GE_{i,t}$ 为控制变量。i 表示各个地区，t 表示各年份，α_i 表示各地区间不随时间变化的效用，$\varepsilon_{i,t}$ 为随机扰动项。这里对各变量均取对数。

三　我国税收负担与产业结构计量结果分析

对于式（6-6）、式（6-7）的估计，可以选择聚合最小二乘估计（Pool - OLS）、固定效应估计和随机效应估计。为了剔除异方差对面板数据模型的影响，在回归分析时，均使用聚类稳健标准差。应用STATA12.0软件，得到模型回归结果如表6-11所示。表中列出的数据分别为两个模型使用聚合最小二乘、固定效应和随机效应进行估计的结果，通过豪斯曼检验发现，对于式（6-6）的估计应选择随机效应估计，而式（6-7）的估计应使用固定效应进行估计。

从模型1的三个估计结果来看，目标变量TB_sec的系数显著为负，表明第二产业税负对该产业占比产生负效应，即第二产业税负的加重将不利于该产业的发展。各控制变量的回归系数中，人均地区生产总值（GDP_per）的系数在有效的随机效应估计中显著为正，即人均地区生产总值与第二产业占比呈正相关关系，随着人均地区生产总值的提高，第二产业所占比重会增加。城乡人均收入比（UR/RU）的系数在模型1的三个估计结果中均显著为正，说明城乡人均收入比越高，第二产业所占比重也会提高，即居民收入分配状况越不公平，越有利于第二产业发展，这可能与第二产业发展需要一定的资金积累有关。城市化率（U）的系数在聚合最小二乘估计中显著为正，但在有效的随机效应估计中却不显著。这说明我国的城市化程度仍然相对较低，或者说只是低层次的城市化，而更深、更高层次的城市化率还远为达到，因此，并未对第二产业的发展起到应有的激励作用。

表 6-11　　面板数据模型估计

解释变量	被解释变量					
	模型1：lnSI			模型2：lnTI		
	Pool-OLS (1)	FE (2)	RE (3)	Pool-OLS (4)	FE (5)	RE (6)
lnTB_sec	-0.245*** (0.030)	-0.235*** (0.076)	-0.231*** (0.061)	—	—	—
lnTB_th	—	—	—	0.228*** (0.026)	-0.097** (0.041)	-0.049 (0.038)
lnGDP_per	-0.008 (0.041)	0.063 (0.067)	0.054* (0.042)	0.009 (0.034)	0.049 (0.063)	-0.004 (0.050)
lnUR/RU	0.115* (0.065)	0.077** (0.036)	0.079** (0.033)	0.053 (0.052)	-0.121*** (0.026)	-0.105*** (0.025)
lnU	0.229*** (0.077)	0.020 (0.333)	0.070 (0.181)	0.061 (0.059)	-0.095 (0.278)	0.105 (0.187)
常数项	-1.050** (0.485)	-1.880** (0.934)	-1.747*** (0.557)	-0.574 (0.420)	-1.539* (0.853)	-0.777 (0.667)
观测值	248	248	248	248	248	248
截面数	—	31	31	—	31	31
Overall R²	0.219	0.194	0.204	0.350	0.167	0.004
统计量	17.00	4.53	—	32.74	7.36	—
豪斯曼检验	—	无效	有效	—	有效	无效

注：（1）***、**、*分别表示1%、5%、10%的显著性水平；（2）括号中为标准误（se）。

从模型 2 的三个估计结果来看，目标变量 TB_th 的系数在聚合最小二乘估计中显著为正，在随机效应估计中并不显著，但在有效的固定效应估计中却显著为负，说明第三产业税负对该产业占比也产生负面影响。即第三产业税收负担重阻碍了该产业的发展。各控制变量的回归系数中，人均地区生产总值（GDP_per）的系数在三个估计结果中均不显著，即人均地区生产总值与第三产业占比的关系并不明确。第三产业所占比重并未随人均生产总值的提高而增加，这表明虽然当前我国总体经济处于高速发展期，但人均生产总值却未达到与高增长经济相对应的高水平，导致了其对第三产业的正向影响并未得到有效发挥。城乡人均收入比（UR/RU）的系数在聚合最小二乘估计中不显著，但在有效的固定效应估计中显著为负，说明城乡人均收入比越小，第三产业所占比重会越高，即居民收入分配状况越公平，就越有利于第三产业发展。这与第三产业发展的理论相一致，因为第三产业的涉及行业多为服务业，这些行业的发展是以大规模的消费为基础的，而居民收入差距越小，社会有效消费率越高。城市化率（U）的系数在三个估计结果中也均不显著，这说明我国现阶段的城市化程度也并未对第三产业的发展起到应有的激励作用。

另外，模型 1 和模型 2 对比来看，产业税负对各地区第二、第三产业占比的影响方向均为负，但影响强度不同，产业税负对第二产业的负面影响要大于第三产业。人均地区生产总值各地区第二、第三产业占比的影响结果也不同，对第二产业影响为正，但对第三产业影响不明显。居民收入分配状况对各地区第二、第三产业占比的影响方向和强度都不同，对第二产业影响为正，但对第三产业影响显著为负，且强度更大。城市化率对各地区第二、第三产业占比的影响保持了一致，都不显著。

从税收负担与产业结构的计量回归结果来看，第二、第三产业的税收负担率对该产业占比都产生了明显的负效应，即税收负担不利于各产业的发展，这与前文的理论分析相一致。实证结果也显示，第二产业税收负担率对该产业的影响程度相对较大，而第三产业税收负担率对该产业的影响程度相对小一些，说明过高的税收负担率确实不利于产业结构的优化调整。

第七章　货币、价格与税收联动关系的社会公平效应实证分析

本章是基于前文对由货币超发而最终引致的商品劳务税收负担偏重的理论分析基础上，通过对以商品劳务税为主体税种的税制结构模式下，该税收收入的增加对不同收入阶层的影响，来考察货币、价格与税收联动关系的社会公平效应。基于这样的思路，本章试图通过计量分析证实我国税收负担重，尤其是商品劳务税负担重对居民收入分配的具体效应。

第一节　我国居民收入差距基本情况

一般税收理论认为，税收对收入分配有一定的调节效应，税收负担越高，居民收入差距越小，社会公平程度越高，即税收负担与居民收入差距应呈现反向变动。从图7-1中描述的世界各国税收与居民收入差距关系的总体演变来看，发达国家税收占GDP的比重普遍高于发展中国家，它们的高税负往往使其再分配能力较强，从而使其居民收入差距相对要小（基尼系数较小）。相比较而言，发展中国家的税收负担则相对较低，税收的再分配能力也十分有限，从而各发展中国家的基尼系数往往相差较大。由此可见，世界各国的实践已证实了税收负担与收入分配呈反向变动这一观点，而"高税负—高公平""低税负—低公平"的一般规律也是成立的。

但是，我国宏观税负水平与收入分配的关系并不符合国际一般规律。1994年税制改革以后，我国的宏观税负一直在加重，到2014年，小口径税收负担率（税收收入占GDP比重）已接近翻了一番，1994—2014年，小口径税收负担率的均值高达15%。如果将非税收入和各种

费的收入考虑在内,即通常所说的中、大口径税收负担率,我国的宏观税负水平将会高出更多,基本与部分发达国家持平,甚至要高。但反映居民收入差距的基尼系数指标却并非呈下降趋势,而是呈现出与宏观税负相一致的上扬态势。在1994年税制改革后的20多年间,我国的基尼系数由1995年的0.415逐渐上升,2008年达到峰值0.491,之后虽略有下降,但幅度甚小,2013年仍高达0.473。[①] 2012年西南财经大学对我国家庭收入的分组调查数据显示,2010年,我国的居民基尼系数高达0.61,已远超出了国际警戒线。虽然该数据受到诸多质疑,但"高税负—低公平"的非常态关系的确是我国当前不可否认的事实。

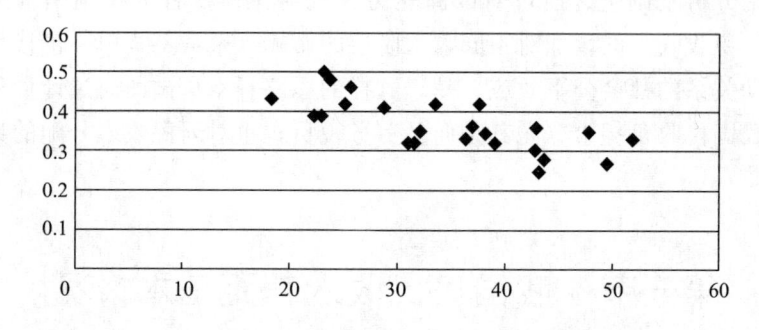

图7-1 部分国家宏观税负与基尼系数关系

注:宏观税负为一般政府收入占GDP比重,25个国家样本的时间跨度为2009—2013年。这25个国家分别是亚洲区的中国、印度、日本、马来西亚、菲律宾、泰国和越南,欧洲区的法国、德国、英国、意大利、荷兰、波兰、葡萄牙、西班牙、俄罗斯、瑞士、瑞典和乌克兰,大洋洲区的澳大利亚,美洲区的美国、加拿大、阿根廷、智利和墨西哥。

资料来源:根据世界银行、国际货币基金组织公布的数据整理得到。

一 收入视角下的居民收入差距情况

通常情况下,对居民收入分配的研究主要从收入和消费两个层面来分析,这里我们仍然遵循这一常理。

从收入层面来看,不同收入阶层在收入水平上存在显著的差异性。从我国城镇内部各收入阶层的具体收入情况来看(见表7-1),2012年,10%最低收入户的人均年收入为9209.5元,10%较低收入户为13724.7元,10%最高收入户为69877.3元,最高收入户的人均绝对收

---

① 中国国家统计局官方网站。

入水平高出最低收入户6万多元，最高收入户的绝对收入水平是最低收入户的约7.6倍。根据国家统计局公布的数据，农村内部高、低收入阶层的人均纯收入差距相对要更大一些，2012年，最低收入户的人均纯收入为2316.2元，中等偏下收入户为4807.5元，而最高收入户为19008.9元，最高和最低收入户的人均纯收入绝对值相差16692.7元，但最高收入户的绝对收入水平却是最低收入户的8.2倍。若将城乡综合在一起考虑，可以看出城镇和农村之间也存在很大的收入差距。如城镇最低收入户人均收入是农村对应阶层的约4倍，而城乡最高收入户的人均收入比值为3.7倍。如果将居民个人或家庭所拥有的住房、车辆和储蓄存款等财产也纳入社会公平的考虑范围，则我国居民之间的收入差距将会更大。

二　消费视角下的居民收入差距情况

从消费层面来看，不同收入阶层在消费水平和消费结构上都存在显著的差异性。总体而言，根据边际消费递减规律，随着居民收入的不断增加，其消费支出的绝对水平也会随之提高，但消费的相对支出水平却是下降的，消费支出的结构也会从相对单一转变到多样化。以我国城镇居民的消费情况为例，从表7-1可以看出，2012年，10%最低收入户的人均消费支出为7301.4元，10%最高收入户为37661.7元，最高收入户的绝对消费水平是最低收入户的5倍多。但最高收入户的相对消费水平却比最低收入户低出20多个百分点，只有53.9%。此外，低收入户的消费支出中，食品、衣着、居住等基本生活品的消费需求仍占据主要地位，占总消费支出的比重高达60%以上（其中最低收入户为66.42%，较低收入户为63.66%）。而高收入户这三者的消费支出比重仅为50%左右（其中较高收入户为52.27%，最高收入户为46.13%）。在基本生活品的内部消费差距中，不同收入户的食品消费差距最大，最高和最低收入户相差约18个百分点，而居住和衣着消费占比则相差不大。从高收入户的消费品结构看，其消费则逐步转向文教娱乐、交通通信等高端消费品。由于城镇高收入居民享有相对充足的公共产品和服务，其社会保障涉及领域多且水平高，因此，高收入户的医疗保健比重反而要比低收入户低。我国农村不同收入户的消费支出差距情况与城镇居民类似，也存在较大差异，这里不再一一列举具体的消费支出数据。

表 7-1　2012 年我国不同收入城镇居民消费支出水平与结构一览　单位：元

消费＼收入组	最低收入组(10%)	较低收入组(10%)	中等偏下收入组(20%)	中等收入组(20%)	中等偏上收入组(20%)	较高收入组(10%)	最高收入组(10%)
人均年收入	9209.5	13724.7	18374.8	24531.4	32758.8	43471.0	69877.3
人均消费支出	7301.4	9610.4	12280.8	15719.9	19830.2	25796.9	37661.7
消费支出/收入(%)	79.28	70.02	66.84	64.08	60.53	59.34	53.90
消费性支出构成(%)							
食品	45.34	43.16	40.95	38.56	35.82	33.19	27.41
衣着	9.68	10.88	11.47	11.23	11.16	10.73	10.43
居住	11.40	9.62	9.45	8.81	8.62	8.35	8.29
家庭设备及用品	5.55	5.92	6.19	6.58	6.79	7.09	7.45
交通通信	8.26	9.93	11.34	13.13	14.93	16.68	21.17
文教娱乐	9.90	10.77	10.80	11.36	12.35	13.31	14.42
医疗保健	7.51	6.97	6.78	6.97	6.30	6.12	5.18
其他	2.36	2.76	3.02	3.37	4.04	4.53	5.64

资料来源：根据《中国统计年鉴(2015)》公布数据计算整理得到。由于从 2013 年起，国家统计局对住户收支与生活状况的调查采用了新方法，有关城镇住户的各分项指标数据仍不全面，因此，这里数据只能更新到 2012 年。

上述数据分析可以看出，我国居民在收入和消费支出上均存在显著差距。收入和消费层面的差距将直接转化为财产差距，最终影响到居民生活的各个方面。而税收作为调节收入分配差距的重要工具之一，实际上并未起到其应有的作用。这主要是因为，一般来说，所得税通常采用累进税率，被认为是控制收入分配差距最直接、最有力的工具，而商品劳务税则多适用比例税率，通常具有累退性，对收入分配的调节效果不明显。我国现行的税收制度却是以商品劳务税为主、所得税为辅，因此，我国的税收结构才是造成收入分配调节效果差的根本原因。下面将对以增值税、消费税和营业税三大税种为主的商品劳务税，在收入和消费环节的收入分配效应进行具体分析。

第二节 社会公平效应实证模型选择

一 实证方法选择

前面我们对商品劳务税如何影响居民收入分配进行了梳理，下面从实证角度出发，证实商品劳务税对不同收入阶层居民的影响。以我国城镇居民的收入消费数据为研究对象，分析商品劳务税负担在不同收入阶层群体间的分摊，进而分析它们的累进(退)性，并在此基础上计算城镇居民的税前和税后基尼系数，通过对两者的比较来考察商品劳务税对居民收入分配的实际效应。

目前，学术界关于税收负担的研究方法有两种：一是可计算的一般均衡分析法（CGE）；二是微观模拟法。前者通常是通过建立生产函数或居民效应函数等一般均衡模型来研究税收变化对均衡价格和均衡数量的影响，进而衡量税收归宿和税收负担，这种方法适用于多种商品或部门之间，重点考察税制改革对社会福利的影响。后者则主要以个人或单位等微观主体为研究对象，通过模拟经济系统的运行过程，分析政策变化对微观主体的影响，进而推测到宏观经济影响，此方法更适用于分析实际征收的税收归宿问题。鉴于两种方法的侧重点和适用条件不同，本书拟采用微观模拟的方法来研究以增值税、消费税和营业税为代表的商品劳务税的累进(退)性。使用该方法衡量居民税收负担的具体做法是：按照一定标准（比如收入）将不同家庭进行分组，再参考一定的税收转嫁方法，根据详细的收入和支出数据来度量每一组收入者所承担的税收负担。

二 微观模拟法的税收转嫁模型

增值税、消费税及营业税虽然是直接对企业征收，但企业可以在交易环节通过提高销售价格将税收向前转嫁给消费者，或者是压低要素价格将税收向后转嫁给要素所有者。可见，多数商品劳务税负担最终将由企业和居民共同承担，对于一些供给相当有限的商品，这些税收负担甚至全部由消费者承担。这里，在假定税负向前转嫁的基本前提下，借鉴Metcalfetal（2009）和聂海峰、刘怡（2010）的做法，构建投入产出税收转嫁模型。

假设市场是完全竞争的，市场中共有 n 个部门，每个部门生产不同产品，即市场中共有 n 种产品。且各部门的生产规模报酬不变，各产品之间的替代率不受投入价格变动的影响。当市场处于完全竞争状态时，各部门利润均为零。因此，在税收不存在的情况下，各部门产品总价值将等于部门中间投入价值与增加值之和：

$$P_j X_j = \sum_{i=1}^{n} P_i X_{ij} + V_j \ (i, j = 1, 2, \cdots, n) \tag{7-1}$$

式中，P_i、P_j 分别表示 i、j 两个部门单位产品的价格；X_j 表示 j 部门的总产量；X_{ij} 表示第 j 个部门生产中消耗的 i 部门的数量，V_j 表示第 j 个部门的增加值。在上式两边同除以 j 部门的产量，可得到各部门的价格方程：

$$P_j = \sum_{i=1}^{n} P_i c_{ij} + v_j \ (i, j = 1, 2, \cdots, n) \tag{7-2}$$

式中，$c_{ij} = X_{ij}/X_j$ 表示第 j 部门单位产出中所使用的 i 部门投入量，即投入产出表中的直接消耗系数；$v_j = V_j/X_j$ 表示 j 部门增加值在单位产出中的比重。

现在将政府征税纳入考虑在内，参考 Rajemison 和 Younger(2000)、聂海峰和刘怡(2010)的做法，将增值税、消费税和营业税分别视为对增加值、中间生产和劳务供给额征收的税收，从而得到均衡状态下各部门的含税价格公式为：

$$P_j = \sum_{i=1}^{n} c_{ij} P_i (1 + t_2) + v_j (1 + t_1) + P_j t_3 \ (i, j = 1, 2, \cdots, n)$$

$$\tag{7-3}$$

调整为矩阵形式：

$$P = [I - C(I + T_2) - T_3]^{-1} \cdot (I + T_1) \cdot V \tag{7-4}$$

式 (7-3) 中，t_2 表示对 i 部门征收的消费税实际税率；t_1、t_3 分别表示对 j 部门征收的增值税和营业税的实际税率。式 (7-3) 表明，各部门产品的价格等于全部投入的价值与所承担的各种转嫁税负之和。在等式的右边，第一项是由单位产出中间使用而转移过来的价值以及由中间投入而转嫁过来的消费税（在生产环节征收），第二项表示单位产出的增加值以及对其征收的增值税，第三项是该产品所承担的营业税。式 (7-4) 中，P、V 分别为部门产品价格和单位产品增加值比例的 n

维列向量；I 为 n 阶单位方阵；C 为 $n \times n$ 维直接消耗系数矩阵；T_1、T_2 和 T_3 分别为增值税、消费税和营业税实际税率的 $n \times n$ 维对角矩阵。

为了计算各部门生产的最终商品价格中所包含的流转税负担，需要计算出各税种的有效税率。这里，通过分别计算不含税和含税两种情况下的产品价格，进而测算出产品价格的变化比例来得到有效税率。其中，含税价格是实际税率下的产品价格。下面以增值税为例，说明如何计算有效税率：在保持其他税收的实际税率不变的条件下，计算出假定所有部门增值税率 $t_1 = 0$ 时的价格 P_0，同时，计算出增值税率为 t_1 的实际税率下的价格 P_1，$T = (P_1 - P_0)/P_0$ 即为各部门最终产品的价格中所包含的营业税有效税率。消费税和营业税的有效税率也可由此方法计算得到。

第三节 社会公平效应实证分析

一 数据选择和参数估计

根据上述分析可知，要测算出城镇居民内部不同收入组消费支出中所承担的流转税负，即居民部门内的商品劳务税分布状况。关键在于以下三个步骤：第一，根据分税种和分行业的税收数据，确定分部门的实际税率；第二，根据获得的实际税率，结合直接消耗系数和增加值比例，利用投入产出模型，模拟商品劳务税在不同部门之间的转嫁，对比计算出含税和无税两种情况下的产品价格变化比例，确定最终产品的有效税率；第三，将各收入组居民的消费支出项目与投入产出表相对应部门的有效税率一一对应，得到各收入组居民所承担商品劳务税负程度。

（一）数据来源

与上述测算步骤相对应，本书使用的数据有：①2010 年全国税收收入分税种分产业的实际征收数据，来自《中国税务年鉴（2011）》；②与各部门产出、增加值、耗用其他部门的投入物相关的直接消耗系数和单位产品增加值比例数据，来自《中国统计年鉴》中 2010 年投入产出表；③城镇家庭收入分组数据，来自《中国统计年鉴（2011）》和《中国城市（镇）生活与价格年鉴（2011）》，按照城镇居民收入水平，把家庭从低到高分为 7 个组别，其中最低收入户（10%，其中 5% 最低收入者为困难户)、低收入户(10%)、中等偏下收入户(20%)、中等收入户(20%)、中等偏上收入户(20%)、高收入户(10%)和最高收入户(10%);④城镇各收入组居民家庭的分项消费支出数据,来自《中国城市(镇)生活与价格年鉴(2011)》中的八大类消费项目,其中八大类为食品、衣着、居住、家庭设备用品及服务、医疗保健、交通和通信、教育文化娱乐服务和杂项商品与服务,中类和小类共36项。需要说明的是,由于投入产出表是本书相关估算的关键部分,而目前可获取的该表最新信息为2010年的延长表,因此,本书选定的样本数据时间为2010年。

(二) 各参数估计及结果

由于受到征管条件的客观制约,税务部门的实际征收率往往与名义税率不一致,为了准确地核算国民经济各部门(行业)的税收负担水平,需要计算各部门实际税率。这里采用部门实际税收与部门增加值之比来代表实际税率,即部门增值税实际税率=部门实际税收/部门增加值。消费税、营业税的实际税率计算方法与增值税相同。其中,需要估算实际税率的各部门(行业)必须与投入产出表的17个部门相对应,这里参考聂海峰、刘恰(2010)的做法,对由于分类标准不一而需要合并的,即《中国税务年鉴》中多个行业对应投入产出表的一个部门,则把这些行业的税收数据汇总即为该投入部门的实际税负额。在这里,我们将信息传输、计算机和软件业小类与运输邮电业共同纳入运输邮电业、信息传输与计算机服务业。

将以上获得的各部门实际税率代入投入产出税收转嫁模型,并结合各部门的产出、直接消耗系数和增加值比例数据,计算得到各部门的有效税率,计算结果如表7-2所示。

表7-2　　　　投入产出17部门的商品劳务税有效税率　　　　单位:%

编号	部门	增值税率	消费税率	营业税率	合计
1	农林牧渔业	0.015	—	0.006	0.021
2	采矿业	10.327	—	0.075	10.402
3	食品制造业	9.313	3.847	0.009	13.169
4	纺织、缝纫及皮革产品制造业	8.533	—	0.015	8.548

第七章　货币、价格与税收联动关系的社会公平效应实证分析 ┃ 149

续表

编号	部门	增值税率	消费税率	营业税率	合计
5	其他制造业	6.468	0.006	0.015	6.490
6	电力、热力及水的生产和供应业	10.993	—	0.148	11.141
7	炼焦、煤气及石油加工业	15.961	7.971	0.012	23.944
8	化学工业	9.013	0.018	0.017	9.048
9	非金属矿物制品业	7.058	—	0.013	7.071
10	金属产品制造业	7.993	—	0.018	8.012
11	机械设备制造业	8.975	0.381	0.033	9.389
12	建筑业	0.080	—	2.417	2.497
13	运输邮电业、信息传输与计算机服务	0.322	—	1.617	1.939
14	批发零售贸易、住宿和餐饮业	8.037	0.900	1.159	10.096
15	房地产业、租赁和商务服务业	0.303	0.000	6.929	7.232
16	金融保险业	0.022	—	5.229	5.251
17	其他服务业	0.751	—	1.878	2.630
	平均	6.127	1.875	1.152	9.154

从表7-2可以看出，由于各部门承担的实际税率和部门投入结构不同，导致不同部门商品劳务税有效税率存在很大差别。总体而言，2010年，17大投入产出部门中，增值税、消费税和营业税三大税种的有效税率合计为9.154%。其中，增值税的有效税率最高，平均为6.127%，消费税次之，平均税率为1.875%，而营业税最低，这一平均值仅为1.152%，略高于1%，这可能与增值税自身较高的名义税率有关。从部门分类来看，17大投入产出部门中，炼焦、煤气及石油加工业，食品制造业，电力、热力及水的生产和供应业，采矿业以及批发零售贸易、住宿和餐饮业5大部门的商品劳务税有效税率均高于10%，其余12个部门的有效税率略微低一些。就增值税而言，炼焦、煤气及石油加工业，电力、热力及水的生产和供应业以及采矿业三大部门的增值税有效税率均高于10%。对于消费税而言，炼焦、煤气及石油加工

业和食品制造业的有效税率相对较高,其余5个部门的有效税率均不足1%。与增值税、消费税相比,17大部门内的营业税有效税率差异较小,除房地产业、租赁和商务服务业和金融保险业的有效税率超过5%外,其他15个部门这一税率分布较为均衡。此外,在有效税率中,增值税税率相对较高的部门,往往其对应的营业税税率相对较低,即各部门的增值税和营业税的有效税率存在一定的此消彼长的现象,但这种关系在各部门间并不严格对应。

二 居民部门内的商品劳务税负分布结果

在上述通过估算得到的增值税、消费税和营业税三大税种有效税率的基础上,根据各收入组的具体消费支出项目所对应的投入产出部门来确定各项消费支出应适用的税率,即可测算获得城镇居民内部各收入组消费支出的三大商品劳务税(增值税、消费税和营业税)分布状况,测算结果如表7-3所示。居民各项消费性支出与投入产出17部门的对应关系详见附表1。

表7-3　　各收入组居民消费负担的商品劳务税额　　单位:元

收入组	人均消费支出	增值税	消费税	营业税	合计
困难户(5%)	4715.33	337.41	84.68	29.39	451.48
最低收入户(10%)	5471.84	389.36	95.07	34.34	518.76
低收入户(10%)	7360.17	522.21	120.81	45.68	688.69
中等偏下户(20%)	9649.21	669.53	145.68	66.59	881.80
中等收入户(20%)	12609.43	864.75	176.55	91.78	1133.08
中等偏上户(20%)	16140.36	1094.52	212.61	122.81	1429.94
高收入户(10%)	21000.42	1393.31	251.39	176.69	1821.39
最高收入户(10%)	31761.63	2051.13	324.17	294.93	2670.23
全国平均	13471.45	961.36	186.11	111.40	1258.87

从表7-3可以看出,不同收入户不仅在人均消费支出上存在很大差距,而且所负担的增值税额、消费税额和营业税额的差异性也很大。随着收入的增加,居民的消费性支出也逐渐增多,最高收入户消费支出

31761.63 元是困难户 4715.33 元的 6.74 倍,是最低收入户的 5.80 倍。由于增值税、消费税和营业税多采用比例税率,因此,居民承担的税负将随消费的增加而增多。从绝对额来看,最高收入户所负担的增值税为 2051.13 元,最低收入户这一负担为 389.36 元,前者是后者的 5.27 倍,最高收入户和最低收入户所负担的消费税分别为 324.17 元和 95.07 元,前者是后者的 3.41 倍,就所负担的营业税而言,最高收入户是最低收入户的 8.59 倍。可以看出,就增值税和消费税而言,最高收入户和最低收入户所负担税额的差距相对小于它们之间的消费支出差距而言,这两大税种确实存在累退性;但营业税则相反,最高和最低两组收入户所负担的营业税额的差距相对大于它们之间的消费支出差距,即呈现出累进性。

将表 7-3 中各收入组所负担的各项税收绝对额除以其可支配收入,即可得到不同收入组的税收负担率,结果如表 7-4 所示。表 7-4 是从相对量的角度考察不同收入组的商品劳务税税收负担情况。可以发现,与商品劳务税的绝对额情况类似,无论是单一增值税或者消费税,抑或是两者与营业税之和,居民所承担的税收负担率均呈现明显的累退性。最低收入户所承担的商品劳务税税负高达 8.72%,高出平均值 (6.59%) 两个多百分点,更高出最高收入户 (5.19%) 3.53 个百分点。单就增值税或者消费税而言,最低收入户增值税负担率为 6.55%,而最高收入户则仅为 3.99%,远远低于平均增值税负担率 5.03% 和最低收入户的负担率;消费税的累退性情况与增值税类似,随着收入的增加,居民所承担的消费税率逐渐降低。相对于增值税和消费税,营业税的累退性并不显著,其税收负担在各收入组之间的分布接近于倒"U"形,困难户和最低收入户的营业税负担率分别为 0.62% 和 0.58%,最高收入户是 0.57%,最高收入户与最低收入户的税收负担率基本持平,而略低于困难户。综合来看,各收入组所承担的商品劳务税额的差距完全不足以抵消它们之间收入的差距,因此,在居民部门内部,可支配收入相对较低的阶层却承担了过高的商品劳务税税负,即商品劳务税主要流向低收入群体。

三 商品劳务税的收入分配效应

通过以上对不同收入家庭居民承担的商品劳务税额和负担率的分析,得出的结论是:低收入阶层相对承担了更多的税收负担,而高收入

表7-4　　各收入组居民消费支出的商品劳务税收负担率　　单位:%

收入组	人均可支配收入	增值税负	消费税负	营业税负	合计
困难户（5%）	4739.15	7.12	1.79	0.62	9.53
最低收入户（10%）	5948.11	6.55	1.60	0.58	8.72
低收入户（10%）	9285.25	5.62	1.30	0.49	7.42
中等偏下户（20%）	12702.08	5.27	1.15	0.52	6.94
中等收入户（20%）	17224.01	5.02	1.03	0.53	6.58
中等偏上户（20%）	23188.9	4.72	0.92	0.53	6.17
高收入户（10%）	31044.04	4.49	0.81	0.57	5.87
最高收入户（10%）	51431.57	3.99	0.63	0.57	5.19
全国平均	19109.44	5.03	0.97	0.58	6.59

阶层却承担了相对低的税收负担，商品劳务税在居民部门内存在显著的累退性。换言之，增值税、消费税和营业税等商品劳务税的征收将进一步扩大居民收入差距，加剧了居民内部的收入分配不公状况。为更加直观地考察商品劳务税在居民部门内的收入分配调节效果，这里运用具体指标进行衡量。

通常，基尼系数是衡量收入分配公平程度最常用的指标，但基尼系数的测算要求样本数据中对收入层次的划分尽量详细，以增加结果的准确性。考虑到本书所选数据的时间短、收入层次划分不尽详细等局限性，无法获取较为严谨的基尼系数，这里选用库兹涅茨比率，并通过测算比较税前和税后的库兹涅茨比率之差，来衡量商品劳务税的收入分配效应。这一指标也是衡量居民收入不平等程度的常用指标之一，其测算相对简单，也可有效地弥补数据局限。

库兹涅茨比率是由著名经济学家、诺贝尔经济学奖获得者西蒙·库兹涅茨在其收入分配差距及其度量的研究中提出的。具体是通过将各收入组所占收入份额与人口比重间差额的绝对值加总得到，其计算公式为：

$$R = \sum_{i=1}^{n} |y_i - p_i| \ (i = 1, 2, \cdots, n) \tag{7-5}$$

式中，R 表示库兹涅茨比率，y_i 表示各收入组所占收入份额，p_i 表示各收入组对应的人口比重。测算得出的 R 值越大，说明居民收入差距越大;反之则越小。

本书根据 2010 年按照不同人口比例划分的城镇居民家庭 7 个收入组的可支配收入情况,结合上面已计算得到的增值税、消费税和营业税三大商品劳务税在各收入组中的分布状况,对各税种及总体商品劳务税前后的库兹涅茨比率进行了测算。具体结果如表 7-5 所示。

表 7-5　　　　城镇居民税前和税后的库兹涅茨比率比较

收入组	各收入组所占收入份额					
	税前	增值税后	消费税后	营业税后	商品劳务税后
最低收入户（10%）	0.0292	0.0286	0.0290	0.0292	0.0284
低收入户（10%）	0.0455	0.0451	0.0454	0.0456	0.0449
中等偏下户（20%）	0.1246	0.1238	0.1243	0.1246	0.1235
中等收入户（20%）	0.1689	0.1684	0.1687	0.1689	0.1682
中等偏上户（20%）	0.2274	0.2274	0.2274	0.2274	0.2274
高收入户（10%）	0.1522	0.1526	0.1524	0.1522	0.1527
最高收入户（10%）	0.2522	0.2541	0.2529	0.2521	0.2548
库兹涅茨比率	0.4636	0.4682	0.4654	0.4635	0.4699

表 7-5 中的结果表明,城镇居民的税前库兹涅茨比率为 0.4636,征收商品劳务税后库兹涅茨比率上升为 0.4699,增加了 0.0063 个百分点。其中,增值税后库兹涅茨比率上升为 0.4682,使其增加了 0.0046 个百分点;消费税后库兹涅茨比率上升为 0.4654,使其增加了 0.0018 个百分点;而营业税的征收则并未使税前和税后库兹涅茨比率有太大的变化。税前和税后库兹涅茨比率的结果也证实了可转嫁的商品劳务税主要由低收入阶层承担,商品劳务税的收入分配效应为负,其征收进一步扩大了居民部门内的收入分配差距。

第八章 协调货币、价格与税收关系合理化思路

本书在建立货币供应量、价格水平与税收基本关系的理论分析框架下，重点分析了以商品劳务税为主体的税制结构模式下，货币供应量超发对价格水平，进而对税收产生的影响，以及三者之间的关系对企业投资、居民消费等微观经济，以及宏观经济增长和社会公平产生的效应。并利用协整模型和面板数据模型对我国货币供应量、价格水平与税收的关系以及对社会经济发展的效应进行了计量检验，得到以下两点研究结论。

其一，就货币供应量、价格水平与税收三者之间的关系而言，三者之间确实存在传递性的联动关系。货币供应量超经济增长，会影响货币供求关系，进而直接导致物价上涨。而增值税、消费税及营业税等商品劳务税普遍与价格水平直接挂钩，故而物价上涨必然导致商品劳务税收入的增加。我国的货币供应量、价格水平与税收的实证分析也充分说明了这一点。虽然现阶段 CPI 指数已不能完全、真实地反映我国的物价水平，是低于真实物价水平的，但是，仍然表现出了与货币供应量的同向变动关系，以及对商品劳务税收入的正向影响。如果从真实的物价水平出发考虑，货币供应量、价格水平与税收三者之间的同向变动趋势会更加显著。这说明货币量增加→价格上涨→税收收入增加的传导机制确实存在。

从货币供应量、价格水平与税收三者之间的具体影响程度看，货币供应量对价格水平的正向影响具有一定的滞后效应。短期内产生的影响较小，随后影响强度不断增强，说明其影响具有长期性。而价格水平对税收收入的影响轨迹则刚好相反，在短期内的正向影响就十分明显，而后随着时间的推移呈现递减趋势，即这一影响具有短期效应。

其二，就货币供应量、价格水平与税收三者之间的传导机制对经济社会的影响而言，其负效应很明显。既会对企业投资、居民消费等微观

经济产生负效应,也不利于宏观经济增长和社会公平的实现。在以商品劳务税为主体的税制结构模式下,由货币量增加主导的传导机制的直接结果就是总税负过重。通过对我国货币供应量、价格水平与税收联动关系效应的实证分析,发现以下六点结论:一是由货币量增加最终导致的重税负对固定资产总投资和民营企业投资均会产生负影响。其中,又以占比最高的增值税的负效应最大。二是价格水平对城镇居民消费、农村居民消费和居民总消费三大指标的影响呈现出显著的、较强的负效应,间接地说明了包含在商品价格中的商品劳务税,对居民消费会产生较大的负向影响。直观地看,商品劳务税中的营业税对消费的负效表现得更为明显。三是税收负担率与 GDP 增长率的负相关关系是显著的,且从税制结构方面来看,商品劳务税对经济增长的负效应大于个人所得税和资源税。四是商品劳务税负重反过来又影响到物价水平,即商品劳务税的变动会导致物价水平的变化,且两者之间也是一种同向变动关系,这不利于物价稳定。五是总税负重,尤其是商品劳务税负重阻碍了产业结构的调整。其中,第二、第三产业税负对两个产业占比均产生负效应,不利于第二、第三产业的发展壮大。六是商品劳务税负重会对收入分配产生负效应,其征收进一步恶化了居民部门内的收入分配差距。就各具体税种而言,增值税和消费税的累退性情况类似,居民所承担的增值税率或消费税率是随着收入的增加而减少的。

综合而言,在我国长期以商品劳务税为主体税种的税制结构模式下,由货币增发最终引起税收增加的负效应十分明显,即当前企业因税负重而大量破产,居民消费增力不足,实体经济持续疲软。因此,当前应以我国经济进入调整期为契机,降低商品劳务税占比。这不仅可以减少企业税收负担,增加企业现金流和利润空间,同时也会减轻居民所承担的高价格、高税负的"双高"压力,为扩大消费需求提供动力,从供给和需求两方面来推动经济增长。而资本的逐利性也会随之引导大量货币资金注入实体经济,为其良好发展提供资金保障。与此同时,应提升受价格水平影响较小的个人所得税、财产税比重,优化税制结构,在稳定宏观税负、保证财政支出需要的同时,也从根本上减弱价格水平对税收的影响。同时,也要控制货币规模,合理引导资金分流,从根本上减少货币对价格的推涨作用。本章各小节就是通过对发达经济体中货币、价格与税收关系的经验分析,提出协调我国货币量、价格与税收关系合理化的具体建议。

第一节 优化税制结构，相对弱化 税收与价格联动关系

根据第二章的理论分析，一国的货币供应量与物价水平之间存在正相关关系，而这一正相关关系可能会直接传递到税收。其结果有两种表现形式：一是货币供应量与物价水平之间的同向变动关系在税收收入上产生"添加"效应，最终导致总税收负担率较高；二是前两者的同向变动关系对税收收入不会产生太大的影响。实际上，到底会出现前一种结果还是后一种结果，都取决于一国的税制结构。

在发达国家中，多实行以所得税为主体税种的税制结构。其税收总收入中增值税、消费税和营业税等与价格直接相关的商品劳务税占比不高，而个人所得税、财产税等占比较高，但这些税种多不直接与价格挂钩或与价格无关，对价格变动不敏感。因此，在这种税制结构模式下，价格与税收的作用机理相对弱化。由货币超发带来的物价上涨效应不会传递到税收收入。以美国为例，其税收的基本情况是：所得税、利润税和资本收益税占税收总收入的比重高达90%（见表8-1），也就是说，其商品和服务税占比还不足10%，两者规模相差较大。因此，价格变动对税收收入影响小，总税收负担率也会相对较低。2013年，美国的税收总收入占GDP比重为10.57%，其他年份也一直保持在10%左右。相较于美国，世界其他发达国家的所得税、利润税和资本收益税所占比重略低一些。如加拿大这一比重在75%—80%（见表8-1），而英国、法国、日本等在50%左右（见表8-1），韩国、德国等为40%左右（见表8-1）。由此可见，发达国家基本都遵循所得税类占比远高于商品劳务税类的规律，相应地，它们的税收负担率水平也较低。根据世界银行统计数据，2012年，世界各国税收负担率平均水平为14.29%。其中，高收入国家税收负担率为14.26%，中等收入国家为12.83%，中低等收入国家为10.94%。就发展中国家而言，所得税、利润税和资本收益税占税收总收入比重多数国家也在50%左右，其中，马来西亚的这一比重最高在70%左右（见表8-1），新加坡、泰国相对低一些，

在44%—51%（见表8-1），都远高于我国不足30%的水平。

表8-1 部分发达国家和发展中国家或地区的税收结构

国家或地区	2008年 CF	2008年 SS	2009年 CF	2009年 SS	2010年 CF	2010年 SS	2011年 CF	2011年 SS	2012年 CF	2012年 SS
澳大利亚	22.51	73.01	22.64	72.43	24.32	70.00	23.85	71.14	22.46	72.26
日本	26.92	54.30	32.73	47.92	34.44	49.93	35.37	50.77	35.71	52.19
韩国	25.57	45.13	25.87	42.34	26.73	42.05	24.88	45.31	—	—
中国香港	8.62	66.90	8.60	58.59	8.53	—	—	—	—	—
新加坡	21.74	51.11	26.21	46.96	26.20	44.60	25.27	44.63	23.72	44.68
中国	—	29.17	—	27.79	—	25.42	—	27.14	—	—
马来西亚	15.86	68.11	15.67	68.56	16.74	66.46	15.39	70.31	14.65	71.35
泰国	36.86	47.72	38.25	46.57	40.22	42.31	39.42	46.09	38.84	44.94
瑞典	37.51	17.74	39.83	14.75	40.20	17.07	39.35	15.82	39.54	14.64
荷兰	26.22	46.69	26.71	47.51	27.00	47.18	26.34	47.28	25.85	46.59
意大利	20.76	58.27	20.49	54.88	22.07	55.08	22.25	54.19	21.97	54.57
德国	23.62	41.80	24.52	38.82	24.60	38.03	24.71	38.62	24.18	40.11
法国	22.75	48.78	23.08	44.61	22.21	44.31	22.29	47.55	22.02	48.83
英国	26.83	49.91	28.12	51.00	30.00	48.97	31.87	47.88	30.17	46.63
印度	26.25	52.78	23.76	58.78	21.49	55.21	24.12	55.21	25.99	52.25
印度尼西亚	27.01	50.79	31.43	49.57	29.44	—	29.34	—	—	—
美国	2.55	91.72	3.03	90.55	2.76	91.54	2.97	92.14	3.14	92.13
加拿大	13.79	78.30	14.51	77.22	14.92	76.72	14.57	—	14.02	77.44

注：表中CF对应数值为各国家或地区的商品和服务税占财政收入比重（%），SS对应数值为所得税、利润税和资本收益税占税收总收入的比重（%）。表中数据均来源于国际货币基金组织，由EPS数据库整理。

通过以上对发达国家价格水平与税收的对比关系分析，发现这些国家多以所得税为主体税种的税制结构，使价格对税收的作用机理相对弱化，从而也减少了价格变动对税收的影响程度。因此，应通过改变现行税收收入结构不合理这一根本原因，从而弱化价格水平与税收收入之间的传导机制。

一 确立商品税与所得税并重的"双主体"税制结构模式

商品劳务税和所得税在税收总收入中占比的不同,是判定税制结构模式属于以商品劳务税为主的税制结构模式还是属于以所得税为主的税制结构模式的关键。目前,在国际税收体系中,常见的税制结构模式无非是以商品劳务税为主的税制结构模式,或者是以所得税为主的税制结构模式,抑或是两者并重的"双主体"税制结构模式模式。以商品劳务税为主体税种的税制结构模式,侧重于对市场中商品和服务的征收,多采用比例税率或定额税率,其征收、管理相对简单、方便,对物价的变动也相对敏感。与之相反,以所得税为主体税种的税制结构模式,偏重于对居民或企业的所得、收入或财产的征收,多采用累进税率,其征收、管理复杂、烦琐,但总体税收对物价变动的敏感度大大降低。商品劳务税与所得税并重的"双主体"税制结构模式自然是前两者的折中体,对物价变动的敏感度自然也是处于前两种模式之间。

1978 年改革开放之后,我国的税收结构中商品劳务税一直占据着最大的份额。虽然 1994 年税制改革开始后,所得税(尤其是个人所得税)占税收总收入的比重在稳步上升,但与商品劳务税的高比重相比,仍相去甚远,我国以商品劳务税为主体税种的税制模式是显而易见的。第四章我们也从实证方面证实了我国以商品劳务税为主的税收收入结构与物价上涨的关系,即这种税制结构模式下的税收收入受到价格的正向影响较大。因此,为了弱化价格水平对税收收入的影响,有必要调整我国的税收收入结构,降低商品劳务税收入。但是,由于现阶段我国政府在经济发展中仍扮演着十分重要的角色,而这自然需要一定的财政收入来实现,故而通过大幅度减少商品劳务税而转换为以所得税为主的税制结构模式并不是一个好的选择,短时期内应选择商品劳务税与所得税并重的财政收入结构,以保证财政收入的充足性和实现减少税收受到价格变动影响。从长期看,最终实现转向以所得税为主体税种的税制结构模式。

二 推进商品劳务税改革,有效降低商品税占比

2011 年,在福布斯发布的全球税负痛苦指数排行榜中,我国位居第二。虽然有评论认为该榜单"说法不实",并认为我国宏观税负仍处于较低水平。但该榜单也不是毫无借鉴意义,多数国内外学者认为,如果将公共产品和服务的提供也作为衡量税负高低的一个指标,则我国的

宏观税负率无疑是较高的。而导致这一结果的根本原因是我国以商品劳务税为主体税种的税制结构模式，因此，降低商品劳务税占比，改变税收收入结构才能从根本上解决宏观税负高的问题。多数专家学者也肯定了这种解决方法，如有的专家从物价水平对税收的影响出发，认为我国现行的以商品劳务税为主的税制结构模式，直接造成了物价水平与税收之间的相互推动关系，建议减少商品劳务课税、相应地增加所得税和财产课税，从而优化财政收入结构，以构建一个相对均衡的税制体系（高培勇，2012；崔军、朱志钢，2012）；有的专家从税收负担角度考虑，指出我国的税制结构存在一个很严重的问题，即商品劳务税比重偏高，所得税比重偏低，而隐含在消费品价格中的商品劳务税正是引发税负"痛苦指数"的根源，主张对占比较高的增值税进行减税，实行有减有增的税负调整，以最终实现降低商品劳务税占比，稳定宏观税负，改善财政收入结构的目标（贾康，2012；胡怡建，2015）。也有专家从实证角度分析了商品劳务税与价格水平的关系，提出了与上述专家一致的建议（杨君茹、戴沐溪，2012）。综合而言，他们提出了基于优化税制结构的一系列措施，即对商品劳务税类减税、所得税类增税，实现税收负担从商品劳务税到所得税的"平移"，以减轻税收与价格之间的联动关系。

可以看出，多数专家学者的观点都与本书对价格水平与税收关系的认识相同，即认为增值税、消费税和营业税等商品劳务税确实会受到价格变动的较大影响。因此，降低商品劳务税在税收总收入中的比重，以减少其参与国民收入分配的份额，将有利于弱化税收与价格的联动关系，进而从根本上改变价格上涨→税收收入增加→价格上升的恶性循环，也可以最终降低宏观税收负担率或者说减轻居民和企业的税负"痛苦指数"。

现阶段，我国商品劳务税中增值税、消费税及营业税的具体改革思路是：

其一，继续解决"营改增"改革的一些后续问题，完善增值税税制，以减少该税种的税收负担。自2012年"营改增"在上海开始试点运行后，专家学者也开始对其效果进行估算。据统计，2012年12个试点省份总计减轻企业税负426.3亿元，平均减税面达到95%；其中尤以中小企业为主体的小规模纳税人减税力度最大，平均减税幅度高达 40%。① 随后近三年内，"营改增"的范围逐年扩大，效果也十分明显。根据财政部税政司的统计，截至 2014 年年底，"营改增"试点纳税人已增加到 410 万户。2014 年，有超过 95% 的试点纳税人因税制转换带来税负不同程度下降，减税额总计为 898 亿元，原增值税纳税人因进项税额抵扣增加，减税 1020 亿元，合计减税 1918 亿元。② 鉴于此，2016 年的政府工作报告提出，从 2016 年 5 月 1 日全面推行"营改增"。但应该注意的是，"营改增"作为一项涉及面广、过程复杂的税制改革，其实施并非易事，而且在实施过程中部分行业（如电信业）税负增加、抵扣项目不充分等诸多问题也开始显现。这就要求进一步解决"营改增"实施过程中出现的一些不合理问题，或者说进一步完善增值税税制，如通过改善现行的纳税人划分办法，降低部分产业税率，来促进增值税的征收和税收负担的合理化。具体做法是：将纳税人按经营规模和经营项目，重新划分为按低税率定率征收和基本税率查账征收，两种方法均可使用专用发票，但定率征收的纳税人应当限定使用的发票面额和使用额度。目的是解决小规模纳税人只能使用普通发票的限制，使小规模纳税人和一般纳税人之间的正常经济活动往来得以继续，从而有助于促进市场经济的自由交易。同时，应降低粮食、食用植物油等与民生紧密相关产品的税率，对科技含量高、产品附加值高的高科技产品也应实行低税率，以对冲这部分产品由于进项抵扣少而增加的增值税税负。

其二，改革和完善消费税。消费税是具有"特殊调节"功能的一个理想税种，最能体现一个国家的产业政策和消费政策。但由于目前我国的消费税在征税范围、税率结构和征税环节设计方面的不合理，导致其调节功能难以发挥。因此，消费税的改革应着眼于这三个方面的完善。就征税范围而言，与其他税种不同，消费税的征税范围一般是不稳定性的，即非一成不变的，它会随着国家经济发展和调控目标而改变。但总的原则是区分消耗品和消费品，以及一般消费品和高档、奢侈消费品。一般而言，消耗品往往是工业生产的原材料等，一般消费品则是人们日常生活的必需物品，这两者都不应当纳入征税范围。而消费品尤其是高档、奢侈消费品才是需要调控的对象。根据这一原则，目前我国现

---

① 数据来自刘明霞《"营改增"税负增减盘点》，《财经国家周刊》2013 年 3 月 2 日。
② 数据来源于中国财政部官方网站，http://szs.mof.gov.cn。

行消费税的征税范围中，酒精、汽车轮胎作为基本生产资料，属于消耗品，不应征收消费税。同时，啤酒、一般化妆品属于人们日常生活的消费品不应纳入征税范围。相反，一些高档消费品如高档服装、高级别墅、私人飞机等，以及高档消费行为如桑拿、海外代购等应当纳入消费税征税范围。就税率而言，对于高档消费品与普通消费品应加以区分，设置不同税率。如根据我国居民当前的生活水平，现行税目中的贵重首饰、高档手表、高尔夫球及游艇等，仍属于奢侈品，可考虑设置较高税率，而降低普通消费品如一般化妆品的消费税税率。另外，随着人们生活水平的提高，对奢侈品的界定会不断变化，税率也应随之而变。就征税方式而言，消费税应当逐步由生产环节征收向零售环节征收转变。这样，可以实现价税分开，使消费者清楚地意识到自己承担了多少税款，有助于消费政策导向作用的发挥。

三 提高所得税和财产税占比，为降低商品税提供保障

商品劳务税的征收在消费环节，其在税收收入中所占比重的大小，必然会直接影响到消费环节的税负轻重。商品劳务税占比越高，消费环节税负越重，越不利于居民消费的扩大。同时，由于边际消费倾向的递减性，以商品劳务税为主体的税制结构具有累退性，其对收入分配的调节作用较弱，甚至可能出现"逆向"调节。而所得税则与商品劳务税不同，相比较而言，其在扩大居民消费和调节收入分配两方面具有很大的优势。一是所得税的征收在收入环节，对价格不会产生"添加"效应，税负也难以直接"平移"到消费层面，其对消费的负效应相对要小。二是所得税具有较强的收入分配调节功能，其占比的增加，会强化税收的收入分配调节功能，有助于实现社会公平。因此，有的专家在对税收与物价关系进行分析的基础上，提出了未来我国的税制改革应着力调整税制结构，主要是逐步提高收入分配功能较强的个人所得税、财产税在税收收入中的占比，这对扩大国内需求，更好地发挥税收的收入分配调节功能有着重要的意义（张斌，2012）。张海星（2012）、杨志勇（2011）等多位专家学者也都持同样的观点。同时，提高个人所得税和财产税占比，也是为降低商品劳务税提供保障，以保证政府拥有充足的财政资金。

（一）个人所得税的专业化调整

自 2005 年至今，我国个人所得税已经历多次调整，但几乎都是以

提高免征额的方式来实现。这主要是因为，现行的个人所得税优化始终缺乏"顶层设计"，其局限性也表现得日益明显。在目前中国城镇居民人均月收入不足3000元，农村居民人均月收入更低的现实背景下，进一步调高免征额，将使中高收入者成为最大受益人，不仅不能实现改善收入分配，还会因其较低的边际消费倾向而制约内需的扩大。基于这一思路，我国个人所得税应从以下几个方面进行专业化调整：一是转变征管模式是关键。通常个人所得税的征收模式主要有分类征收、综合征收和混合征收（分类与综合相结合）三种。目前国际上占主导地位的是综合征收模式，很少有国家像我国一样选用分类征收。分类征收相对简单、便于管理，对实施条件的要求相对较低，但有失公平，已不能满足我国现实情况对个人所得税的要求。综合征收模式虽然具备较强的收入分配调节作用，但要求较高水平的信息统计和管理作为基本实施条件。现阶段我国仍尚不具备这些条件，因此，综合考虑公平性和现实条件，混合征收是最为合适的选择。具体而言，一方面，将工资薪金所得、承包承租所得、生产经营类所得、劳务所得以及利息、股息、红利所得等经常性项目合并运算综合征收。另一方面，将财产租赁、财产转让和其他所得等非经常性收入项目仍采用分类征收。二是规范个人所得税的税基，即对费用扣除标准的规范。个人所得税中的费用扣除项是基于对纳税人基本生活需要的考虑，而人们的基本需要一般会随经济的不断发展而不断增加。因此，目前应将基本生计支出以及养老、医疗、教育和住房负担等项目都纳入扣除考虑范围，并将扣除标准与物价水平挂钩。三是将现有的个人课征方式转向以家庭为单位的课征，并继续实行高收入（年收入12万元以上）的自行申报制度。四是个人所得税征管配套措施的完善。随着征收模式、课征单位和税基的变化，必须建立全部财产实名制制度，还要构建税务机关与银行、企事业单位的联网平台。同时，应推行支票制度，限制现金的开支范围，为综合征税创造有利条件。

（二）逐步完善财产税制

在完善财产税方面，我国现行的税制体系中真正属于财产税类的主要是房产税，因为遗产税一直未曾开征。契税和车船使用税等虽也可视为财产税类的税种，但其与房产税和遗产税仍有一定的区别。在这里，也不做考虑。现行财产税中征税范围窄、计税依据不合理以及税率上采用统一的比例税等弊端，不符合公平税负的原则，从而削弱了财产税应有的调节作用，其在税收总收入中的占比也甚低。进入 21 世纪后，我国居民的财产性收入逐渐增多，而且发展潜力仍然很大，因此，完善财产税体系已是必然趋势。现阶段，我国财产税改革的重点包括以下三个方面：一是扩大和调整财产税范围。将现有的不动产按照产权归属分别就土地和房产征税。对于土地使用税、耕地占用税等以土地作为课税对象的税种，可以合并开征土地资源税，与房产税区分开来。对于纯房产的征税，应由目前只对经营用房和高档住宅征税，逐步扩大到普通住宅，即由流通环节征收改为持有环节的征收。但应当界定居民的基本生活住宅面积，这样，既能保证居民的基本居住，也有利于节制炒房。同时，也应将大量游离于课税范围之外的金融资产（如股票、债券等）纳入财产税征税范围。二是以房产的市场重置价值代替现有的以房产原值扣除一定折旧的计税方法。以房产原值作为计税依据，使税基不能随经济条件的变化而正常增长，实际上是导致了税基的客观缩小。因此，房产税收入不能随着房产价值的上升而同步增长。三是在前两项改革的基础上，对土地和房产的征税采用差别税率。并将对房屋征收所适用的比例税逐渐改为累进税率，以房屋档次来确定税率级次。这样，才能真正体现财产税调节收入分配的目的。在积极推进房产税改革的同时，还应适时开征遗产税、赠与税。这两个税种的开征有利于缩小收入差距，从代际关系或长远上看，可以鼓励青年人的奋斗精神，激发社会创造能力，从而有利于经济的长期增长。具体可以被继承或被赠予的财产总额为计税依据，选用一次性支付的征税模式。

（三）适时开征社会保障税

为了提高税收的收入分配调节功能，同时又保证税收受物价水平的影响最小，还应开征社会保障税。社会保障税与财产税类似，既与价格水平关联程度小，又具有强大的收入分配调节功能，应逐步建立以优化整体税制结构。国际上，绝大多数国家都开征了社会保障税，且该税种也具有一定的规模。如早在 2000 年，韩国、墨西哥的社会保障税收入已分别占据税收总收入的 26.7% 和 16.4%，基本与所得税规模相当。[1]根据联合国关于人口老龄化的最新数据预测，在以后的近三十年内，我国的人口老龄化将呈现出加速增长的趋势，60 岁及以上人口占比将平

---

[1] 李琦、侯博：《可持续发展战略与税制结构的优化》，《财政研究》2004 年第 12 期。

均增长16.55%,到2040年,这一占比将增加到28%左右。[①] 这就意味着我国的社会保障事业也面临着前所未有的挑战,有必要尽快完成由社会保险费向社会保障税的转变。为此,应做出以下改进:将现有的社保基金首先列入地方税管理体系,并由省级统筹逐步改为实行全国范围内的同一征管模式。待客观条件满足后,可转化为中央税。这不仅杜绝了由多头负责而带来的社保基金管理混乱的发生,也可以防止由于社保基金水平不同而引发的区域间不公平的加剧。根据国家统计局的统计数据,我国的社保费规模已非常可观,这也为社会保障税的开征提供了充足的税源保障。

四 建立涉税信息掌控平台,为优化收入结构提供可行性

一个好税制的运行及其目标追求,需要有健全的涉税信息掌控平台和高效的税收征管来保证和实现,离开了这两个方面,设计再好的税制也难以有效实施。以提升所得税和财产税占比来保障商品劳务税降低的税制优化目标更是与涉税信息的健全与否密切相关。这是因为,由于商品劳务税的纳税主体主要是企业,而企业一般都会建立会计账目,其信息统计也相对完善,征收率相对较高,即使一些中小企业缺乏完善的经营信息,也采用定额缴纳的方式来进行征收。但是,个人所得税和财产税的征收则多以个人或家庭为单位,征税对象也是收入或财产等较为隐蔽的信息。近年来,随着个人收入的多元化、隐性化,税务部门的涉税信息掌控能力受到很大挑战,征管手段也受到很大的限制。同时,纳税人的应税所得出现的多元化、隐蔽化、分散化,造成个人所得税税源不清、难以监管。就财产税而言,其征税对象更加缺乏相应的信息统计,征收难度更大。因此,有必要建立完善的涉税信息掌控平台,为优化税制结构提供可行性。

在个人所得税和财产税的征收过程中,应逐步建立税务部门与海关、工商、公安、国土房产、社保、审计等部门以及与银行、保险等企业间的信息资料交换制度和信息共享平台,最大限度地解决征纳双方信息不对称问题。一是通过法律支撑强化银行、海关、雇主等第三方的涉税信息提供义务,规定银行、保险以及其他支付单位必须定期向税务机关报送个人支付情况,税务机关在充分利用纳税人申报信息的基础上注

[①] 高培勇等:《中国财政经济理论前沿》(6),社会科学文献出版社2011年版,第183页。

重利用银行、海关、雇主等第三方信息，以相互核对。所有的 OECD 国家都要求银行和其他金融机构提供向特定纳税人所做利息支付的信息，这有助于从源头监控个人收入或财产变动。二是建立全国国税、地税部门统一的信息化平台，全面建立征管信息影像系统，逐步实现全国涉税信息大集中，并提高涉税信息对外共享程度。目前，要以推进"金税"工程建设和实施为契机，打破条块分割的格局，加快实现全国征管数据应用大集中，既要实现国地税之间纳税人的信息共享，也要实现跨地区纳税人信息共享，也为未来房产税、个人所得税改革奠定数据基础。三是要加快推广信用卡和个人支票的使用，限制现金支付，使居民的所有交易行为和收入均进入信息系统，加强对个人收入情况、支出情况及交易的掌控，以实现对个人收入和财产资料及纳税情况处理与稽核的专门化、现代化。

第二节 有效控制货币规模，保持物价稳定

理论上说，一国的货币供应量与物价水平之间存在正相关关系，即在经济发展（或货币流通速度）相对稳定的情况下，一国经济中的货币量总规模越大，其国内的一般物价水平相对越高，或者说一国的货币量增长速度越快，其国内的一般物价水平上升越快。因此，一国内物价水平的变动主要取决于货币供应量。在实际中，经济发展不可能是恒定不变的，一国内货币供应量的增加到底会带来物价水平多大的变动，以及由此引发的物价上涨是否在合理范围内，则由货币供应量与经济增长的相互对比所决定。

进入 21 世纪后，发达国家的经济增长相对缓慢，相应地，其货币供应量的逐年增加幅度也相对较小。在货币供应量与经济增长保持一致的情况下，这些国家的物价波动不大。表 8-2 是部分发达国家和发展中国家或地区的广义货币量、价格指数的基本情况汇总。从货币供应量的绝对量看，发达国家（美国、英国、法国、德国、韩国、日本等）的广义货币增长率基本在 5% 左右，最高也很少超过 10%，甚至在某些年份的广义货币出现负增长。从相对量来看，根据世界银行统计数据，世界各国广义货币量与 GDP 比值的平均值基本在 1.1 左右，英国、美

国等高收入国家的这一比值大约在世界平均值上下浮动 0.03，中等收入国家这一比值在 1.0—1.2。同一时期，世界各国的价格变动情况是：发达国家的价格水平在 2010—2014 年处于稳步上涨的态势，但五年间的最终涨幅也基本在 10% 以内（英国 2014 年的价格指数为 111.8，略微超出）。而包括我国在内的发展中国家或地区和中等收入国家或地区，如新加坡、马来西亚、泰国等国的价格指数相对而言要高一些。以上对比分析可以看出，在这些国家或地区的经济发展中，货币供应量总规模和增速基本保持在与经济增长相匹配的合理范围内，故而这些国家或地区的价格指数也随货币供应量的增加而出现不断上升的趋势，说明两者的同向变动关系确实存在，但这些国家或地区的价格指数涨幅不大，

表 8-2　部分发达国家和发展中国家或地区的货币量与价格水平

国家或地区	2010 年 M	RM	CPI	2011 年 M	RM	CPI	2012 年 M	RM	CPI	2013 年 M	RM	CPI	2014 年 M	RM	CPI
澳大利亚	1.01	10.13	100.0	1.00	7.97	103.3	1.02	7.35	105.1	1.07	6.75	107.7	1.10	7.16	110.4
日本	—	1.97	100.0	—	2.88	99.7	—	2.17	99.7	—	3.79	100.0	—	2.96	102.8
韩国	1.31	5.98	100.0	1.31	5.48	104.0	1.33	4.81	106.3	1.34	4.64	107.7	1.40	8.14	109.0
中国香港	—	7.38	100.0	—	9.84	105.3	—	7.82	109.5	—	9.5	114.3	—	8.94	119.4
新加坡	1.25	8.59	100.0	1.28	9.99	105.3	1.31	7.23	110.0	1.31	4.32	112.6	1.31	3.34	113.8
中国	1.78	18.95	100.0	1.76	17.32	105.4	1.82	14.39	108.2	1.88	13.59	111.1	1.93	11.01	113.3
马来西亚	1.34	7.35	100.0	1.38	14.63	103.2	1.41	8.85	104.9	1.44	6.78	107.1	1.42	6.91	110.5
泰国	1.16	10.96	100.0	1.28	15.15	103.8	1.31	10.38	106.9	1.37	7.32	109.2	1.38	4.56	111.4
瑞士	1.46	5.50	100.0	1.59	11.23	100.2	1.78	13.00	99.6	1.82	4.08	99.3	—	4.57	99.3
德国	0.84	3.74	100.0	0.85	5.53	102.1	0.88	5.97	104.1	0.89	3.48	105.7	0.90	4.30	106.7
法国	0.90	4.63	100.0	0.90	2.88	102.1	0.90	2.10	104.1	0.88	-1.74	105.0	0.90	3.20	105.6
英国	1.69	3.99	100.0	1.55	-4.42	104.5	1.53	0.77	107.4	1.51	2.10	110.2	1.41	-2.53	111.8
俄罗斯	0.51	24.59	100.0	0.51	20.86	108.4	0.52	12.07	113.9	0.56	15.66	121.6	0.60	15.45	131.2
印度	0.76	17.80	100.0	0.78	16.14	108.9	0.77	11.05	119.0	0.77	14.83	132.0	0.77	10.59	140.4
美国	0.85	-2.74	100.0	0.87	6.67	103.2	0.88	4.99	105.3	0.88	4.44	106.8	0.90	5.20	108.6

注：表中 M 对应的数值为各国家或地区的 M_2/GDP，RM 对应的数值为 M_2 增长率（%），CPI 即为一般物价指数（以 2010 年为基数）。

资料来源：世界银行，由 EPS 数据库整理所得。

物价水平是相对稳定的货币供应量对价格变动产生的影响也在可接受范围内。

近年来，我国的货币量规模之大、增速之快已对物价造成了直接影响。因此，在当前经济转型进入关键期的背景下，中央银行在制定货币政策时，更应注意有效控制货币发行量和银行流动性创造规模，使其保持在与经济增长相匹配的合理范围内，以降低其对物价推涨效应的潜在风险。同时，应加快金融体制改革，引导货币资金流向多元实体经济，而非虚拟经济或房地产经济等单一领域。其目的有二：一是防止房地产市场开始进入下滑档期、股市陷入低谷时，货币流通速度在较短时间内出现快速上升，而引发物价突发性上涨情况；二是逐步增加货币流通速度，以提高资金使用效率，降低企业，尤其是中小企业、新兴企业的融资成本，为企业实现技术变革增加资金保障，以促进企业发展、产业结构调整，为新阶段创造增长源。在借鉴各发达国家经验的基础上，我国的货币当局及金融体系应做出以下两个方面的调整。

一 有效控制货币规模，使其与经济增长相适应

20世纪90年代末期，我国的货币规模增长日益明显，这必然与我国经济发展和经济发展政策有着千丝万缕的关系。

首先，中央银行多次的宽松货币政策在很大程度上造成了超额货币（货币供应量相对过多）的出现。我国的货币政策在很大程度上是为国内经济发展需要服务的，而较快的货币供给，以及长期的实际负利率水平等因素也为国内经济的快速增长提供了资金保障。1997年亚洲金融危机、1998—2002年国内市场中较大的通货紧缩压力以及2008年国际金融危机之后我国都实行了稳健或偏宽松的货币政策，只有2003—2008年上半年实行了适当紧缩银根的货币政策。

其次，国内失衡的经济结构也是货币规模过大的一个重要原因。1978年至今，我国的投资额扩大了300多倍，经济增长主要依靠投资拉动。而这一现象的背后必然是中央银行长期低利率和宽松货币政策的实施，给中央和地方带来了持续的投资冲动。但随着资本边际效用的递减，货币对经济的推动作用不断减弱，即货币增加超过了相应的经济增长和购买力的提高，最终可能会带来大量的超额货币。

最后，国际收支双顺差的现实也是助长货币规模的原因。对外出口对我国经济增长起到了至关重要的作用，也带来了较大规模的外汇贮备

量。为了减轻由贸易顺差引发的人民币升值压力,中央银行不得不以投放基础货币的方式来购入美元,从而使外汇占款逐渐成为基础货币投放的主要渠道。外汇占款的增加,自然会带动基础货币随之增加,通过货币乘数的作用直接造成了货币供应量的成倍增加。

依据以上货币供应量的影响因素分析,可以看出,我国货币供应量过多是国内和国际经济影响因素共同造成的。我国的货币当局或银行应做出以下四点改进:

其一,重塑货币政策以"币值稳定"为最终目标的宗旨。1995 年颁布的《中华人民共和国中国人民银行法》明确规定了我国货币政策目标是保持货币币值稳定,并以此促进经济增长。但我国的货币政策似乎已经更偏向于经济增长这一目标。正是因为对经济增长的过分强调,致使货币供应量盲目增加,进而引发物价的快速上涨,这是对市场正常运行的一种干扰,长期内反而会阻碍经济的增长。因此,应保持货币政策最终目标的明确性,即始终坚持"币值稳定"的最终目标,为经济的持续增长创造一个良好的货币金融环境,这也符合国际惯例。

其二,确立中央银行决策的独立性。国家经济政策包括财政政策和货币政策两种,在宏观调控方面起着举足轻重的作用。近年来,我国中央银行在货币政策的制定和执行中不断走向成熟,进行宏观金融调控的能力也在不断提高。但中央银行决策非独立性的缺陷也越来越明显,与多方利益集团谈判、博弈的决策方式使中央银行的目标独立性大大降低。前美联储主席威廉·麦克切斯尼·马丁曾说过:"联邦储备系统的独立性是自由企业体系的基本防线,当它屈服于政治利害或私利的支配时,坚挺货币的基础也就受到损害了。"[①] 因此,应在推进我国金融体制改革的过程中,提高中央银行的独立性,以保证货币政策充分发挥其应有的效应。

其三,控制商业银行流动性创造以实现货币增长率的合理性。对于银行流动性创造对宏观货币供应量的关系,很多学者通过研究发现两者之间存在显著的正向关系。可见,除基础货币量之外,银行的流动性创造也是市场中货币供应总量的一个重要来源。为了稳定货币量规模,有

[①] [美]托马斯·梅耶、詹姆斯·S. 杜森贝里、罗伯特·Z. 阿利伯:《货币、银行与经济》,上海人民出版社 2003 年版,第 203 页。

必要加强商业银行信贷管理，合理控制货币乘数。货币乘数产生于商业银行的货币创造机制，是影响货币供应量的重要因素，这一乘数主要取决于商业银行的信贷业务。自2013年银监会8号文出台以后，我国商业银行信贷行为进一步受到约束，过去一些"边外"贷款业务得到及时遏制。加上存贷比、拨备率等指标始终处于高压约束状态，全国性商业银行信贷规模增长逐步趋于稳定。但仍有一些中小股份制银行、农村和城商行为了抢占市场份额，盲目扩张信贷规模。同时，2014年之后，我国商业银行信贷方式出现了多元化，其中不乏风险较大的"捆绑式"信贷，这将会大大增加银行的流动性创造。有必要对这两种情况的信贷扩张加强管理。

其四，推进汇率市场化，并加强对国际资本的监控。由国际收支双顺差带来的大规模外汇储备，无疑对货币规模起到了推波助澜的作用。但是，由于现阶段对外出口在我国经济增长中仍占据着十分重要的位置，不可能以强制减少出口来换取货币供应量的减少，只有加快实行汇率市场化来减少中央银行对外汇储备的额外购买。同时，随着世界经济的不断发展，国际市场上的货币资金量逐渐增加，在各国经济往来程度不断加深的情况下，国际资本的流动性也越来越强。近年来，我国对外开放程度不断深化，国内市场与国际资本的联系也越来越紧密。因此，有必要将国际资本的流动作为一个重点监管对象，通过市场化的汇率来考察国际资本的流动，以防止由此带来的货币供应量的大幅度变动。

二　合理引导资金流向实体经济，防止通货膨胀

货币供求的均衡是一国经济平稳运行的重要前提，长期的货币超发可能会推动物价上涨，进而对经济增长产生不利影响。从货币分流看，其分流的不合理性可能会导致货币大量集聚于某一领域，进而引发某些商品价格的上涨，长期内也面临着大量货币资金的突发性变动所可能带来的通货膨胀风险，同样也不利于经济的稳定增长。当前，我国货币大量囤积于股票市场和房地产市场即是货币分流不合理的直接表现。

近年来，我国资本市场的发展以及金融产品的不断创新，满足了人们对金融产品的多样化需求，从而也吸引了部分货币离开实体经济，转而进入资本市场，对实体经济中的货币起到了分流作用。这一方面降低了实体经济中货币供应量；另一方面也有利于资源的合理配置，有效地促进了我国金融事业的稳定发展。大量的文献研究表明，资本市场产生

货币需求，其对货币的分流作用是实体经济中一般商品及服务价格未出现大幅上涨的一个重要原因。但资本市场对实体经济的货币分流并没有从根本上消除超额货币及其危害，只是简单地将货币超发对实体经济的危害进行了转移。这种转嫁最终是通过资产价格上涨进行释放，风险性更大。长期内，大量货币在虚拟经济中滞留，不仅导致实体经济中资金短缺，影响实体经济增长，而且当资产价格下降，甚至资产泡沫破灭时，大量货币资金将突发性流入实体经济，这极大地增加了通货膨胀发生的可能性。因此，应通过深化金融体制改革，减少金融市场波动，降低金融体系风险。并在控制货币供应总规模的基础上，进一步有效地控制货币在虚拟经济中的存量，引导货币资金合理分流，以避免通货膨胀。

我国的房地产市场与资本市场情况类似。自21世纪开始，我国的房地产经济异军突起，对经济增长产生了强大的拉动效应。大量货币资金也在这一时期内流入并沉淀在房地产市场，不断攀升的房价就是最好的例证。但房地产经济的过度发展也带来了居民收入差距的不断拉大，以及货币资金的过度集中，其对经济增长的负面影响日益明显。在当前我国经济政策已对房地产市场有所调整，且房产税改革的呼声越来越高的态势下，应密切关注房地产市场中的货币资金流动，并严格控制新增货币的流入。

第三节 调整和完善价格指标体系

近年来，随着我国经济水平的不断提升和经济结构的不断变化，很多商品和服务的价格都发生了变动，且变动幅度差异性很大。这使它们在人们生活的影响权重发生改变，代表一般商品和服务的价格指数需要重新调整。在我国，CPI指数是综合反映居民消费商品和服务价格变动趋势和变动程度的最常用指标。虽然经过30多年的发展，这一指标的统计已逐渐成熟，但是，仍存在一些如权数不合理、样本采集不全面的问题。因此，CPI指数已不能真实地反映我国一般商品和服务物价水平的变动情况，也影响到以该指数作为价格水平衡量指标的数据研究和分析的准确度。对于这一点，多数专家学者都表示认同，并建议及时修正CPI统计权数。

一 商品权数的合理分配和及时修正

商品权数是每一种商品或服务项目在居民消费总支出中所占的比重，是反映各调查项目的价格变动对总指数变动影响程度的指标。我国现行的各项 CPI 权数的资料获取来源较为单一，内容的全面性也有待提高。另外，由于我国现行的 CPI 指数估算中，一些商品或服务的权数分配缺乏科学性和合理性，导致这些商品或服务所占权重出现了过大或过小的情况，这必然会影响到 CPI 指数反映一般物价水平的准确性。如当前食品类权重太大而服务项目的权重则相对太小的问题。因此，在 CPI 权数的编制过程中，应降低占居民消费支出较低比重的食品类权重，增加已大量步入人们生活的服务项目权重，并拓宽权数资料来源的收集渠道，以更加科学合理地进行权数分配。

同时，应及时修正各项商品或服务权数，以更好地反映各类商品的价格变动对总指数变动的影响程度。一是在我国正处于居民消费模式转变升级的快速时期，较长时期的权数周期会使 CPI 指数的准确性产生偏差，应适时做出更改。二是随着大数据价格数据的出现和补充，居民消费数据和构成的原始资料更加详细、丰富和完善，也逐渐容易获得，这也为权数的及时调整提供了可靠的数据支撑和客观可操作性。

二 分层细化 CPI 指数，提高准确性

随着电子科技和电子商务的迅速发展，通过电商平台的销售模式正在冲击着传统的销售模式，而由此带来的电商平台的商品价格也正对传统直销模式下的商品价格产生着重大影响。因此，应将由网络购物形成的网络价格也纳入 CPI 核算范围。同时，应增加现行 CPI 调查采集中的商品种类和数量，运用大数据对居民消费构成进行分层细化，也可以针对由于经济发展水平、收入差距及城乡二元结构等多重影响而导致的各地区或不同收入的居民在消费水平、消费结构和消费质量上出现的明显不同或差异性，编制反映不同地区、不同收入阶层的各种 CPI 指数，以准确地反映不同地区或不同收入阶层所面临的实际物价水平的变化。

这些方面的改进可以使 CPI 指数更加全面、准确，提高其代表性，以便其能够更加真实地反映物价水平。CPI 指数代表性或准确度的提高，有助于在分析 CPI 的基础上对物价变动做出合理的预测。当物价水平波动较大时，以及时或提前制定相应的货币、税收等经济政策以稳定物价，也能缩短货币、税收等经济政策的滞后期。

附　录

附表 1　居民消费支出与投入产出 17 部门对应表

支出项	部门	比例	支出项	部门	比例	支出项	部门	比例
一、食品			（三）床上用品	4	1	（二）通信		
（一）至（八）	3	1	（四）家庭日用杂品	8	0.25	1. 通信工具	11	1
（九）饮食服务			（四）家庭日用杂品	9	0.25	2. 通信服务	13	1
1. 食品加工服务费	17	1	（四）家庭日用杂品	10	0.5	七、教育文化娱乐服务		
2. 在外饮食	14	1	（五）家具材料	5	1	（一）文化娱乐用品	17	0.1
二、衣着			（六）家庭服务	17	1	（一）文化娱乐用品	5	0.2
（一）至（四）	4	1	五、医疗保健			（一）文化娱乐用品	11	0.7
（五）衣着加工服务费	17	1	（一）医疗器具	11	1	（二）文化娱乐服务	15	0.2
三、居住			（二）保健器具	11	1	（二）文化娱乐服务	17	0.8
（一）住房	9	0.2	（三）药品费	17	1	（三）教育		
（一）住房	12	0.2	（四）滋补保健品	3	1	1. 教材	13	0.5
（一）住房	15	0.6	（五）医疗费	17	1	1. 教材	17	0.5
（二）水电燃料及其他	7	0.1	（六）其他	4	0.3	2. 教育费用	17	1
（二）水电燃料及其他	2	0.4	（六）其他	8	0.7	八、杂项商品和服务		
（二）水电燃料及其他	6	0.5	六、交通和通信			（一）杂项商品	5	0.3
（三）居住服务费	15	1	（一）交通			（一）杂项商品	8	0.3

续表

支出项	部门	比例	支出项	部门	比例	支出项	部门	比例
四、家庭设备用品及服务			1. 家庭交通工具	11	1	（一）杂项商品	11	0.4
（一）耐用消费品			2. 车辆用燃料及零配件	7	0.3	（二）服务	14	0.3
1. 家具	5	1	2. 车辆用燃料及零配件	11	0.7	（二）服务	17	0.7
2. 家庭设备	11	1	3. 交通工具服务支出	17	1			
（二）室内装饰品	4	1	4. 交通费	13	1			

注：这里的部门编码按照《中国统计年鉴》中投入产出表中顺序列示，与上文中部门编码对应一致。另外，消费支出中第四大类的"（四）家庭日用杂品"已不再详细划分为：1. 厨、餐、茶具；2. 家用工具；3. 家居清洁用品；4. 其他日用杂品四小类，因此，这里将其对应8、9、10三个部门之间的比例进行了调整和重新分配。

附录1

投入产出表和税收项目的具体对应情况：

（1）采掘业的税收直接来自采掘业。

（2）食品制造业的税收来自制造业的烟草加工业、饮料制造业和食品加工、制造业三个小类。

（3）纺织、缝纫及皮革产品制造业的税收来自制造业的纺织业和服装及其他制品业两个小类。

（4）其他制造业的税收来自制造业的造纸及纸制品业和家具制造业两小类。

（5）电力、热力及水的生产和供应业的税收来自电力和热力、燃气及水的生产和供应业小类的税收。

（6）炼焦、煤气及石油加工业的税收来自制造业的石油加工及炼焦业小类。

（7）化学工业的税收来自制造业的化学原料及化学制品业、橡胶制品业两个行业小类，在2005年还包括医药制造业小类的税收。

（8）非金属矿物制品业的税收来自制造业的非金属矿物制品业

小类。

（9）金属产品制造业的税收来自制造业的金属制品业和金属冶炼及压延加工业两个小类。

（10）机械设备制造业的税收来自制造业的机械制造业、电气机械及器材制造业、电子通信设备制造业、通用、专用设备制造业、交通运输设备制造业、仪器仪表和工艺品制造业和其他制造业。

（11）建筑业的税收直接来自建筑业。

（12）运输邮电业、信息传输与计算机服务业的税收来自交通运输及仓储业、邮政业和信息传输、计算机和软件业。

（13）批发零售贸易、住宿和餐饮业的税收来自批发和零售贸易业和住宿、餐饮业。

（14）房地产业、租赁和商务服务业的税收来自房地产业、租赁和商务服务业。

（15）金融保险业的税收直接来自金融业和保险业。

（16）其他服务业的税收来自居民服务和其他服务；卫生、社会保险和社会福利业；文化、教育和娱乐业；公共管理和社会组织及其他行业。

参考文献

[1] 艾华：《如何理性认识税收收入增长高于 GDP 增长》，《税务经济》2005 年第 7 期。

[2] 安福仁：《通货膨胀时期的税收效应解析》，《财经科学》2006 年第 4 期。

[3] 安体富：《促进可持续发展的税收政策研究》，中国税务出版社 2005 年版。

[4] 安体富、任强：《促进产业结构优化升级的税收政策》，《中央财经大学学报》2011 年第 12 期。

[5] 安体富、孙玉栋：《中国税收负担与税收政策研究》，中国税务出版社 2006 年版。

[6] 安体富、岳树民：《宏观税负影响因素分析》，《税务与经济》1999 年第 4 期。

[7] 安体富、岳树民：《我国宏观税负水平的分析判断及其调整》，《经济研究》1999 年第 3 期。

[8] 白重恩、路江涌、陶志刚：《投资环境对外资企业效益的影响——来自企业层面的证据》，《经济研究》2004 年第 9 期。

[9] 曹海娟：《流转税和所得税对产业结构影响的经验分析》，《现代财经》2012 年第 3 期。

[10] 曹钦白：《税收与价格究竟是个什么关系》，《税收与社会》1996 年第 3 期。

[11] 常云昆、肖六亿：《货币供给冲击、产出与物价——对中国货币政策的实证分析》，《山东社会科学》2004 年第 4 期。

[12] 陈钢、丁文杰等：《"隐性负担"压弯实体经济的腰》，《经济参考报》2014 年 1 月 7 日。

[13] 陈强：《高级计量经济学及 Stata 应用》，高等教育出版社 2010

年版。

[14] 陈亚雯：《新古典投资理论与模型——税收与投资分析》，《经济问题探索》2005年第12期。

[15] 储德银、闫伟：《税收政策与居民消费需求——基于结构效应视角的新思考》，《经济理论与经济管理》2012年第3期。

[16] 崔军、朱志钢：《税收负担、税制结构与物价水平：理论分析与现实选择》，《税务研究》2012年第5期。

[17] ［英］大卫·李嘉图：《政治经济学及赋税原理》，周洁译，华夏出版社2005年版。

[18] 邓远军：《税收与物价的关系》，《首都经济杂志》1996年第3期。

[19] 邓子基：《税种结构研究》，中国税务出版社2000年版。

[20] 杜江：《现代货币数量论与中国"高货币化"成因的再分析——兼论汇率制度改革对货币化的影响》，《四川大学学报》（哲学社会科学版）2011年第1期。

[21] ［美］多恩布什、费希尔：《宏观经济学》（第十版），中国人民大学出版社2010年版。

[22] 樊丽明：《中国外商投资企业税收政策的评价与完善》，《经济学》（季刊）2002年第4期。

[23] 樊轶侠：《税收制度影响居民消费需求的效应》，《税务研究》2011年第2期。

[24] ［美］弗里德曼、施瓦茨：《美国和英国的货币趋势》，中国金融出版社1991年版。

[25] 高培勇：《税收增长会相应推高物价》，《宏观经济》2012年第2期。

[26] 高培勇：《中国税收持续高增长之谜》，《经济研究》2006年第12期。

[27] 高培勇：《中国税制结构导致高物价》，《经济参考报》2011年7月13日。

[28] 高铁梅：《计量经济分析方法与建模》，清华大学出版社2006年版。

[29] 龚六堂、邹恒甫：《财政政策与价格水平的决定》，《经济研究》2002年第2期。

[30] ［美］古扎拉蒂：《计量经济学基础》（第五版），费剑平译，中

国人民大学出版社 2011 年版。

[31] 顾惠祥、袁莹:《价格变动对税收影响的实证分析》,《扬州大学税务学院学报》2008 年第 6 期。

[32] 郭庆旺、匡小平:《税收对私人投资效应的理论分析》,《东北财经大学学报》2001 年第 9 期。

[33] 何茵、沈明高:《政府收入、税收结构与中国经济增长》,《金融研究》2009 年第 9 期。

[34] 何源、白莹、文翘:《财政补贴、税收与公司投资行为》,《财经问题研究》2006 年第 6 期。

[35] 胡怡建:《如何看待我国价格持续上涨背后的价税关系》,《中国税务》2011 年第 11 期。

[36] 胡怡建:《我国税收改革发展的十大趋势性变化》,《税务研究》2015 年第 2 期。

[37] 贾康:《间接税与"痛苦指数"》,《商业视窗》2012 年第 8 期。

[38] 江金彦、王晓玲:《我国税收对投资影响的实证分析》,《工业技术经济》2006 年第 11 期。

[39] 黎昌卫:《影响产业结构优化的税收因素与政策措施》,《税务研究》2006 年第 11 期。

[40] 李波:《宏观税负、产业税负与结构性减税政策》,《税务研究》2010 年第 1 期。

[41] 李博、胡进:《中国产业结构优化升级的测度和比较分析》,《管理科学》2008 年第 4 期。

[42] 李成、王哲林:《税收政策变动影响我国国有企业固定资产投资的实证研究》,《税务研究》2010 年第 6 期。

[43] 李大明:《产业组织结构调整与中小企业税收政策研究》,《财贸经济》2001 年第 10 期。

[44] 李江红:《物价上涨对我国税收收入的影响——由本轮物价上涨来看》,《新疆财经》2011 年第 6 期。

[45] 李俊霖:《宏观税负、财政支出与经济增长》,《经济科学》2007 年第 4 期。

[46] 李绍荣、耿莹:《中国的税收结构、经济增长与收入分配》,《经济研究》2005 年第 5 期。

［47］李文:《产业结构税收政策研究》,山东人民出版社2007年版。
［48］李文:《税收负担对城镇居民消费的影响》,《税务研究》2011年第2期。
［49］李永友:《我国税收负担对经济增长影响的经验分析》,《财经研究》2004年第12期。
［50］厉以宁:《谈当前经济形势的几个前沿问题》,《决策探索》2014年第11期下。
［51］廖永祥:《通货膨胀下税收对消费和投资的影响》,《经济研究导刊》2010年第15期。
［52］刘斌:《我国货币供应量与产出、物价间相互关系的实证研究》,《金融研究》2002年第7期。
［53］刘初旺:《基于新古典模型的所得税与投资结构分析》,《财经论丛》2005年第3期。
［54］刘海庆、徐颖科:《我国税收负担与经济增长的实证研究——基于全国30个省级单位的Panel VAR模型》,《兰州学刊》2011年第2期。
［55］刘金全、张文刚、刘兆波:《货币供给增长率与通货膨胀率之间的短期波动影响和长期均衡关系分析》,《中国软科学》2004年第7期。
［56］刘军:《我国税制结构、税收负担与经济增长的实证分析》,《财政研究》2006年第2期。
［57］刘磊:《税收对投资的影响因素分析》,《厦门大学学报》(哲学社会科学版)1997年第1期。
［58］刘普照:《宏观税负与经济增长相关性研究》,经济科学出版社2004年版。
［59］刘尚希、樊轶侠:《税收与消费:从理论反思到政策优化》,《税务研究》2013年第5期。
［60］刘伟、李绍荣等:《货币扩张、经济增长与资本市场制度创新》,《经济研究》2002年第1期。
［61］刘怡、聂海峰:《间接税负担对收入分配的影响分析》,《经济研究》2004年第5期。
［62］陆云航:《中国货币供应量、价格水平和GDP关系的经验研究:

1952—2003》,《经济科学》2005 年第 2 期。

[63] 吕冰洋、李峰:《中国税收超 GDP 增长之谜的实证解释》,《财贸经济》2007 年第 3 期。

[64] 吕冰洋、禹奎:《我国税收负担的走势与国民收入分配格局的变动》,《财贸经济》2009 年第 3 期。

[65] 马拴友:《宏观税负、投资与经济增长:中国最优税率的估计》,《世界经济》2001 年第 9 期。

[66] 马拴友:《税收优惠与投资的实证分析——兼论促进我国投资的税收政策选择》,《税务研究》2001 年第 10 期。

[67] 马拴友:《税收政策与经济增长》,中国城市出版社 2001 年版。

[68] [德] 理查德·A. 马斯格雷夫:《财政理论与实践》,邓子基译,中国财政经济出版社 2003 年版。

[69] [美] 弗雷德里克·S. 米什金:《货币金融学》,郑艳文译,中国人民大学出版社 2011 年版。

[70] 聂海峰、刘怡:《城镇居民的间接税负担:基于投入产出表的估算》,《经济研究》2010 年第 7 期。

[71] 聂海峰、刘怡:《城镇居民间接税负担的演变》,《经济学》(季刊) 2010 年第 7 期。

[72] 聂海峰、刘怡:《增值税和营业税行业税负差异研究》,《税务研究》2011 年第 10 期。

[73] 聂新正:《中国宏观税负水平及税制优化问题研究》,《经济评论》2002 年第 2 期。

[74] 潘文轩、康珂:《税收如何抑制了我国居民的消费需求:一个实证解释》,《消费经济》2013 年第 4 期。

[75] 庞凤喜:《论我国宏观税负的形成机理》,《中南财经政法大学学报》2002 年第 5 期。

[76] 庞凤喜:《税收原理与中国税制》(第三版),中国财政经济出版社 2010 年版。

[77] 庞凤喜:《论我国当前的需求调控与税收政策选择》,《财政研究》2004 年第 3 期。

[78] 庞凤喜:《税收与企业发展的关系》,《税务研究》2004 年第 11 期。

[79] 庞凤喜、张念明：《结构性减税政策的操作路径解析》，《税务研究》2013年第2期。
[80] 平新乔、梁爽等：《增值税与营业税的福利效应研究》，《经济研究》2009年第9期。
[81] 秦朵、宋海岩：《改革中的过度投资需求和效率损失——中国分省固定资产投资案例分析》，《经济学》（季刊）2003年第7期。
[82] 帅勇：《资本存量货币化对货币需求的影响》，《中国经济问题》2002年第3期。
[83] "税收收入与经济增长"课题组：《我国税收收入与经济增长相关性分析研究报告》，《经济研究》2000年第2期。
[84] 苏东水：《产业经济学》，高等教育出版社2006年版。
[85] 孙敬水、董亚娟：《人力资本、物质资本与经济增长——基于中国数据的经验研究》，《山西财经大学学报》2007年第4期。
[86] 孙玉栋：《中国税收负担问题研究》，中国人民大学出版社2006年版。
[87] 万莹：《我国流转税收入分配效应的实证分析》，《当代财经》2012年第7期。
[88] 王春雷：《间接税对CPI的影响——基于VAR模型的实证分析》，《税务研究》2011年第11期。
[89] 王剑峰：《流转税影响个人收入分配调节的分析研究——以我国城镇居民支出结构为考察基础》，《财经研究》2004年第7期。
[90] 王乔、汪柱旺：《我国现行税制结构影响居民收入分配差距的实证分析》，《当代财经》2008年第2期。
[91] 王维国、杨晓华：《中国税收负担与经济增长关系的计量分析》，《财经问题研究》2006年第11期。
[92] 王延明：《上市公司所得税率变化的敏感性分析》，《经济研究》2002年第9期。
[93] ［英］威廉·配第：《赋税论》，邱霞、原磊译，华夏出版社2006年版。
[94] 吴晶妹：《评货币政策的中介目标——货币供应量》，《经济评论》2002年第3期。
[95] 吴俊培、李淼焱：《调整产业结构的税收政策研究》，《财政监

督》2012 年第 13 期。

[96] 吴旭东：《税收与价格关系》，东北财经大学出版社 2003 年版。

[97] 吴旭东、刘宝如：《税收与民间投资的计量分析》，《税务研究》2010 年第 6 期。

[98] 吴玉霞、杨华：《税收的经济增长效应——基于经济增长理论的一个述评》，《税务与经济》2011 年第 5 期。

[99] 伍志文：《"中国之谜"文献综述和一个假说》，《经济学》（季刊）2003 年第 1 期。

[100] 伍志文：《货币供应量与物价反常规关系：理论及基于中国的经验分析》，《管理世界》2002 年第 12 期。

[101] 武彦民、张远：《我国财税政策与居民消费的实证分析》，《税务研究》2011 年第 2 期。

[102] 席卫群：《论扩大居民消费的税收效应——税收对居民消费作用的研究评述》，《消费经济》2011 年第 12 期。

[103] 席卫群：《税收对居民消费影响的调查与分析》，《税务研究》2013 年第 5 期。

[104] 席卫群：《我国企业资本承担所得税实际税负的测算》，《财经研究》2005 年第 5 期。

[105] 谢平：《中国货币政策分析：1998—2002》，《金融研究》2004 年第 8 期。

[106] 谢平、张怀清：《融资结构、不良资产与中国 M_2/GDP》，《经济研究》2007 年第 2 期。

[107] 谢亚轩：《货币流通速度影响通胀》，《评论》2015 年第 15 期。

[108] 熊鹭：《对我国税收与价格动态影响关系的实证分析》，《税务研究》2011 年第 5 期。

[109] 许建国：《经济发展中的税收理论》，中国财政经济出版社 1999 年版。

[110] 薛钢：《优化我国间接税收入分配功能的政策探析》，《税务研究》2012 年第 2 期。

[111] ［英］亚当·斯密：《国民财富的性质和原因的研究》，商务印书馆 2012 年版。

[112] 杨巨：《国外税收结构的收入分配效应研究新进展》，《上海经济

研究》2012 年第 2 期。

[113] 杨君茹、戴沐溪：《流转税对于 CPI 的影响——基于省级面板数据的协整分析》，《财政研究》2012 年第 11 期。

[114] 杨文芳、方齐云：《财政收入、财政支出与居民消费率》，《当代财经》2010 年第 2 期。

[115] 杨欣、夏杰长：《税收与投资关系实证分析》，《投资研究》2004 年第 1 期。

[116] 杨志勇：《中国物价虚高内幕：间接税在作怪》，《人民论坛》（政论）2011 年第 9 期上。

[117] 易纲、王召：《货币政策与金融资产价格》，《经济研究》2002 年第 3 期。

[118] 易纲：《中国的货币、银行和金融市场：1984—1993》，上海三联书店、上海人民出版社 1996 年版。

[119] 易纲：《中国的货币化进程》，商务印书馆 2003 年版。

[120] 余永定：《M_2/GDP 的动态增长路径》，《世界经济》2002 年第 12 期。

[121] [英] 西蒙·詹姆斯、克里斯托弗·诺布斯：《税收经济学》，罗晓琳译，中国财政经济出版社 2002 年版。

[122] 岳树民：《中国税制优化理论分析》，中国人民大学出版社 2002 年版。

[123] 张斌：《扩大消费需求的税收政策》，《财贸经济》2012 年第 9 期。

[124] 张斌：《税收与物价的关系》，《中国税务》2012 年第 1 期。

[125] 张海星：《税收与政府投资对 CPI 的影响：基于向量误差模型的实证分析》，《税务研究》2012 年第 6 期。

[126] 张杰：《中国的高货币化之谜》，《经济研究》2006 年第 6 期。

[127] 张来明、李建伟：《企业家投资实体经济意愿下降原因分析及政策建议》，《发展研究》2014 年第 6 期。

[128] 张伦俊：《试析税收与价格的影响关系》，《审计与经济研究》2001 年第 7 期。

[129] 张伦俊：《税收对投资的影响分析》，《统计研究》1999 年第 4 期。

[130] 张伦俊：《税收与经济增长关系的数量分析》，中国经济出版社 2006 年版。

[131] 张伦俊：《税收与居民消费的影响》，《税收研究》1999 年第 10 期。

[132] 张培森、付广军：《我国经济税源的产业与行业税负结构分析》，《数量经济技术研究》2003 年第 5 期。

[133] 张同斌、高铁梅：《财税政策激励、高新技术产业发展与产业结构调整》，《经济研究》2012 年第 5 期。

[134] 张晓峒：《计量经济分析》，经济科学出版社 2000 年版。

[135] 张艳：《刍议大数据背景下 CPI 统计改革取向》，《中国统计》2015 年第 6 期。

[136] 张阳：《中国流转税税负归宿分析》，《财经论丛》2008 年第 5 期。

[137] 张勇、古明明：《中国经济增长中的价格低估与"隐性"虚增问题研究》，《财贸经济》2012 年第 11 期。

[138] 赵蓓、战岐林：《税收、政府支出与消费变动的关系——基于省级面板数据的实证分析》，《当代财经》2010 年第 11 期。

[139] 赵留彦、王一鸣：《货币存量与价格水平：中国的经验证据》，《经济科学》2005 年第 2 期。

[140] 赵志耘、杨朝峰：《经济增长与税收负担、税制结构关系的脉冲响应分析》，《财经问题研究》2010 年第 1 期。

[141] 中国民生银行研究院：《构建衡量货币政策松紧适度"新标尺"》，《中国证券报》2015 年 3 月 23 日。

[142] 周克清：《"中贵美贱"的税收成因探析》，《税务与经济》2012 年第 2 期。

[143] 朱博文、倪晓静：《我国省级税收负担与经济增长相关关系研究》，《经济论坛》2008 年第 10 期。

[144] 朱红琼：《税收增长与经济增长相关性的实证研究》，《生产力研究》2007 年第 10 期。

[145] 朱慧明、张钰：《基于 ECM 模型的货币供给量与通货膨胀关系研究》，《管理科学》2005 年第 10 期。

[146] Alfredo Marvão Pereira and Oriol Roca‐Sagalés, "Long‐term

Effects of Fiscal Policies in Portugal", *Journal of Economic Studies*, Vol. 38, No. 1, 2011.

[147] Arin, K. P. and Koray, F., "Fiscal Policy and Economic Activity", *CAMA Working Paper* 9, 2005.

[148] Auerbach, A. J. and Hassett, K., "Tax Policy and Business Fixed Investment in the United States", *NBER Working Paper*, 1991, No. 3619.

[149] Auerbach, A. J., "Tax Reform and Adjustment Costs: The Impact on Investment and Market Value", *NBER Working Paper*, 1989, No. 2103.

[150] Besley, T. and Harvey Rosen, "Sale Tax and Price: An Empirical Analysis", *National Tax Journal*, Vol. 52, No. 2, 1999, pp. 157 – 178.

[151] Eckstein, O., *Public Finance*, 2nd ed., 1967, Prentice – Hall.

[152] Engen, E. M., "Taxation and Economic Growth", *Working Paper*, Cambridge, MA: National Bureau of Economic Research.

[153] Feldstein, M., "Government Deficits and Aggregate Demand", *Journal of Monetary Economics*, Vol. 9, No. 1, 1982, pp. 1 – 20.

[154] Fisher, I. and Brown, H. G., *The Purchasing Power of Money: Its Determination and Relation to Credit, interest and Crises*, New York, The Macmillan Company, Second edit, Reprinted in Fisher (1997), 1911, Vol. 4.

[155] Friedman, M. and Kuttner, N., "Money, Income, Prices, and Interest Rates", *The American Economic Review*, Vol. 82, No. 3, 1992.

[156] Friedman, M., "The Quantity Theory of Money: A Restatement in M. Friedman", ed. *Studies in the Quantity Theory of Money*, Chicago: University of Chicago Press, 1956, pp. 3 – 21.

[157] Friedman, M. and Schwartz, A., "Money and business cycles", *Review of Economic*, Vol. 45, No. 1, 1963.

[158] Fullerton, D. and Metcalf, Gilbert E., "Tax incidence", In: A. J. Auerbach and M. Feldstein (ed.), *Handbook of Public Economics*, Edition 1, Vol. 4, Chapter 26, 2002, pp. 1787 – 1872.

[159] Myles, Gareth D., "Taxes and Economic Growth", *Fiscal Studies*, Vol. 21, No. 1, 2000, pp. 141 – 168.

[160] Gravelle, J. G., *The Economic Effects of Taxing Capital Income*, Cambridge: MIT, 1994.

[161] Hall, V. B. and Rae, D., "Fiscal Expansion Interest Risk Premia and Wage Reactions, Some Illustrative Simulations with NBZA – Demonz", *The GSBGM Working Paper Series*, Wellington: Victoria university, 1996.

[162] Hall, R. E., "Stochastic Implications of the Life – cycle Permanent Income Hypothesis: Theory and Evidence", *Journal of Political Economy*, Vol. 86, 1978, pp. 971 – 987.

[163] Harberger, A. C., "The Incidence of the Corporation Inco me Tax", *Journal of Political Economy*, Vol. 70, 1962, pp. 215 – 240.

[164] Hemming, R. and Mahfouz, S., "Fiscal Policy and Economic Activity during Recessions in Advanced Economics", IMF, WP/02/87, 2002.

[165] James Tobin and Wilcox Dolde, Wealth, "Lidity and Consumption, in Consumer Spending and Monetary Policy", The Linkages, Proceedings of a Monetary Conference (Federal Reserve Bank of Boston, 1988).

[166] Jorgenson, D. W., "Capital Theory and Investment Behavior", *American Economic Review*, Vol. 53, 1963, pp. 247 – 259.

[167] Jorgenson, D. W. and Hall, R. E., "Tax Policy and Investment Behavior", *American Economic Review*, Vol. 57, 1967, pp. 391 – 414.

[168] Karras, G., "The Search for Growth in Federal Reserve of Kansas City Symposium Series", *Policies for Long – Run Economic Growth*, Vol. 4, 2004, pp. 57 – 86.

[169] Keynes, J. M., *The General Theory of Employment, Interest, and Money*, London: Macmillan, 1936.

[170] King, M. A. and Fullerton, D., "The Taxation of Income from Capital: A Comparative Study of the U. S., U. K., Sweden and West Germany, The Theoretical Framework", *NBER Working Papers*,

No. 1058, 1984.

[171] Komendi, C., "Taxation Aggregate Activity and Economic Growth cross Country Evidence on Some Supply Side Hypothesis", *Economic Inquiry*, Vol. 37, No. 7, 1994, pp. 367 – 386.

[172] Lee Per, "Equilibria under Active and Passive Monetary and Fiscal Policies", *Journal of Monetary Economics*, Vol. 27, No. 2, 1991, pp. 129 – 147.

[173] Malthus, Thomas Robert, *Principles of Political Economy: Considered with a View to Their Practical Application*, London: Pickering, 1836.

[174] Modigliani, F. and Brumberg, R., "Utility Analysis and the Consumption Function: An Interpretation of Cross Section Data", in *Post Keynesian Economics*, Rutgers University Press, 1954.

[175] Milton, Friedman A., *Theory of the Consumption Function*, Princeton Press, 1957.

[176] Woodford, M., "Monetary Policy Price Level Determinacy in a Cash – in – advance Economy", *Economic Theory*, Vol. 4, No. 3, 1994.

[177] Woodford, M., "Price Level Determinacy without Control of Monetary Aggregate", Carnegie – Rochester Conference Series on Public Policy, Vol. 43, No. 12, 1995.

[178] Woodford, M., "Monetary Policy in a World without Money", *International Finance*, Vol. 3, 2000, pp. 229 – 260.

[179] Marsden, K., "Links between Taxes and Economic Growth: Some Empirical Evidence", *World Bank Staff Working Papers*, No. 605, 1983.

[180] McCandless, G. T. and Weber, W. E., "Some Monetary Facts", *Frederal Reserve Bank of Minneapolis Quarterly Review*, Vol. 19, No. 3, 1995, pp. 2 – 11.

[181] McKinnon, Ronald I., *The Order of Economic Liberalization: Financial Control in the Transition to a Market Economy*, 2nd Edition, Johns Hopkins University Press, 1993.

[182] Milton Friedman and Anna J. Schwartz, *Monetary Trends in the United States and the United Kingdom: Their Relation to Income, Price and*

Interest Rates, Chicago: Chicago University Press, 1982.

[183] O'Donoghue, C. and Baldini, M., "Modelling the Redistributive Impact of Indirect Taxes in Europe: An Application of Euromod", *Working Paper* 0077, National University of Ireland Galway, Department of Economics, 2004.

[184] OECD, *Revenue Statistics* 1965, 2009 – 2010 Edition.

[185] OECD, "Tax Burdens: Alternative Measures", *OECD Tax Policy Studies*, Vol. 2, 2000.

[186] Okun, Arthur M., "The Personal Tax Surcharge and Consumer Demand, 1968 – 1970", *Brookings Papers Ecow. Activity*, Vol. 1, 1971.

[187] Olivier Jean Blanchard, "Can Severe Fiscal Contractions Be Expansionary? Tales of Two Small European Countries", *NBER Macroeconomics Annual* Vol. 5, 1990.

[188] Pasinetti, L. L, "Structural Change and Economic Growth: A Theoretical Essay on the Dynamics of the Wealth of Nations", *Journal of Economic Literature*, Vol. 20, No. 4, 1982, pp. 1564 – 1566.

[189] Peden, E. A., "Productivity in the United States and its Relationship to Government Activity: An Analysis of 57 Years: 1929 – 1986", *Public Choice*, 1991.

[190] Plosser, C. I., "The Search for Growth, in Federal Reserve of Kansas City Symposium Series, Policies for Long – run Economic Growth", 1992.

[191] Plosser, P., "Public Policy and Economic Growth Developing Classical Implication", *Journal of Political Economic*, Vol. 11, No. 5, 1997, pp. 126 – 150.

[192] Rajemison, H. and Younger, S., "Indirect Tax Incidence in Madagascar: Estimations Using the Input – Output Table", *Cornell Food and Nutrition Policy Program Working Paper*, No. 106, 2000, Available at SSRN: ht tp: // ssrn. comabstract = 434180.

[193] Scully, G. W., "Tax Rate, Tax Revenues and Economic Growth", *Policy Report* No. 98, National Center for Policy Analysis, Dallas, 1991.

[194] Scully, G. W., "The Growth Tax in the Uinited States", *Pubic Choice*, 1995, pp. 71 – 80.

[195] Scutella, R., "The Final Incidence of Australian Indirect Taxes", *Australian Economic Review*, Vol. 32, No. 4, 1999, pp. 349 – 368.

[196] Se – Jik Kim, "Growth Effect of Taxes in an Endogenous Growth Model: To What Extent Do TaxesAffect Economic Growth?", *Journal of Economics & Control*, Vol. 23, No. 1, 1998, pp. 125 – 128.

[197] Stock Waston, "Interpreting the Evidence on Money Income Causality", *Journal of Econometrics*, Vol. 40, No. 1, 1989.

[198] Tanzi, V., "Taxation and Price Stabilization", In: S. Conssen, ed., *Comparative Tax Studies*, North – Holland Publishing Company, 1983.

[199] Tobin, J., "A General Equilibrium Approach to Monetary Theory", *Journal of Money, Credit and Banking*, Vol. 4, No. 1, 1969, pp. 15 – 29.

[200] Suits, D. B., "Measurement of Tax Progressivity", *American Economic Review*, Vol. 67, No. 4, 1977, pp. 747 – 752.

[201] Vermaeten, F., Gillespie, W. and Vermaeten, A., "Tax Incidence in Canada", *Candian Tax Journal*, Vol. 42, No. 2, 1994, pp. 348 – 416.

[202] Warren, N., "A Review of Studies on Distributional Impact of Consumption Taxes in OECD Countries, OECD Social", *Employment and Migration Working Papers*, No. 64, Directorate For Employment, Labour and Social Affairs, OECD, Paris, 2008.

[203] Wooldridge, J., *Econometric Analysis of Cross Section and Panel Data*, Cambridge The MIT Press, 2002.

后　　记

本书是在我的博士学位论文基础上修改而成的。2012年9月，当我踏入中南财经政法大学财政与税务学院报到时，我的导师庞凤喜教授便带领我参与她主持的国家社会科学基金重大项目"宏观税负、税负结构与结构性减税研究"的探讨、研究。在攻读博士学位之前，我虽然已经接受过金融、税务的专业知识，也进行过一些思考、研究，但是却一直受到"尊重学科专业性"的思维惯性束缚，只是从金融或者税收角度来考虑问题，未能意识到金融或者说货币与税收之间存在的必然联系。在庞老师的耐心点拨下，我才意识到税收问题在一定程度上与货币存在关联性，可以将货币和价格的关系与价格和税收的关系结合起来考虑。正是在这一明确认识的基础上，才形成了我的博士学位论文的基本思路，并在完成的过程中逐渐有了突破性的进展。在论文的撰写过程中，从题目的确定、文献综述的梳理、模型的设计，到论文的最终定稿，庞老师一直利用她宝贵的时间对我给予最认真、最悉心的指导。关于学术论文的写作过程，庞老师特别注重思想和写作逻辑，她认为，"一篇没有思想的论文不可能是一篇好论文"，同样，"逻辑不清晰的论文写作方式也不可能成就一篇好论文"，因此，对于论文的写作思路、逻辑，庞老师多次进行指导修正，这篇论文的字里行间都渗透着她的辛劳与智慧。在我的博士研究生学习生涯中，庞老师渊博的学识、严谨的治学态度，以及热心助人的人格魅力，深深地感染了我，并使我受益匪浅。在传授我专业知识的同时，她和爱人汤湘希教授还教会我许多为人处世的道理，能遇到这样的好老师是我一生中最大的幸运，在此向庞老师和汤老师表示我最真挚的谢意！

在我攻读博士学位尤其是学位论文写作过程中，中南财经政法大学以及其他院校的财政学和税收学的资深专家学者，都给予了很多帮助。感谢杨灿明教授、陈志勇教授、侯石安教授、刘京焕教授、王金秀教授、甘行琼教授、李祥云教授、郭月梅教授、薛刚教授、钟晓敏教授提出的宝贵修改意见。感谢杨灿明教授、庞凤喜教授、陈志勇教授、侯石安教授、刘京焕教授、甘行琼教授、艾华教授、李祥云教授、孙群力教授在课堂上的谆谆教导。感谢我的硕士导师古建芹教授，以及张晋武教授、王晓洁教授、王京梁副教授在我博士学习期间给予的帮助和鼓励。

在我完成博士学位论文与著作期间，经常与中南财经政法大学的博士研究生同学就论文所涉及的金融、税收问题从经济学、管理学、社会学等角度进行探讨。在此感谢在我的人生成长过程中关心和帮助过我的张念明师兄、潘孝珍师兄以及王丽、刘大帅、魏萍、王金兰、管彦庆、江鸿等同学。能在人生的旅途中与他（她）们相遇相识，让我深信自己是一个幸运的人。

作为贵州财经大学的一名青年教师，我要感谢经济学院的各位老师对我的关心与支持。跟随着财政与税务教研室的优秀老师，我有幸参与了贵州省地税局、贵阳市财政局的多个课题，通过对这些课题的调研和研究，在很大程度上进一步提高了我的科研能力。同时，各位老师尽可能照顾并减轻我的本科生教学负担，使我有更多的时间和精力来进一步完善和丰富我的博士学位论文，最终完成了这部著作。

在这里，还要感谢生养我的父母，感谢我的爱人，他们用他们的肩膀撑起了一个大家，让我更能够一心一意地追求学术之路，他们对我生活的照顾和学术事业的支持更是让我充满了信心。

最后，要感谢中国社会科学出版社和经济管理出版中心各位老师的大力帮助，他们严谨、谦和、负责的工作态度使我的研究成果得以顺利展示。

张丽微
2018年6月1日